学校文化の源流を探る

森田正信
文化庁（京都）次長

KAIZOSHA

はじめに

学校には、何か特有の行動や決まりの型のようなものがあります。「校風」に代表される学校の伝統がかもし出す雰囲気、行事や儀式、学校の中で使われる言葉づかいや行動様式、規則や時間割、生徒の制服やスタイル、校舎や運動場、教科書や黒板、テスト――などなど。

人間に生活習慣があるように、学校にもあるそのようなもの、それが学校文化と呼ばれるものです。

筆者は現在、文化庁に勤めていますが、「文化」とは、芸術、伝統芸能、文化財、生活文化（華道、茶道、食文化など）、国民娯楽（囲碁、将棋など）をはじめとして、人間が精神の働きによって作り出す有形、無形の成果であり、人間の生活様式の総体のことです。そういう点で、学校にも文化があります。

わが国の学校教育は、教育内容を定める学習指導要領や、クラスサイズを定める法律、教員給与や学校施設費について定める法律などが国で定められ、全国均一の教育体制であると思われがちです。

しかし、子どもたちや教師を取り巻く学校文化には、歴史や地域性による差異が多種多様に見られます。これは、それぞれの土地に方言や独自の食文化があるのと同じように、さまざまな部分に及んでいます。

例えば、黒板消しを「ラーフル」と言う県、上履きを「内ズック」と言う地域、「全体止まれ！」の合図に「1・2・3・4・5！」まで言って止まる県、授業の始まりに「起立・注目・礼」と号令をかける県、出席をとる時「はい、元気です！」と返事する県、スクール水着がオレンジ色の地域があるほか、自由な水着や服装で体育の授業を受ける地域もあります。また、休み時間を「放課」、日直を「にちばん」、歌の一番、二番……を「一だいめ、二だいめ……」と言う県もあります。

大学を卒業して文部省（当時）に入省した筆者は、文部科学行政に30年以上かかわってきました。その中で、学校文化の豊かな多様性に気づき、それが地域の伝統に根ざしていることを知って地域や教育の歴史を興味を持って調べてきました。そのきっかけになったのは、文部省から鹿児島県教育委員会に赴任した時に、徳島県で育った自分が子どもの時に経験した学校生活と、鹿児島県内の学校生活との間にいろいろな、そして興味深い違いがあることを知ったことでした。

そうして学校文化に興味を持ち、情報を集めている中で、わが国の学校文化は、その基本形が明治時代に形成されたものが多い一方で、江戸時代とそれ以前に起源のあるもの、大正時代に現れてきたもの、第二次大戦後に普及したものなどが絡み合って今日の学校文化が作られてきたことを知りました。

同時に、これらの学校文化の中には、急速に進む少子化、情報技術（ＩＴ）の進展、経済・社会、人々の考え方、さらには地球環境の変化を受けて、変わりつつあるものが少なくありません。

本書は、学校文化をめぐってこれまで個人的に調べたり、話を聞いたりしてきた事柄について、さまざまな文献やメディアで紹介されたものを含め、書きとめたり、取ってあったりした情報をまとめてみたものです。

学校文化を、その起源がどこから来ているか歴史的に追っていくことを軸にしながら、全国さまざまな地域の学校文化の多様性、そして、いま起きつつある変化をご紹介したいと思います。

目次

2章　明治時代に形成された学校文化

3章　大正〜昭和初期に生まれた学校文化

1章

江戸時代以前にさかのぼる学校文化

日本は、江戸時代が終わるまで千数百年という長い間、中国文化の強い影響を受けつつも、日本特有の独自の文明体系の中にありましたが、明治になって、欧米の文明体系への急激な転換を図りました。

近代学校制度も、明治政府により整備されたものであるため、今日の学校文化の多くは、一見、明治時代に起源をもつものです。

しかし、制度的、組織的には、明治に始まったものでも、それまでの長いわが国の歴史の影響を免れてはいません。

近代文明に属しつつも、わが国文化の世界における位置は、やはり独特なものであり、学校文化にもそれが表れています。

明治に入る前の長い日本の歴史の影響を受けている例を挙げれば、例えば、わが国の学校に定着している起立・礼・着席、文武両道、昇降口、遠足、生徒自身で行う教室の清掃などは、奈良朝から江戸期までの時代の公家、寺院、武士、庶民の生活や教育の中にその起源を見出すことができます。

他方、運動会、部活動、校歌、4月入学、詰め襟の制服などは、明治期に始まったものですが、これらは、明治政府が近代国家建設のために整備した帝国大学、高等師範学校などの高等教育機関でまず導入され、そこから広く全国の初等中等段階の学校に取り入れられたものです。その際、「大学」とは、明治になって初めて西洋から移入されたわけではなく、その起源は、古く律令時代にさかのぼることができます。

わが国には、新しいものが入ってくるときに、それへの反発を抑制しやすいなどの理由からか、むしろ復古的な形で、模範をより古い時代に求める傾向があり、奈良・平安朝の律令国家の影響は潜在的にいろいろなところに見られます。

本章では、そうした時代と江戸時代、つまり明治に入る前までを見ていきます。まず「大学」の起源から話を始め、江戸期までの前近代の時代に起源を持つ学校文化を見ていきたいと思います。

◇大学、学生、博士、「学問の神様」の起源――律令時代の影響、お寺の役割

大学、学生の起源

平安時代中期を描いた2024年のNHK大河ドラマ『光る君へ』で、主人公・紫式部（吉高由里子）の父・藤原為時が、息子（紫式部の弟）の惟規《のぶのり》に「元服したら大学に入らねばならぬ。なぜ真面目にやらぬのだ」と諭す場面や、その後、惟規が「これより大学に行ってまいります」とあいさつし、為時が「しっかり学んで見違えるように成長せよ」と応じる場面がありました。

この平安時代の「大学」とは、律令制のもとで全寮制の官吏養成機関として設置されていた大学寮のことです

そして、この大学寮の流れをくむのが、現在の学習院大学であり、今日わが国にある大学のうち、起源を最も古くまでさかのぼられる大学です。学習院大学は１８７７（明治10）年、東京の神田錦町に設立された華族学校（戦前は宮内省所管の官立学校）を直接の前身としており、この年を創立年としています。

大学が定める創立年ということでは、１８３８（天保９）年開学としている順天堂大学や、福澤諭吉が蘭学塾を始めた１８５８（安政５）年創立とする慶應義塾大学の方が古いことになります。

しかし、学習院大学の前身の華族学校は、江戸末期の１８４７（弘化４）年に仁孝天皇が公家の教育機関として京都に設けた学習所（学習院）を起源としており、前身校の起源までさかのぼれば、慶應義塾より古くなります。

さらに、その京都の学習所の淵源《えんげん》をさかのぼると、奈良・平安朝の時代にあった大学寮が再興されたものとされており、淵源としては最古となります。[1]『光る君へ』の藤原為時・惟規親子も、大学寮の紀伝道（今で言う文学部）を出ています。また、空海（弘法大師）も若い頃、平城京にあった頃の大学寮の明経道《みょうぎょう》（儒教を学ぶ学部）に一時、籍を置いていました。

今日、大学で学ぶ者を「学生」と言いますが、平安時代、当時の大学寮で学ぶ者を

「学生《がくしょう》」と言いました。そして、その学生の食料など生活費を賄うための田地「勧学田」が設けられました。これが日本最古の奨学金制度と言えるものです。

また、当時、大学寮の長の役職を大学頭《だいがくのかみ》と言いました。

このように「大学」という言葉は、その起源がわが国の律令制国家の時代にあるわけですが、この言葉は江戸時代によみがえります。

それは、国立大学の中で最も古い東京大学の起源にかかわります。東京大学の創立年は、華族学校と同じ1877年で、創設地も同じ神田錦町でした。国立大学の中で、大学が定める創設年ということで言えば、前身校である札幌農学校が設置された1876年を「創基」年とする北海道大学の方が古くなるのですが、東京大学の淵源はもっと古く、江戸時代初期の1630年に儒学者で「武家諸法度」の制定にも当たった林羅山が上野に建てた家塾までさかのぼれます。

20代半ばで徳川家康に仕え、徳川幕府を思想面で支えた林羅山は、学校を作ることの大切さを主張しました。一度は京都でそれを実現する話が進んだものの、大坂の陣で中断しました。そして、将軍家光の時代に計画が再開し、江戸・上野忍ヶ岡の寛永寺近くに林家《りんけ》の家塾ができました。

この家塾は、将軍綱吉の治世下、林家第3代・林鳳岡《ほうこう》の時に、幕府が創建した湯島聖堂に移転し、さらに1790（寛政2）年、将軍家斉の時代、林家中興の祖と言われる第8代・林述斎の時に、幕府直轄の昌平坂学問所（昌平黌）となり、官学に位置付けられました。

この湯島聖堂・昌平坂学問所の長に当たる役職を大学頭と言いました。今風に言えば、東京大学総長兼文部科学大臣のようなもので、林鳳岡以来、林家の当主が代々その職を務めました。

昌平坂学問所は、江戸後期におけるいわば国立大学と言えるもので、明治維新後は政府に引き継がれ、東京大学につながる流れの一つとなります。ちなみに、「昌平」とは、中国山東省の孔子の生誕地の地名です。

律令制国家の時代にすでにあり、江戸時代によみがえった「大学」という言葉が、明治期に創設された近代高等教育機関（ユニバーシティ）の名称に充てられ、東京大学（後の帝国大学）が創設されたわけです[2]（ちなみに、「憲法」の語も、聖徳太子の十七条憲法から来ており、律令時代の言葉を近代に呼び戻した例です）。

ここで気づくことは、高等教育機関を「大学」と称するのは、中国語からの輸入ではなく、日本製の言葉だということです。中国の最高学府は、古くは、漢の時代に「太学」、隋・唐の時代に「国子監」があり、近代になってからは「大学堂」あるいは「学堂」と言っており、「大学」とは言っていませんでした。

ユニバーシティに「大学」という名称を充てたのは、明治の日本です。当時の中国（清末の時代）は、日本の明治維新を近代化のモデルとし、「大学」という名称も日本から取り入れました。もともと漢字・漢語は日本が中国から学んだものですが、明治に入って、西洋の概念を表すために日本人が考案した漢語が逆に中国に伝わり、中国語に取り入れられました。その例は、大学のほかにも、経済、哲学、社会、文化、宗教、文学、医学、主義、思想、共和国、図書館など無数にあるということです。この時代は、清国政府が日本に多くの留学生を送り出した時期でもあり、魯迅や周恩来も日本に留学しました。

さて、律令時代の日本で大学寮が作られたのは、中国に出現した統一王朝・唐の脅威に備えなければならない恐怖感覚からでした。朝廷は、唐帝国の制度にならって律令制を導入し、唐の国子監をまねて大学寮を作りました。明治においては、欧米諸国に対峙しなければならない危機意識から明治維新が起こり、新政府が大学（東京大学）をつくりました。いずれの時代も、後進国だった日本は、当時の「先進国」に留学生を派遣して文明を摂取することに努めました。摂取すべき学問は、唐の儒教や漢籍から、西洋の近代科学に変わりましたが、いずれにせよ外来の学問でした。長安を見た遣唐使の驚き、そして、パリを見た岩倉使節団の驚きが、外圧への危機感を生み、そこから国が大学を作って学問を振興した点は、律令制下でも明治維新でも共通していました。

これに対し、欧州の大学は、11世紀末〜13世紀（伊・ボローニア大学、英・オックスフォード大学、仏・ソルボンヌ大学など）、遅くても14世紀（独・ハイデルベルク大学）には創立されています。近代国家成立以前から存在している、つまり大学は国より長い歴史を持っています。米国でもハーバード大学が合衆国自体の建国よりも早い17世紀に誕生しています。英国から米国に渡り、ボストン市を建設した清教徒移民たちは、まず教会と大学をつくっており、ハーバード大学は入植6年後という早い時期に設立されています。

欧米の「大学（ユニバーシティ）」が国家の成立よりも前から自治的に誕生したのに対し、日本の大学は、近代化の装置として国家によって作られたという点で、成り立ちは大きく違っているわけです。

博士、「学問の神様」の起源

東京大学は、その後、帝国大学となります。その帝国大学が日本初の博士を授与しましたが、「博士」も律令時代にあった言葉を呼び戻したものです。

帝国大学が初めて博士号を授与したのは1888（明治21）年で、会津藩出身で白虎隊に入隊したこともある物理学者の山川健次郎、数学者の菊池大麓ら25人に授与されました。山川は後に東京帝大、九州帝大、京都帝大の総長を務め、菊池は後に文部大臣になりました。授与日の5月7日は「博士の日」とされています。

この「博士」という言葉は、平安時代、律令制のもとで置かれた先述の大学寮で歴史や漢籍を教授する職であった「文章博士《もんじょうはかせ》」を起源としています。

この博士職に就いた一人が、低い家柄にもかかわらず学問の才能が高く、33歳でこの職に取り立てられた菅原道真でした。道真はその後も出世し、右大臣まで昇進しますが、名門の藤原氏などから嫉妬され、謀反を企てているとの無実の罪を着せられ九州の大宰府に左遷されます。死後、道真の霊は怨霊となり、その祟りを鎮めるため、京都の北野をはじまりとして諸国の天満宮に祀られ、「天神様」「天神さん」として「学問の神様」になりました。

徳川家康が林羅山を召し抱えた際、家康の重臣で、徳川四天王の一人である本多忠勝が「羅山はどれほどの学者なのか。天神様と比べて、どちらの方が学者か」と、羅山本人や主君の家康に問うたと言います。学者と言えば天神様、という考えがすでにあったことが分かります。江戸時代に発達した寺子屋で、道真は「学問の神様」として子どもたちに敬われ、定着します。

明治に入ってからも、東京大学の前身の一つである第一高等中学校（後の第一高等学校）の講堂には菅原道真の肖像画が掲げられていました。

天神様信仰は、いまも各地に見られます。今日、全国に約1万2千の天満宮・天神社があり、受験シーズンには合格祈願で大いに賑わうところが約百カ所あります。

和歌山県橋本市にも、学文路《かむろ》天満宮がありますが、最寄り駅である南海高野線の学文路駅の入場券は、学文路天満宮で祈祷を受けたものであり、しかも「入学」と印字されることから合格祈願の御守りとして人気があります。岡山に本社を置く学生服メーカー最大手のカンコーの社名は、菅原道真公を指す「菅公」から来ています。

天神信仰が特に盛んなのが北陸地方です。福井、富山では、男の子がいる家庭では、お正月に「天神様飾り」（菅原道真の掛け軸）をします。男の子が生まれると、母親の実家が天神様飾りを贈るのが慣習となっていて、お正月前には人形店などで道真の掛け軸が売り出されます。菅原道真の命日は2月25日で、毎月25日は天神講ですが、一年で最初の天神講（初天神）の1月25日に、福井や富山では、天神様の掛け軸に道真の好物だった焼きガレイをお供えします。学校でも、この時期の給食にカレイの献立が出ます。

北陸地方で天神信仰が盛んな背景としては、江戸時代に加賀藩前田家の歴代藩主が、藩祖・利家以来、天神様を信仰し、特に3代藩主の利常が小松天満宮を建立するなど、深い崇敬を寄せたこと、また、幕末の越前福井藩主・松平春嶽（慶永）が、子どもたちが学問に打ち込むよう天神様信仰を奨励したことによると言われています。

なお、「学士」の言葉の起源も律令制の時代までたどれます。律令制において皇太子に儒教の教育を行う学者の職名が「東宮学士」でした。

このように「博士」も「学士」も、律令時代にあった言葉ですが、もともとは漢や唐の時代の中国の官職名（五経博士、翰林学士）に由来する言葉です。「五経博士」は百済にも置かれた官職（中国の儒学の古典を解読する学者の職）であり、6世紀に大和朝廷は、百済から五経博士を招いています。

これに対し、「修士」は第二次大戦後の学制改革で米国型の大学院制度を導入したときに日本で作られた言葉です。マスターに相当する名称として、「格士」「秀士」「院士」「小博士」などの案が検討されましたが、最終的に「修士」の名称が採用されました。中国では、マスターの学位は「碩士《シュオシィー》」であり、「修士」ではありません。

「大学」が日本製の言葉であることはすでに述べましたが、学位の名称について言えば、「博士」「学士」は中国由来、「修士」は日本製の言葉です。

お寺と学問のかかわり

「比叡山延暦寺は、日本仏教の総合大学だった」と、同寺のパンフットには記されています。司馬遼太郎によると、大学を生み出した中世欧州の概念で言えば、奈良期の東大寺や興福寺は、大学に当たるものであり、また、比叡山延暦寺は、平安期から鎌倉期における日本最大の大学でした。[3]当時、朝廷は仏教を大いに保護・援助し、これらの寺院は官寺であり、僧侶は官僧（国家公務員）でしたので、官立（国立）大学だったと言えます。

特に奈良朝は寺院を大いに保護・援助し、東大寺や興福寺は、権力者のための建物として、奈良の都（平城京）の街中に建てられました。他方、平安朝は、奈良仏教の影響力を抑えるために、新たな仏教（平安仏教）が興ることを歓迎する一方で、奈良期のように寺院が力を持ち過ぎることは警戒していました。寺院も、仏道修業の場として、俗世とは離れた場所に建てられるようになり、このため、大寺院は、京の都（平安京）の市街地からは離れた比叡山や高野山に創建されました。

比叡山では、学祖である最澄（伝教大師）が中国から持ち帰った経典や仏書といった膨大な書籍を置いたまま、亡くなります。その整理は弟子たちがやらざるを得なかったため、弟子たちは書物を我流で読んだり、討議したりし、その後３００年、無数の人々によって読まれ続けました。法然、親鸞、栄西、道元、日蓮らが比叡山に入り自らの流儀で書籍を読み、その後、それぞれ独立して宗派を立てることになりました。[4] このように寺に入り学問研究をする僧のことも、当時「学生《がくしょう》」と言いました。

また、唐に渡った空海（弘法大師、お大師様、お大師さん）のように、長期間、大陸（隋や唐、新羅）に渡り学問・仏法を学んだ者のことを「留学生《るがくしょう》」と言いました。

日本人で最初の「留学生」は女性であり、空海よりも前の５８７年、仏教の戒律を学ぶために百済に渡った善信尼という尼僧だとされます。当時の都は飛鳥であり、飛鳥時代は、政治の面でも文化の面でも、女性が社会を牽引しました。

奈良から平安にかけての時代、奈良の大安寺は、国の筆頭寺院として壮大な伽藍を誇り、それは、最も多い時には900人近い僧がいて、東大寺、興福寺に並ぶ規模だったと言います。しかも、当時の大安寺には、唐の都・長安（現在の西安）に留学して帰国した僧、海外から来た唐や新羅、ベトナム、さらには仏教の発祥地インドの僧など留学生が多数いて、唐の言葉やサンスクリット語（古代インド語）が飛び交っていたということです。

当時の世界で最大の国際都市であったのが唐の長安で、そこには各国の留学僧を受け入れる西明寺がありました。それをモデルにしたのが奈良の大安寺でした。このように国際性を持った点は、まさに今日の大学に通じるものと言えます。今風に言えば、長安の西明寺は世界のトップ大学であり、奈良の大安寺は日本トップのグローバル大学でした。

鎌倉時代や室町時代、大寺院は、罪人の逮捕や課税徴収のために守護の使いが入部することを禁ずる「不入の権」を持つなど、朝廷や幕府に対し自治権を持ちました。江戸時代でも「駆け込み寺（縁切り寺）」と言われたように、幕府の公権力は寺院内には及び切っていませんでした。こうした自治権を持った点も、お寺と大学とに共通する一面と言えます。

子ども文化とお寺のかかわり

江戸時代の「駆け込み寺（縁切り寺）」の思想は、アジール（弱い者、一人で生きていけない人、逃亡する罪人、債務者、夫から逃れる妻などが庇護される場所）の思想で、世界中のほとんどの民族にその思想が見られると言います。日本でも古くからありますが、その痕跡は子ども文化の中にも見られます。

一例が、子どもが糞便を踏んだり、便器に触るなど何か不浄なものに触れた瞬間、その子どもが鬼になり、他の子どもに菌を移そうとする子どもの遊びです。その時、人差し指と中指を交差させて「バリア！」と言えば、鬼になることを避けることができるというルールが各地に見られます。

民俗学の研究によると、これは「エンガチョ」と呼ばれた遊びで、「縁切り」の思想の名残りと見られています。[5]「バリア！」に当たる言葉は、もともと、東日本では「エンガチョ」「エン切ーった」「エンチョ、バリィ」、西日本では「リッキー」「ジョリキ」「チッキ」などと言われており、「縁切り」から来た言葉であることを想像させます。

子どもの遊びとお寺やお坊さんとの関係は、さまざまあります。

「だるまさんがころんだ」は、関西では「ぼう（ん）さんがへをこいた」と言います。同様の遊びは世界の各地にあるようですが、掛け声に僧侶を使うのは日本特有です。だるまさんも、もとは、中国禅宗を開いたインド人高僧の達磨大師であり、やはり坊さんです。「だるまさん　だるまさん　にらめっこしましょ」の遊び歌が誕生するのは江戸時代ですが、にらめっこ自体は、平安時代末期以来、目競《めくらべ》という武士の間で行われた一種のゲームが起源とされます。それは、戦で敵に負けないための訓練として行われたものでしたが、江戸時代以降はだるまさんが出てきて、相手を笑わせる遊びの要素を持つようになったと言われます。

「お寺の和尚さん」のような手遊び歌もあります。この歌も地域や時代によってバリエーションがありますが、和尚さんが「忍法使って　空飛んで　ぐるっと回って　じゃんけんぽん」となるのが基本形です。

「ぼう（ん）さん　ぼう（ん）さんどこ行くの　かんかん坊主くそ坊主　後ろの正面だあれ」という遊び歌もあります。

新聞の読者欄で、子どもの頃を思い出して、「お坊さんは、子どもたちが歌うこんな無礼千万なふざけ歌を、どんな気持ちで聞いておられただろう。いやいや、修業されている身、馬耳東風と聞き流し、ひょっとしたら仏様と一緒に笑っておられたかもしれない」と書かれている投書を見たことがあります。

お寺と学校との関係で言えば、「教師」という言葉も、もとは真言宗や浄土真宗などの宗派で僧侶の職位を示す言葉として使われていたものです。江戸時代は、「師範」（藩校）や「師匠」（寺子屋）という言葉の方が一般的でしたが、幕末期に teacher に対応する言葉として「教師」の語が当てられるようになり、明治時代に広く一般に普及したということです。[6]

庶民の教育の場としてのお寺

寺子屋は、江戸時代には庶民の教育の中心的な場となりますが、その源流をたどると、すでに室町時代から、庶民がお寺で読み書きを学んだり、そこでの教科書的な読み物だった「往来物」が出始めたりしています。

平安期以降、お寺が山の中に建てられるようになったことはすでに述べましたが、学校に行くこと、学校から帰ることを「登校」「下校」と言うのは、お寺で勉強をしていた時代の名残で、お寺が山の中にあることが多かったことに由来すると言われます。古来、わが国には、山は、一般の人が家を建てて住むところではなく、寺社が置かれるところだという考えがありました。「比叡山延暦寺」「東叡山寛永寺」「龍谷山本願寺」「吉祥山永平寺」などのようにお寺に「山号」が付いていたり、お寺の門を「山門」と言ったりするのも、お寺が山にあったからです。明治期には「昇校」という言葉も使われました。

日本の学校では、子どもたちが教室や校舎を清掃しますが、これもお寺からきています。禅宗のお寺を中心に、掃除は僧侶の修行の一部であり、これがお寺で読み書きを学ぶ子どもたちにも行われるようになり、その後の江戸時代の寺子屋や明治に入ってからの学校でも取り入れられました。清掃を子ども自身が行うのは、欧米などではないことで、アジアの仏教的伝統を持つ国だけに見られることです。

長野は伝統的に無言清掃が行われていることで知られます。1970年代半ばから始まっており、その後、他の地域にも広がっています。福井の多くの学校でも無言清掃が行われており、掃除の仕方も永平寺流であり、ホウキを使わず、雑巾のみで床掃除を行っているとのことです。[7]

◆武士の時代（平安末期〜戦国期）の影響
――足利学校、赤組・白組、騎馬戦、起立・礼

日本最古の学校―足利学校

栃木の足利学校の創建は平安ないし鎌倉期とされ、日本最古の「学校」とされます。その歴史が明らかになるのは室町期で、儒学、易学、漢籍、兵法、医学などを教え、大量の書物を蔵し、足利学校は「学校図書館」の最古とも言えます。

現在、史跡「足利学校」の所在地は、足利市昌平町という地名です。孔子の生誕地である昌平がここにも名を表しています。

足利学校は、明治に入るまで存続しましたが、最盛期の戦国時代は3千人の学徒が在籍し、フランシスコ・ザビエルは「日本国中最も大にして最も有名なる坂東のアカデミア」と記しています。当時の西欧の世界地図にも、日本に「アカデミア」があったことを表記するものがあります。

小早川隆景、鍋島直茂、直江兼続、徳川家康などの武将が、足利学校で儒学、易学などを学んだ禅僧を補佐役（軍師、軍配者）にしていました。前項でも見たように、お寺は、当時の学問の府であり、僧侶は古今の学問に通じ、外交交渉なども担える有能な人材でした。僧侶という立場は、命を狙われにくいという利点もありました。

なお、一般の識字率や教養についても、フランシスコ・ザビエルら戦国期に来日した宣教師たちは、日本の水準の高さに驚いた旨が記録に残されており、すでにこの頃、わが国の知的水準はそれなりのものだったことがうかがわれます。

足利学校の伝統を受け継ぎ、いまも、足利市の小学校では、論語の素読を教育に取り入れています。

足利学校は、「学校」という名称の最古の施設ですが、漢字学の泰斗・白川静博士によると、「學」の冠の二つの「メ」は、上の「メ」が祖先の霊との交わり、下の「メ」が仲間との交わりを示し、その両脇の形は教師の両手を示しています。その下に屋根があって、「子」が真ん中にいる、という字源だそうです。[8]

「校」とは「陣営で大将のいる所に設けた柵」という意味の言葉でした。それは自由に入ることのできない場所という意味を持っていて、欧米と異なり、わが国の学校に、塀が設けられるようになった背景には、こうした意識もあったと考えられています。

足利学校は、岡山の閑谷《しずたに》学校（江戸時代前期、世界最古の庶民のための公立学校）、大分県日田市の咸宜園《かんぎえん》（江戸時代最大の私塾）、茨城県水戸市の弘道館（江戸時代最大の藩校）とともに、近世日本の教育遺産群として、2015年、文化庁の日本遺産に認定されました。

赤組・白組 ―源平合戦の影響

武士が誕生するのは、平安時代末で、やがて源平の抗争の時代が訪れますが、今日、運動会で赤組、白組に別れて競技を行うのは、源平合戦に由来します。

合戦において、平氏は赤い旗や赤符《あかじるし》（冑《かぶと》に付けた赤いきれ）、源氏は白い旗や腰小旗（腰に付けた白い小旗）を掲げたり付けたりして戦いました。運動会が普及した明治期に、平氏、源氏に別れて競技を行うことが多く、赤、白に別れて対抗戦をするようになり、これが今日の普及の元になりました。

小学生が運動会や体育の時間にかぶる赤白帽は、昭和30年代、落語家で発明家でもあった柳家金語楼《きんごろう》が、赤白のハチマキを見て、赤白のリバーシブルの帽子があれば便利ではないかと思い付き、実用新案登録したことから作られたものです。

しかし、今日、温暖化による夏の熱中症対策として、赤帽は、淡い黄色やピンクなど薄い色にすべきとの意見が出されるようになっており、今後、赤白対抗の色は変化していくことになるかもしれません。

山や川に宿る神 ―日本古来の自然信仰

運動会で赤組、白組などの色でチームを分けないことを伝統としているのが、群馬県の小学校です。群馬の小学校では「赤城団」「榛名団」「妙義団」など山の名前で分かれます。赤城山、榛名山、妙義山とも「上毛三山」とされる名山です。県内の約3分の2の小学校の運動会がこの三つのチーム分けであり、そのほかに「浅間」「日光白根」などが入る学校もあるそうです。昭和初期からの伝統ともされ、郷土の山への愛着が強い地域性が表れています。[9]

上毛三山は、いずれも古くから神々が宿ると信じられ、山岳信仰の対象とされてきました。日本人は、「山や川に宿る神」を理解できる人がいまも4人に3人に上るという調査結果があります。[10] 日本人は古来、自然の中に神が宿っていると感じてきました。お寺と山の結びつきについてすでに触れましたが、特に、山は、天に近く、先祖の霊魂が集まっている場所だと考えたり、山そのものが神だと信じたりする神体山の信仰が、『万葉集』の時代からありました。

また、日本民俗学の創始者・柳田國男は、山の民は、有史以前から日本列島に暮らしていた先住民の子孫だと考えられ、山深きところには無数の山神山人の伝説があることを示しました。

群馬県の運動会の例に限らず、学校文化においても、山は、特別な存在感を持ってきました。例えば、校歌に歌われる景観として、山の出現率は高いことが明らかになっています。山は、他の景観より視覚されやすいことに加え、心理的にも景観イメージを喚起する力が強いと考えられています。群馬県の沼田市、渋川市、前橋市、桐生市、太田市、館林市などでは、校歌に赤城山が非常に高い率で登場します。[11]

静岡、山梨では、半分以上の学校の校歌に「富士」の言葉が出てくるそうです。富士山の気高く美しい姿を人生の指標にしたいとの気持ちが歌詞に込められたのでしょう。富士山は、神奈川県や東京都の学校の校歌でも歌われることが少なくありません。

茨城では、筑波山が校歌に出てくる学校が多く、遠足の行き先にもなっています。「西の富士、東の筑波」という言葉がありますが、それぞれの地元では、教育の場においても、これらの山の存在は、大きいと言えます。

この他、校歌に登場する率が高い例としては、福島県会津若松市で磐梯山、新潟県上越市では妙高山、[12]三重県四日市市などで鈴鹿の山[13]があげられます。また、鳥取県西部の多くの学校の校歌で大山（伯耆《ほうき》富士）が歌われています。

琵琶湖の存在感が大きい滋賀県では、約3分の1の小学校、半数近い中学校の校歌に「湖」が出てきますが、それでも、やはり山は必要なようで、県東部の湖北・湖東地域を中心に、かなりの数の学校の校歌に伊吹山が登場しています。

一方、海や川について日本人は、先祖たちがそこからやってきたところであり、人の霊魂は海や川からやってくるという観念を持ったようです。

民俗学によると、桃太郎、一寸法師などの伝承の背景には、小さな生命が海や川を漂ってきて、水辺にたどり着くという、わが国古来からの観念があると見られています。西欧では赤ちゃんは「コウノトリが運んでくる」と考えるのに対し、日本では「川から拾われた」子どもというのが民俗的に自然なモチーフになっています。例えば、1970年頃より前に生まれた世代の人には、親から冗談で「橋の下で拾ってきた」と言われた経験を持つ人が少なくありません。なぜ全国どこでも「橋の下」だったのか、考えてみれば不思議なことで、これも、人の霊魂が川から来るという昔からの無意識の伝承が関わっていると民俗学者の宮田登氏が指摘しています。[14]

日本人が、古来、山や川に宿ると考えたカミは、そのうち、祠や社殿に祀られるようになり、人々はそうした「神」に舞楽を奉納するようになります。こうして平安時代から室町時代のころに、各地で演じられるようになったのが神楽です。

その中でも、島根、広島の山間部は、出雲の文化圏に属し、石見神楽をはじめとして日本でも有数の神楽の盛んな地域になりました。いまも、この地域では、神楽部、郷土芸能部などの部活動や愛好会の活動が行われている高校があります。例えば、島根県立浜田商

業高校、同飯南高校、同邇摩《にま》高校、同浜田養護学校、同矢上高校、同江津《ごうつ》高校、広島県立千代田高校、同西城紫水高校、同加計高校芸北分校、同吉田高校、同可部高校などです。

広島県安芸高田市では、「高校生の神楽甲子園」が開催されています。

騎馬戦の由来

運動会の代表的な種目である騎馬戦**＝イラスト＝**も、赤組・白組同様、源平合戦の時代に由来します。もともとは、馬に乗って走り回ることは、紀元前6世紀から紀元前3世紀に、黒海北岸（現在のウクライナ）の草原にいたスキタイ族が始め、それがモンゴルなど中央アジアの遊牧民族に広がったものだとされています。海を渡って日本にきた騎馬民族が大和朝廷を樹立したとする騎馬民族征服王朝説は、専門家の間では支持者は少ないようですが、4世紀から5世紀初め、日本列島に朝鮮半島から馬が入ってきたことは間違いないようです。そして、日本の中でも東国人は、8世紀後半以降、騎馬に長ずるようになり、坂東武者は、馬上で組み打ちし一騎打ちを行うようになりました。特に優れた騎馬術の才能を持ったのが源義経であり、騎馬戦闘の力で平氏と戦いました。これをモデルにして明治期に運動会の種目に取り入れられたのが、騎馬戦です。

ところが、騎馬戦のことを、北九州市の小学校では「川中島」と呼びます。武田信玄と上杉謙信が戦った長野の川中島の地から遠く離れた北九州でなぜこの名になったのでしょう。明治期に始まった運動会では、競技を源平合戦になぞらえることが多かったわけですが、ある記事によると、壇ノ浦が近くゆかりが深すぎる北九州では、これがはばかられたため、あえて決着がつかなかった川中島の名が使われ、それが今日まで続いていると推測されています。[15]

馬の東国・源氏に対し、西国の特徴は牛が農耕を支えたほか、瀬戸内・大阪湾・紀伊水道・北九州などの水軍が強勢を誇ったことです。その棟梁とも言える性格を持ったのが平氏でした。

後の室町時代に栄えたのが村上水軍です。現在の愛媛県今治市と広島県尾道市の間に連なる芸予諸島（能島《のしま》、因島など）を本拠としました。西洋の海賊のような略奪をするのではなく、通行料の徴収の見返りに航海の安全を保障し、物流業や漁業を行いましたが、戦時には操船技術と火薬を用いた武器を駆使したことから「水軍」と言われるようになりました。
尾道、今治など芸予諸島周辺では、運動会で「村上水軍の乱」などの種目名で、村上水軍をモチーフにした踊りや競技が行われます。

愛知県の岡崎市立大樹寺小学校では、騎馬戦は「三河武士の先陣争い」という種目名です。同校は、徳川家の菩提寺である大樹寺の隣接地（もともとは同寺の境内地）に立地していることもあって、さまざまな「家康学習」を行っており、運動会も「家康運動会」と言われる独特なものです。

運動会のクライマックスが「家康の自立」という演目です。桶狭間の戦いで今川義元討死の報を受けた後、徳川家康（当時、松平元康。19歳）は今川方を離れて岡崎に戻り大樹寺に入ったものの、織田勢の追撃を受けました。この時、家康は絶望し自害も考えたそうですが、寺の住職の登誉《とよ》上人から「厭離穢土《えんりえど》　欣求浄土《ごんぐじょうど》」（穢れた現世を嫌い離れ、極楽浄土を願い求めること）の言葉を与えられて諭され、立ち直りました。そして、大男で怪力だった大樹寺の祖洞《そどう》和尚が寺の総門の閂《かんぬき》を振り回して織田方を追い払ったことで救われ、岡崎城に入ることができました。これを野外劇にして運動会で行うのが「家康の自立」という演技です。家康軍の旗頭となる「厭離穢土　欣求浄土」の経文を含め、子どもたちは、大樹寺の戦いの経過を学び、運動会で演じています。

徳川家康は、その後、遠江へ侵攻して本拠を浜松に移し、最強騎馬軍団を擁する武田信玄に備えます。家康が29歳から45歳まで居城とし、天下取りの基盤を培った浜松城は「出世城」とも呼ばれます。その浜松市内の小学校の運動会には、「城落とし」という、騎馬戦と玉投げを組み合わせた独特の種目があります。武田信玄と徳川家康が戦った三方ヶ原の戦いの再現です。武田軍と徳川軍に分かれ、まず騎馬戦を行い、次に段ボールで作った相手方の城の的をめがけて玉入れの球で攻め、的に当たった（落城した）城から煙が上がるという、大がかりな仕掛けの競技です。ただ最近は、行事の負担もあり、これを行う学校は減っていると聞きました。

騎馬戦のほか、応援などの「エイエイオー」の掛け声も、戦国時代の集団戦闘での鬨《とき》の声が起源とされます。史料では「曳々應」と表記されています。

武家礼法、空手、元服

武士が馬に乗って戦うようになったことにより、馬を操り、弓を扱う技は、武芸として武士が磨くべき必須の技能になりました。馬術と弓術の法として始まり、室町幕府において儀礼を差配した小笠原家によって集大成され確立したのが武家礼法です。これも明治になって学校文化の中に取り入れられます。

学校では、授業の始まりや終わりに、「起立・礼・着席」という号令をかけるのが一般的です。入学式、卒業式などの儀式の際も、同様の号令がかけられます。この「起立、礼」などの型は武家礼法がもとになっています。

江戸時代になると、武の時代から文の時代に転換します。戦がなくなり、馬に乗らない、あるいは乗れない侍も多くなった一方で、幕府や大名の間では儀式を円滑に進めることが重要視されるようになり、忠臣蔵の吉良上野介で知られるような儀典を専門とする旗本（高家《こうけ》）が置かれるなど、武家礼法が一段と細かく厳密なものとなりました。

また、江戸期には、行儀作法として、京都で修業した僧によって、襖《ふすま》の開け閉めの作法などの礼法が各地の寺で行われるようになり、寺から一般の人々にも広まります。ちなみに、決まった時間にご飯を食べることもその一部でした。日本人の生活文化については、室町時代に始まり、江戸時代に形が確立したものが少なくありませんが、礼法もその一つというわけです。

そして、明治に入り、文部省が定めた「小学校教則綱領」で学校教育に礼法が取り入れられ、教科書も出版されました。[16]こうして、「起立・礼」など号令や儀式の型が学校文化として定着しました。

今日では、授業が始まるときの号令には、地域によって独特なものもあります。

例えば、群馬や宮城では「起立・注目・礼」、鹿児島では「起立・姿勢・礼」と号令をかけ、沖縄では座ったまま「正座・礼」と言う学校が多い特徴があります。

空手は、沖縄が発祥の地です。

沖縄では、室町時代に当たる15世紀半ば、琉球国王の尚巴志《しょうはし》によって統一国家が形成されます。琉球王国の士族の護身のためのたしなみだったのが空手です。

明治以降、沖縄出身の空手家から全国に広まり、いまでは世界に普及し１億３０００万人を超える空手人口を誇ると言われ、２０２１年の東京オリンピックでは初めて実施種目となりました。

発祥の地の沖縄では、多くの中学、高校で空手を体育の授業に取り入れ、運動会で空手の型を行う学校もあるなど、盛んに行われています。


愛媛では約60年前から、中学校２年（満14歳）で、「少年式」という行事を行っています。また、宮崎、熊本、鹿児島では同じ中学２年で「立志式」という行事を行う学校が多くあります。

これらは、奈良時代以来公家が行い、武家政権になると武士の儀式にもなった元服をモデルにした行事です。江戸時代までは、男子は数え年12~16歳で元服して成人になると考えられました。女子は、大人として一人前になる（子どもを産むことができる）儀礼として、十三祝いが行われました。[17] これらの年齢に相当する中学校２年に「少年式」「立志式」

の行事が取り入れられ、他地域でも行われるようになっています。式ではいずれも生徒が将来の決意や目標を述べます。

明治に入り、1876年に成人年齢が20歳に定められました。新成人が一堂に会して行う成人式は、戦後の1946年、埼玉県の蕨《わらび》町（現・蕨市）で青年団が開催した青年祭が発祥とされます。

宮崎では、10歳になる小学校4年生で「二分の一成人式」が行われてきましたが、これが国語の教科書で紹介され、2000年代に各地に広がりました。

2022年から成人年齢が18歳になりましたが、18歳は受験や就職時期と重なることから、18歳で成人式を行う自治体はごく一部で、大半の市町村は「二十歳の集い」や「二十歳を祝う会」などに名称を変更して20歳での式典を継続しています。小学校の行事として定着してきた「二分の一成人式」も10歳（小学4年生）で維持されていくことになるのでしょうか。

郷土の英雄 ―戦国武将

学校文化への武士の時代の影響として、それぞれの地元の武将に由来する慣習が、各地の学校で見られます。

特に、戦国武将が郷土の英雄として人気を集めるところが少なくありません。それ以前の、幕府から任命され、年貢を都に収めていた守護などの支配者とは異なり、戦国期に、自らの実力で領国を統治し、中央へ送り届けをする義務を負わなくなった戦国大名は、地域に根ざし地域の自治を確立した支配者だととらえられます。戦国大名や武将の名が、地元で語り継がれ、学校文化にも生き続ける例が各地に見られるのには、こうした背景があるからだと思われます。

２０２２年にソニー生命保険が、各都道府県の20〜59歳の男女１００人を対象に行った「自慢の自県出身の歴史上の人物」調査によると、47都道府県のうち、18都府県で戦国武将が1位になっています。すなわち、伊達政宗（宮城県）、上杉謙信（山形県、新潟県）、徳川家康（栃木県、東京都、静岡県）、佐々成政（富山県）、前田利家（石川県）、武田信玄（山梨県）、真田幸村（長野県）、織田信長（岐阜県、愛知県、滋賀県）、豊臣秀吉（大阪府）、毛利元就（広島県）、三好長慶（徳島県）、黒田官兵衛（福岡県）、加藤清正（熊本県）――です。

歴史上の人物に対する敬称は省略するのが一般的ですが、山形県の米沢では上杉謙信、上杉鷹山（治憲）を、「謙信公」「鷹山公」と「公」を付けて呼びます。山梨では武田信玄は「信玄公」「信玄さん」と、石川県の金沢では前田利家とその正室は「利家公」「お松の方」と、熊本では加藤清正は「清正公《せいしょこ》さん」と今も敬意を持って呼ばれています。また、宮城県の仙台では伊達政宗は「政宗公」と呼ばれることが多いとのことです。

上杉家は越後に興り、江戸期に入ってからは山形の米沢藩に移されましたが、特に上杉謙信、上杉鷹山は、新潟や米沢の人々から今も敬愛されています。

新潟県立高田高校は、上杉謙信が大事にした言葉「義」に由来する「第一義」を校是とし、体育館に上杉謙信の肖像画を掲げています。

上杉鷹山は、米沢時代のいわば上杉家中興の祖であり、米沢市では、全小中学校の体育館に、上杉謙信と上杉鷹山の肖像画が掛けてあります。「為せば成る」の言葉で有名であり、ケネディ大統領も尊敬していたと言われる名君・鷹山公の生涯や事績について、市内の小学校では、社会科で必ず学びます。また、同市には上杉鷹山が再興した藩校・興譲館の流れを汲む山形県立米沢興譲館高校があるほか、明治13年創立で興譲の名を冠する市立興譲小学校の校歌には、「興譲の名は我等の誇り」「鷹山公は我等の鑑」とうたわれています。

真田と言えば、真田幸村（信繁）が有名ですが、真田家びいきは今も地元で強いものがあります。真田家の興った地であり戦国期の領地であったのが長野県の上田であり、また、兄の信之以後、江戸期に真田家が治めたのが同県の松代ですが、これら両地にある長野県上田高校と同県松代高校は、部活動（上田高校では班活動と言います）のユニフォームや応援旗などに真田家の「六文銭」の家紋を入れています。幸村の父の昌幸は、二度にわたり徳川の大軍を退けた上田合戦で知られますが、上田城三の丸の真田の館跡に立地する上田高校の校歌の二番は、「関八州の精鋭を　ここに挫《くじ》きし英雄の……」とうたっています。

大坂冬の陣の際、真田幸村が「真田丸」の砦を築いた辺りは、真田山町（大阪市天王寺区）という地名になっていますが、ここでも幸村は人気があります。大阪市立真田山小学校の校章は、大阪市章の澪標《みおつくし》（水路の標識杭）に真田家の「六文銭」をあしらったデザインです。

騎馬戦の項で述べた愛知県岡崎市立大樹寺小学校には、徳川家康の銅像があります。岡崎市内でも特に家康とのかかわりの深いのがこの学校であり、40年近く、学年に応じてさまざまな「竹千代学習」「家康学習」を行っています。桶狭間の戦いの後、家康が岡崎城に入ったのが5月23日であることから、毎月23日を「自立の日」とし、「家康公遺訓」を読み上げる「遺訓唱和」も行っています。

愛知県あま市立正則《まさのり》小学校があるのは、福島正則の生誕地であり、学校の名前になっています。

滋賀県立彦根東高校の校訓は「赤鬼魂」という珍しいものです。同校は彦根藩の藩校・稽古館を起源としており、校訓は、徳川四天王の一人に数えられる初代藩主・井伊直政が「井伊の赤鬼」と呼ばれたことから来ています。井伊直政は、武田軍の「赤備え」部隊を引き継いだことから、井伊家の軍装は当主以下足軽まで、甲冑や旗指物を朱色で統一する「赤備え」を基本としました。そこから、彦根東高校は赤をスクールカラーとしています。同校の野球部は、通算6回春夏の甲子園に出場していますが、応援席は真っ赤に埋め尽くされます。

鹿児島の学校では、歴代の島津の殿様の事績がいろいろと伝えられています。島津家中興の祖と言われるのが島津忠良（日新斎《じっしんさい》）ですが、忠良が完成させた「日新公いろは歌」が伝わる地域があります。これは、鹿児島の郷中《ごぢゅう》教育の基本精神になったとされるもので、忠良の墓所のある南さつま市の加世田地域の小学校ではいまもその暗唱に取り組んでいます。

その忠良の子の貴久が、薩摩・日向・大隅を統一し、戦国大名としての島津氏の基盤を固めましたが、この貴久の出家後の法号である大中、さらにその子の義久の法号である龍伯からそれぞれ「大」と「龍」の一字ずつをとった校名の学校が鹿児島市立大瀧小学校です。

そして、その義久の弟の島津義弘（惟新入道）も英雄として伝わります。義弘は、関ヶ原の戦いに出陣して西軍・石田方につきますが、その敗走時に、敵陣・徳川方への正面突破を敢行して鹿児島までの壮絶な帰還を果たし、「島津の退《の》き口」の勇名で知られています。この時の苦難や怨念を子どもたちに伝える行事として「妙円寺詣り」がいまも行われています。毎年、子どもたちが義弘公の菩提寺である妙円寺（日置市伊集院町）までの徒歩遠行や武道大会に参加しています。

◆天下泰平の江戸時代の影響
――文武両道、城跡に建つ学校

泰平の世に ―文武両道

江戸時代になると戦はなくなり、長期にわたる泰平のもとで武家の文化が形成されました。武士は、読書階級となり、武士的節度を重んじ規律を保つ、日本の精神文化を形成しました。

「文武両道」を校訓や方針として掲げる学校が少なからずありますが、もともと「文武両道」とは、徳川家康が幕府を開いた際、戦国期のような武のみによる統治ではなく、文（具体的には儒学、特に朱子学）という新たな価値を導入し、徳川の世の安泰を図ろうとしたことから来ています。

わが国の歴史上、律令制下の大学寮設置、徳川幕府の朱子学による統治、そして、明治の近代学校制度創設の三つは、国が教育整備を主導した代表例です。それぞれが、国家の制度作りが強く志向された時期――つまり、律令国家建設期（7～8世紀）、天下統一期（16～17世紀）、そして明治維新期――に当たります。

徳川幕府の統治の大きな特徴は、全国津々浦々の多様な行き方を許容したことです。各藩が幕府に対抗し軍事的、財政的に過大な力を持とうとしない限り、それぞれの藩独自の法による自治を認めました。強力な統合性を重視した織田信長や豊臣秀吉とは、この点では異なります。徳川時代は、安定が大事とされ、経済力の点ではゼロ成長の定常状態だった一方、各地で文化や学問が発達し、それらの水準は特に地方で高いものがありました。

例えば、筑前（福岡県）の貝原益軒、出羽（秋田県）で生まれ八戸で活動した安藤昌益、伊勢（三重県）・松坂で活動した本居宣長、豊後（大分県）・国東の三浦梅園など、幅広い学問に通じた優れた学者、文人が江戸から離れた地で数多く現れました。江戸後期には、越後長岡藩、上州伊勢崎藩、越前大野藩、丹波篠山藩、美作津山藩、岩見津和野藩、伊予宇和島藩など地方の小藩で教育や学問が盛んに行われました。

江戸時代に、各地に多様な文化が開花したことは、今日にも反映し、学校文化にもその影響が見られます。

まず、文の時代となり、各藩はそれぞれ多様な文芸や芸能を保護・奨励しました。それが今日の学校に受け継がれている例が各地にあります。

愛媛県松山市は俳句が盛んですが、もともと江戸期の伊予松山藩主・久松松平家が俳諧を好み、藩士や商人にも奨励したことが背景になっています。特に4代藩主の松平定直は、芭蕉門の宝井其角に入門するほどの本格派でした。そうした土壌は明治にも受け継がれ、松山から俳人・正岡子規が輩出しました。子規は35年という短い人生で、最後の数年は病床にありながら、「俳諧」から最初の「五七五」を独立させた「俳句」を文芸として確立し、日本の短詩文学を革新する大きな功績を残しました。高弟の高浜虚子、河東碧梧桐も松山出身です。

現在、松山市内には、「投句ポスト」が随所に設けられ、句碑も多く、句会や俳句コンテストもよく行われています。小学校では、一人ずつ「俳句手帳」を持ち俳句作りに取り組んだり、夏休みに俳句を作る宿題が出されたりします。高校生の俳句甲子園（全国高校俳句選手権大会）も松山で毎年8月に行われています。

能、歌舞伎、人形浄瑠璃文楽は、国の重要無形文化財であり、ユネスコの無形文化遺産にもなっているわが国の三大芸能です。

音楽で、歌の一番、二番、三番……のことを、石川、富山では「一題目《いちだいめ》、二題目、三題目……」と言います。

これは、能で使われた「題目《だいもく》」という言い方が転じたものと推測されています。能は、江戸期武家社会の式楽（儀式用の芸能）とされ、武士のたしなみとされましたが、加賀藩では、前田家第5代藩主の綱紀の時代、将軍・徳川綱吉の影響も受け、能の5流派の一つである宝生流を取り入れ、「加賀宝生」として大いに愛好し、町民にも奨励しました。百万石の大藩だったこともあり、将軍家から警戒されないよう、武芸より芸能を督励し、茶の湯、美術工芸なども含め、代々の藩主は文化奨励を藩の政策としました。そうしたところから、大工や庭師も謡《うたい》を口ずさむなど、金沢を中心に、「謡が空から降ってくる」と言われるほどの能の本場になりました。能楽で使われる鼓をイメージしたJR金沢駅前の鼓門《つづみもん》は、いまや金沢のシンボルとなっています。

このように能が盛んであったことが影響を与え、「一だいめ、二だいめ……」という言い方が生まれたと見られています。

もともと徳川幕府が大名たちに能を勧めたのは、参勤交代同様、各藩の財政が豊かになりすぎるのを防ぐためだったとも考えられていますが、その結果、文化遺産を後世に伝えることができたとも言えます。

歌舞伎の「勧進帳」は、能の「安宅《あたか》」を元にして歌舞伎化されたもので、天保期に江戸で初演されました。その有名な舞台「安宅の関」があり、「歌舞伎のまち」として知られるのが石川県小松市です。

小松市では、毎年、市内の中学校が持ち回りで、全校挙げての「勧進帳」の大公演を行います。また、毎年5月には、曳山子ども歌舞伎が行われ、小中学生らが曳山上で「勧進帳」を演じます。この子ども歌舞伎は約260年の伝統を持ちます。

人形浄瑠璃の文楽は大坂発祥ですが、江戸期に淡路と阿波を治めた蜂須賀家は、初代藩主の家政以来、人形浄瑠璃を保護・奨励し、大坂の文楽とはまた別に、淡路島と徳島で独自の発展をしました。淡路と阿波の人形浄瑠璃は、文楽より人形が大型であるなどの特徴を持ち、それぞれ国の重要無形民俗文化財に指定されています。

今日、兵庫県の淡路島や徳島県の学校では、郷土部、民芸部などの名称で、人形浄瑠璃を行うクラブ活動や部活動があり、学校がその継承に取り組んでいます。例えば、兵庫県立淡路三原高校、南あわじ市立三原中学校、同市立南淡中学校、徳島県立城北高校、同小松島西高校勝浦校、同那賀高校などです。[18]

特に、淡路三原高校、三原中学校の郷土部は淡路人形浄瑠璃の後継者団体に認定され、淡路人形座のプロの座員が指導を行っており、毎年本格的な公演を行う「名門」です。

また、神社の境内に人形芝居用の舞台（農村舞台）が約90か所現存している徳島県では、筆者の母校でもある県立城北高校の校内に芝居小屋「人形会館」があります。同会館は、舞台裏控室や升席の客席も備えた本格的なもので、国の登録有形文化財になっています。

文の時代にあっても、武の精神を強く保持した藩もありました。

会津藩にあった「什《じゅう》」や薩摩藩にあった「郷中《ごぢゅう》」は、江戸時代に士族の男子の教育を行った地域の単位です。

会津藩では、藩士の6歳から9歳の男子向けの教えであった什の掟が今も学校や地域に伝わります。「うそを言うことはなりませぬ」「卑怯な振舞をしてはなりませぬ」「弱い者をいじめてはなりませぬ」などから成り、最後は「ならぬことはならぬものです」で締めくくられます。

薩摩藩では、6歳以上の男子を地区ごとに異年齢で組織化した郷中教育が行われ、その中では「負けるな　嘘を言うな　弱い者をいじめるな」の教えが徹底されました。これそのものが現在の鹿児島市立山下小学校の校訓になっていて、「まけるな」「うそをいうな」「よわいものをいじめるな」の掲示が校舎に掲げられています。同校は、西郷隆盛、大久保利通らの生まれた加治屋町を校区としています。同校に限らず、鹿児島ではこの教えは今も学校や地域に伝えられて

山下小学校に掲げられた「まけるな」「うそをいうな」「よわいものをいじめるな」の掲示

います。

江戸期の藩の中で会津藩と薩摩藩の個性の強さは際立っていました。藩祖・保科正之以来の学問振興の伝統を持つ会津松平家に対し、薩摩島津家は無学以上に臆病を恥とする藩風を持つという違いはありましたが、戦のなくなった2世紀半の間も武士の気風を強く温存していたのがこの2藩だったと言われます。両藩は、幕末に激しく対立することになりますが、地域単位で青少年教育が行われ、嘘はいけないこと、いじめはいけないことを徹底した点など実は共通点もある藩同士でした。

城跡に建つ学校

約300の藩ごとに多様な文化が発達し、自前の人材の育成が図られ、分権的な時代であったことを、今日、感じることができる一例が各地のお城ではないでしょうか。戦国期において戦闘の要塞であった城は、江戸の泰平期になると、魅せるための機能も帯び、今も人々を惹きつける文化遺産になっています。

かつて加賀藩・金沢城址にあり「お城の大学」と言われたのが金沢大学です。現在は、郊外の角間《かくま》地区に移転しましたが、かつての城内キャンパス跡に旧制第四高等学校本館が記念館として現存し、重要文化財に指定されています。

滋賀大学の彦根キャンパス（前身が近江商人輩出の伝統を受け継ぐ彦根高等商業学校で、同大学経済学部は近江商人に関する豊富な史料を所蔵しています）は彦根城三の郭跡に、また、静岡大学の付属静岡小・中学校は駿府城のお堀沿いの三の丸跡にあります。

このように城跡に学校が立地する例があるのは、明治に入り廃藩によって、天守などが取り壊された後、旧城地はまず兵部省（後に陸軍省）の管轄に入り、多くは師団司令部、兵営など軍用地に当てられましたが、日清戦争後、それらが郊外等へ移転した後は、学校をはじめとする各種の公共的施設の用地とされたためです。[19]

城郭跡に立地する公立高校としては、次のような例があります。かつての城門などを学校のシンボルとして継承する例が見られます。

・茨城県立水戸第一高校は水戸城本丸跡にあり、水戸城唯一の建築遺構で県指定文化財の「薬医門」が同校敷地内に現存します。

・長野県上田高校は上田城三の丸の藩主館跡にあり、表御門が校門になっています。同校の校歌の三番には「古城の門を出《い》で入りて…」とうたわれています。

・石川県立小松高校内には小松城天守閣の石垣跡があります。

・三重県立上野高校は伊賀上野城扇之芝跡にあります。伊賀上野城は、藤堂藩の城であり、その土蔵造の武器庫がいまも上野高校の敷地内に現存し利用されています。同校の前身の旧制県第三尋常中学校は、この武器庫を仮校舎として開校し、翌年完成した洋風木造校舎（明治校舎）も現存します。

・滋賀県立彦根東高校は彦根城二の郭の家老屋敷跡に立地しています。彦根城（国宝）の周辺は、城主の御殿、家老屋敷、大名庭園、藩校などの跡が数多く文化財に指定されており、長期に安定した江戸幕藩体制を象徴する遺構とされます。

・大阪府立岸和田高校は岸和田城二の曲輪の家老屋敷跡に立地しています。同校からは、内堀を挟んですぐ目の前に岸和田城天守を望めます。

・京都府立園部高校は、園部城（園部陣屋）跡にあり、櫓《やぐら》門が校門になっています。園部藩は、歴代藩主が城を持ちたいと願い続けた結果、江戸最末期に築城申請が許可され、明治2年に完成した（明治4年には廃藩）という珍しい城で、「日本最後の城」と言われます。

・鳥取県立鳥取西高校は、鳥取城の三の丸と籾蔵などの跡地にあり、史跡の保護のため、2009年、県の文化財保護審議会が校舎の移転を提案したことがありましたが、同窓会やPTAの要望により、結局、現在地に残りました。鳥取城は、戦国期の山城跡と麓の近世城郭跡からなる広大な城域を持ちます。

・愛媛県立西条高校は、西条藩陣屋（陣屋とは、小大名の国元の屋敷。城郭に近い機能を持つ場合もありました）跡にあり、その大手門が校門になっています。

・佐賀県には旧城地にある高校が複数あります。県立佐賀西高校は、佐賀城内家老屋敷跡にあります。佐賀城は「栄えの城」と言われたことから、同校は「栄城《えいじょう》」という愛称で呼ばれ、野球部はユニフォームに校名ではなく「ＥＩＪＯ」というローマ字を入れています。また、同県立鹿島高校は鹿島城本丸跡にあり、愛称は「鹿城《ろくじょう》」、同窓会は「鹿城会」と言います。同校は、城門を校門にしていますが、その城門は朱色に塗られていて「赤門」と呼ばれています。さらに、旧校舎が唐津城内にあった県立唐津東高校が「鶴城《かくじょう》」、旧小城藩主館跡に立地する県立小城高校が「黄城《おうじょう》」という別名を持っています。それぞれ同窓会は、「唐津鶴城同窓会」「黄城会」という名称です。

・長崎県立五島高校は福江藩・石田城本丸跡にあり、やはり城門が校門になっています。石田城は、異国の脅威が深刻化した江戸末期になって、近海を往来する外国船の監視のために築城を許された海城であり、希有な城郭とされます。同校の校歌には「古城の跡の夢ならで……」とうたわれています。

このほか、忠臣蔵で有名な浅野内匠頭が城主であり、武家諸法度により新規築城が禁止された後に、西国大名の抑えのために例外的に築城された播州・赤穂城の本丸跡に、かつて兵庫県立赤穂高校がありましたが、いまは城外に移転しています。

高校以外でも、福岡県の朝倉市立秋月中学校は、秋月城址にあり、堀や石垣が残り、秋月藩の城下町の景観をいまに伝えています。

琉球大学は戦後、那覇市の首里城跡に設立されましたが、首里城再建のために、昭和50

年代に現在の西原町のキャンパスへ移転しました。

城址以外では、沖縄県立首里高校の敷地は、琉球王朝の王子の館である「中城御殿《なかぐすくうどぅん》」跡であることが分かっています。

尾張徳川家の江戸中屋敷跡、京都屋敷跡にあるのが、それぞれ上智大学、京都大学です。また、徳島県立城東高校（前身は徳島高等女学校）は、徳島藩主・蜂須賀家の東御殿跡にあります。


今日、大学入試などの倍率の高いことを「狭き門」と言ったりしますが、わが国の学校には、「門」があるのが普通の光景であり、城跡にある学校ではかつての城門などが使われていることが分かります。

「赤門」と言えば東大ですが、東京大学の本郷キャンパスは、加賀藩・前田家の江戸上屋敷跡であり、同藩の13代藩主が将軍・徳川家斉の娘を正室に迎える際に創建した御守殿門が現在の「赤門」です。当時、建物を赤く塗るには、幕府の特別な許可が必要だったと言います。国の重要文化財に指定されています。

東大の本郷キャンパスには、夏目漱石の『三四郎』に出てくることから三四郎池と名付けられた池もありますが、これも、もとは加賀藩上屋敷の大名庭園の池でした。

加賀藩上屋敷跡である本郷キャンパスの道を隔ててすぐ隣、現在、農学部のある弥生キャンパス（旧制一高跡）は、水戸藩の中屋敷でした。江戸前期の水戸藩主・徳川光圀（水戸黄門）と加賀藩主・前田綱紀は、共に学問に熱心だった名君として知られますが、隣同士で往来し合って学問について交流を深めたと言われます。

学問（特に朱子学）の振興が、泰平の時代の武家文化をなしたことを示す一例です。

ところで、「赤門」が佐賀県立鹿島高校にもあることは先ほど述べましたが、「三四郎池」がある高校もあります。青森県立青森高校は、校内にある池を、東大にあやかり「三四郎池」と呼んでいて、生徒の憩いの場になっているということです。

◆藩校の伝統　――その流れをくむ大学・高校・小学校

江戸中期以降、士族の男子に対し、儒学の経書である四書（論語・大学・中庸・孟子）・五経（易経・書経・詩経・礼記・春秋）による漢語・漢字の教育や礼儀作法、武術の教育を行ったのが、各藩の藩校でした。

特に、諸藩が藩政改革に取り組んだ寛政・天保年間は、人材の育成と登用に力が注がれ、多くの藩校が設立されました。藩校は、全体で約２８０校作られました。

藩校は、幕末の水戸藩主・徳川斉昭が開き全国最大規模だった弘道館を含め、明治に入っていずれも閉校されました。このため、現在の学校の起源を直接、藩校に求めることは必ずしもできませんが、すでに触れた山形県立米沢興譲館高校や滋賀県立彦根東高校をはじめ、その伝統を受け継いでいる学校が数多くあります。

藩校の流れをくむ大学

薩摩藩校の造士館も、明治に入り廃止されたものの、その伝統を受け継ぐ旧制第七高等学校造士館が、鹿児島城（鶴丸城）跡に創設されました。その系譜は、戦後、鹿児島大学文理学部（現・法文学部、理学部）に継承されています。

長州藩校・山口明倫館の流れをくむ旧制山口高等学校を受け継ぐのは山口大学であり、また、加賀藩校・明倫堂の流れを汲む旧制第四高等学校を受け継ぐのが金沢大学です。また、東北大、熊本大、岡山大などの医学部は、そのルーツを旧藩（仙台藩、岡山藩、熊本藩など）の医学校にさかのぼることができます。

後に旧制高等学校となる高等中学校制度が１８８６（明治19）年に発足しましたが、その設置場所は、東京（第一）、京都（第三）のほかには、当初、仙台（第二）、金沢（第四）、熊本（第五）、山口、鹿児島とされました。いずれも旧大藩の城下町が選ばれており、旧藩の、特に藩校の伝統と士風が継承される形でのスタートになりました。

鹿児島の旧制第七高等学校は、旧薩摩藩主・島津家の居城名を表す「鶴丸」を図案化したものを校章にしていました。また、旧制高知高等学校は、旧土佐藩主・山内家の家紋を校章のデザインにしており、旧藩の伝統が校章に表されていました。

このように藩校の伝統を受け継いで発足した経緯はあるものの、全体としては旧制高等学校の増加・発展の中で、旧藩の伝統を尊重する風は弱まっていったと考えられます。

現在の大学では、旧藩の流れを受け継ぐ大学であるという沿革を重視したり強調したりされることはそれほど多くないように思います。

藩校の流れをくむ高校・小学校

他方、藩校の伝統が、旧制中学や尋常小学校・高等小学校を経て、現在の高校や小学校に受け継がれている場合、これらの学校では、藩校の流れをくむことを、校史の重要な部分として積極的に位置付けていることが多いようです。

藩校の伝統を受け継ぐ公立高校の主な例は次の通りです。

・山形県立米沢興譲館高校（米沢藩興譲館）
・福島県立会津高校（会津藩日新館）
・新潟県立高田高校（高田藩修道館）
・千葉県立佐倉高校（佐倉藩学問所）
・神奈川県立小田原高校（小田原藩集成館）

・愛知県立明和高校（尾張藩明倫堂）、同県立時習館高校（豊橋・吉田藩時習館）
・三重県立津高校（津藩有造館）
・福井県立藤島高校（福井藩明道館）
・滋賀県立彦根東高校（彦根藩稽古館）
・鳥取県立鳥取西高校（鳥取藩尚徳館）
・岡山県立岡山朝日高校（岡山藩仮学館、後の岡山藩学校）
・広島県立福山誠之館高校（福山藩誠之館）
・山口県立山口高校（長州藩山口明倫館）、同県立萩高校（長州藩明倫館）、同県立岩国高校（岩国藩養老館）、同県立豊浦高校（長府藩敬業館）
・愛媛県立松山東高校（松山藩明教館）
・福岡県立修猷館高校（福岡藩修猷館）、同県立明善高校（久留米藩明善堂）、同県立伝習館高校（柳川藩伝習館）、同県立育徳館高校（小倉藩思永館、後の育徳館）
・佐賀県立佐賀西高校（佐賀藩弘道館）、同県立唐津東高校（唐津藩志道館）、同県立鹿島高校（鹿島藩弘文館）

次に、小学校です。明治に入り、小学校は寺子屋、私塾、郷学などを母体にして発足した場合が多かったのですが、一部に、比較的小規模だった藩校が母体になって小学校が設立される場合がありました。

藩校の跡地に立地するなどその名を引き継ぐ公立小学校の例としては、京都府の京都市立明親小学校（淀藩明親館）、福知山市立惇明小学校（福知山藩惇明館）、舞鶴市立明倫小学校（舞鶴・田辺藩明倫斎）、山口県の萩市立明倫小学校（長州藩明倫館）、東京都の文京区立誠之小学校（福山藩江戸藩邸の誠之館）などがあります。

校名は引き継いでいませんが、岩手県の盛岡市立仁王小学校は南部藩明義堂の、栃木県の壬生町立壬生小学校は壬生藩学習館の、長野市立松代小学校は松代藩文武学校の、愛媛県の西条市立西条小学校は西条藩擇善堂の、佐賀市立勧興小学校は佐賀藩弘道館の、宮崎県の高鍋町立高鍋東小学校は高鍋藩明倫堂の流れをそれぞれくみます。

なお、加賀藩、長州藩、尾張藩、田辺藩、高鍋藩をはじめとして「明倫」の名の付く藩校が多くありました（奈良本辰也編『日本の藩校』〈１９７０年、淡交社〉によると、総数２８２校のうち17校）。これは『孟子』の「人倫を明らかにす」から命名されたものです。

藩校の系譜　それぞれに

これらの学校について、いくつか個々に見てみたいと思います。

他藩に先駆け、最も早く藩校を作ったのは岡山藩で、江戸時代前期の藩主・池田光政が創設した仮学館です。後に岡山藩学校（岡山藩学）となり、その系譜は現在の県立岡山朝日高校に受け継がれています。池田光政は、藩校だけではなく、広く庶民のための学校（郷学）である閑谷《しずたに》学校も創設しており、最古の庶民のための公の学校とされます。その流れを汲むのが現在の県立和気閑谷高校です。閑谷学校講堂は、いまも地元の高校生らが論語の学習などに使用しており、国宝に指定されています。このように岡山藩は、早い段階から学問の奨励に力を入れ、先進的な教育藩でした。岡山は、長野と並ぶ教育県と言われますが、こうした歴史が背景にあると言えます。

会津高校は、明治に入り、旧会津藩士らが藩校日新館の流れを汲む教育機関の再興を目指して設立した私立日新館、さらにその後創設した私立の旧制会津中学（のち、県立に移管）を前身とします。藩校日新館にあった天文台の跡は、江戸時代の天文台の遺構として国内で唯一現存するものであり、現在、日本天文学会によって日本天文遺産に認定されています。会津松平家の初代藩主・保科正之は、天文学や暦づくりを後押ししており、それ以来もともと学問の進んだ藩でした。

会津藩と並び、徳川を守る大藩が彦根藩でした。彦根東高校が、彦根藩校・稽古館を起源とし、初代藩主・井伊直政に由来する「赤鬼魂」を校訓とすることはすでに述べましたが、彦根藩と会津藩は、江戸時代の武士たちには、仰ぎ見られる存在だったと言います。

藤島高校は、幕末の越前藩士で明道館学監（校長）であった橋本左内の精神を受け継いでおり、その像や肖像画が校内にあります。校歌にも「…橋本が　新しき世を迎えむと

若き魂かたむけし　明道館の流れくむ…」とうたわれています。

松山東高校には県指定文化財の明教館講堂が移築されて現存します。明治後は、明教館跡に旧制松山中学が作られました。同校は、夏目漱石が教鞭をとり、『坊ちゃん』の舞台となりました。また、昭和40年代から、生徒が「がんばっていきまっしょい！」「ショイ！」という掛け声で気合いを入れる独特の伝統があります。

長州藩は江戸幕府より主城を山口に置くことを許されず関ヶ原の戦いの後は萩に移されましたが、幕末に独断で山口に移りました。藩校の明倫館が萩と山口の両方にあるのはそうした経緯によります。吉田松陰も学んだ萩の明倫館の流れは、県立萩高校と萩市立明倫小学校の2校に、また、山口明倫館の流れは、現在の山口大学（人文学部・理学部。前身は旧制山口高等学校）と県立山口高校（前身は旧制山口中学）の2校に、それぞれ受け継がれています。

佐賀藩の弘道館も、県立佐賀西高校と佐賀市立勧興小学校の2校に、勤勉主義、鍛錬主義の教育理念が受け継がれています。佐賀西高校の校是は「鍛身養志」、勧興小学校の教育目標は「勉強はベストをつくし、運動はくたくたになるまで」というものであり、佐賀藩の厳格だった藩風が反映されています。佐賀弁では、いまも「雨がザーザーザー降る」「太鼓をドンドンドン叩く」というように擬音を3回重ねて言うそうですが、くじけてはならないという江戸期の藩の教えが影響し、強い表現は回数を多くする言い回しが広まったためと言われています。

高鍋藩の明倫堂の流れが宮崎県の高鍋町立高鍋東小学校に引き継がれていると述べましたが、県立高鍋高校も、明倫堂の精神を教育理念に位置付けており、第7代高鍋藩主・秋月種茂が示した明倫堂創設の趣意を刻んだ「明倫堂記碑」が校内にあります。

米沢藩校・興譲館を再興した上杉鷹山は、実は高鍋藩秋月家から上杉家に養子に入っており、秋月種茂の実弟です。この縁で、米沢興譲館高校と高鍋高校との間では、生徒が定期的に相互訪問し、交流を行っています。上杉鷹山の有名な言葉「為せば成る」は、高鍋高校の応援団旗にも入れられています。

藩校の系譜が私学に受け継がれている例もあります。

広島の私立修道中・高校は、広島藩校の講学所を起源としています。安芸・広島藩は1870（明治3）年、藩校の改革を行い、修道館と改称したのですが、その翌年に廃藩置県のため閉校となりました。広島藩最後の藩主・浅野長勲《ながこと》がこれを再興するため、私財を投じ1878年、私立浅野学校を開校し、後に修道学校と改称、現在の修道中・高校へと続いています。

弘前藩校・稽古館の場合も似ており、明治に入り廃校になりましたが、やはり弘前藩最後の藩主・津軽承昭《つぐあきら》の財政援助で旧藩校の施設を引き継ぎ私立の東奥義塾が開校しました。

慶應義塾出身者や外国人教師が英語などを教え、当時の弘前に積極的に西洋文化を移入しました。その後曲折を経て、その流れは現在の私立東奥義塾高校へと続いています。

　これらは、廃藩置県ののち閉校になった旧藩校を、旧藩主が私財を投じ私立学校として再興したという経緯の点で共通しています。

　これに似ている沿革を持つのが、兵庫県立篠山鳳鳴高校です。丹波篠山藩校・振徳堂の理念を受け継ぎ、明治に入り、最後の藩主・青山忠敏《ただゆき》の弟で青山家当主を継いだ忠誠《ただしげ》が私財を投じて創設した私立鳳鳴義塾などを起源とし、県に移管され、現在に至ります。


　ところで、藩校の名をそのまま冠する公立高校が4校と最も多いのが福岡県です。このうち、明善高校は、竜胆車紋《りんどうくるまもん》の校章ですが、これは旧久留米藩主・有馬氏の家紋を校章としています。育徳館高校の校章は、旧小倉藩主・小笠原氏の家紋・三階菱《さんがいびし》を組み合わせた図案を取り入れています。

　福岡のほかにも、九州には、藩校以外で、薩摩藩主・島津家の居城・鶴丸城の名を受け継ぐ鹿児島県立鶴丸高校や、明治期に国権派士族によって設立された学校・済々黌《せいせいこう》の名を受け継ぐ熊本県立済々黌高校などもあります。

　福岡の場合、旧制中学の時から「県立中学修猷館」「県立中学明善館」「県立中学伝習館」といったように旧藩校名を付していたこともありますが、戦後、日本に進駐した米陸軍部隊第八軍の九州地方軍政部が、封建時代や戦前期の伝統をくんだ命名を厳しくチェックしなかったことも影響していると言われています。

なお、修猷館高校では、今も、校長は「館長」、校歌は「館歌」、校旗は「館旗」と言っています。また、済々黌高校では、校長は「黌長」、校歌は「黌歌」、校門は「黌門」、校則は「黌則」と表記しています。

対馬藩は、江戸時代前期の1685年に、藩校を設けましたが、その校名が「小学校」でした。これが「小学校」という言葉を使った最初だと言われます。対馬藩は、幕府から朝鮮との外交交渉を委ねられており、朝鮮と対等の交流を行う上でも学問を重視していました。長崎県立対馬高校は、旧制中学の時代以来、対馬藩主・宗氏の家紋を受け継いだ校章を使っています。

対馬藩に次いで「小学校」という名称の教育機関を設けたのは、宇和島藩とされます。幕末の1856年、藩校明倫館に、藩士の子弟のための初等教育機関として「小学校」を設けました。このときの宇和島藩主・伊達宗城は、福井藩主・松平春嶽、土佐藩主・山内容堂、薩摩藩主・島津斉彬とともに幕末の四賢候と称される名君でした。

戦後新設の中学校でも

以上、高校や小学校の歴史をできる限り古くまでさかのぼろうとする場合、その起源に位置付けられているのが藩校であることを見てきました。

これに対し、現在の（新制）中学校は戦後できた制度なので、私立の一貫校などを除き、戦前からの伝統を受け継ぐ中学校はありません。が、それでも藩校の伝統を生かそうという取り組みは中学校にも見られます。

明治よりも古くからの歴史を有し、各地にあって、組織的な教育を行ったという点で、藩校が最も存在感があると言えるのでしょう。

福岡県朝倉市の秋月中学校は、秋月藩校・稽古館の伝統を生かした教育を行っており、学問の重要性を説く「稽古館の教え」の暗誦を行っています。

広島県の福山市立誠之中学校や福岡県の北九州市立思永中学校は、「誠之」「思永」というかつての藩校の名が付いています。ただ、これらの中学校が設置されたのは戦後であり、沿革的に藩校からの流れがあるわけではありません。

備後・福山藩校の誠之館は、26歳で老中首座となり、開国を決意した第7代藩主の阿部正弘によって創設されたものですが、系譜的には、その流れが受け継がれているのは、広島県立福山誠之館高校です。いまも同高校内に誠之館の旧玄関が現存し、登録有形文化財になっています。また、福山藩は、江戸藩邸にも藩校・誠之館を設けていました。こちらの流れは、現在、東京の文京区立誠之小学校に受け継がれています。

思永館（後の育徳館）は、宮本武蔵と佐々木小次郎が決闘した巌流島でも知られる小倉藩の藩校ですが、系譜的にその流れを受け継いでいるのは、現在の福岡県立育徳館高校（現在は中高一貫の育徳館中・高校）です。

このように誠之館も思永館も別の高校や小学校にその流れが受け継がれているにもかかわらず、戦後新設された中学校に旧藩校の名を付けているのは、地域の歴史や伝統を生かした学校づくりをしようという考えの表れだと言えます。

ちなみに、「中学校」という名の最初はいつかということですが、磐城平藩（現・福島県いわき市）が、藩校とは別に１８６９（明治2）年に、士族に限らず藩内の教育の普及のために設けた教育機関の名称が「中学校」でした（廃藩によって2年後に廃止）。これが「中学校」の名称第一号と考えられます。

◆寺子屋、私塾の伝統――遠足、昇降口、上履き

江戸の昌平黌や各地の藩校が、為政者の側からの教育機関であったのに対し、庶民を対象とした寺子屋、私塾も広く普及していました。江戸期は、これら教育機関が非常に発達し、学校文化、読書文化を形成した時代であり、このことは、明治期に入ってからの急速な近代教育普及の基盤になっていきました。

でした。

庶民のための教育機関、寺子屋

お寺は、奈良時代以来、学問研究の場でしたが、江戸時代には庶民の教育の中心的な場でした。

寺子屋の教育も、昌平黌や藩校同様、江戸幕府の官学だった朱子学をベースに置いていました。寺子屋は、「天満宮」の掛け軸を掲げるなど、「学問の神様」として天神様（菅原道真）の信仰を広めました。また、商業経済の発達と共にそろばんの教育も重視し、「読み書きそろばん」の素養の普及に大いに寄与しました。町人や農家の次男、三男、四男は江戸や大坂に出て手代や番頭になって帳簿がつけられるようにと、熱心に寺子屋に通いました。

庶民が読み書きを学ぶ寺子屋の源流は、室町時代にさかのぼることができると言われますが、江戸時代にこれが大いに普及発達し、江戸期日本の庶民の基礎教育の水準は欧米と比べても十分高いものでした。明治前期に行われた調査では、江戸時代末に全国に1万6560もの寺子屋があったとされますが、実際は、その数倍の数万校はあったと見られており、今日の小学校より多い数でした。一般庶民にまで漢字仮名交じり文が普及しており、江戸末期、わが国の成人男性の識字率は40～50％（女性は約15％）であり、寺子屋などへの就学率は全国で40％台、江戸では70％以上だったと言われます。

初等水準の教育が普及した背景として、わが国ではコウゾ、ミツマタなど紙の原料となる樹木の栽培がしやすく、紙が安価に流通したことを、司馬遼太郎が指摘しています。江戸中期以降、木版印刷の発展もあり、出版が盛んとなり、教科書として編さんされた往来物と呼ばれる出版物（商売往来、番匠〈大工〉往来など）が何千種類も発行されたと言います。

わが国は、当時としては、本の刊行の多い国であり、欧州と比べても読書人口は多かったと見られています。特に、経済の中心だった大坂（上方）は、出版が盛んで、識字率が高く、本を読む人が多かったと言われています。

今日、蔵書数最多の公立図書館は大阪市立中央図書館、2位が大阪府立中央図書館です。また、大阪府立中之島図書館は、図書館施設として歴史ある石造建築物の代表格であり、国の重要文化財に指定されています。

江戸期、読書人口が多かった大阪は、現在も公共図書館が充実しています。

運動会などの学校行事が重要な位置を占めることは、わが国特有の学校文化ですが、他方で、遠足のような校外に出かける行事は、日本以外の国でも見られます。

わが国でも、遠足は、明治期に学校に取り入れられるよりも前から、寺子屋などでもあった、行楽に出かける江戸時代の慣行がもとになっており、近代学校制度に政策的、意図的に導入された運動会などとは異なる起源を持っています。

明治に入って遠足を先駆的に取り入れたのは、高等師範学校付属小学校（現・筑波大学付属小学校）の「飛鳥山遠足」とされます[20]が、東京・北区の飛鳥山は、8代将軍・徳川吉宗が、桜の名所として造成した、江戸っ子たちの行楽の地でした。

そして今日も、遠足は、地域によって独自の発展を遂げています。

例えば、北海道の小学校では、「炊事遠足」という行事が行われます。炊事施設のある公園などで、カレーライスやジンギスカンを作って食べます。

秋田では「なべっこ遠足」という名で、遠足先で、子どもたちが班を作り役割分担して、きりたんぽ、豚肉、イモ、キノコなどを入れた鍋を作ります。秋田の小学校では年間最大の行事だそうです。「なべっこ」とは、河原や公園など屋外で鍋を作って食べる秋の行楽であり、校内マラソン大会のあとに、運動場で「なべっこ」を行う学校もあります。

山形では、秋に河原でサトイモ、牛肉、ネギの入った芋煮汁を食べる「芋煮会」を楽しみますが、学校行事として行われる場合も多数あります。

北海道の炊事遠足、秋田のなべっこ遠足、それに山形の芋煮会は、校外でご馳走を楽しむ三大学校行事と言ってよいのではないかと思います。

大分では、長距離を歩く「努力遠足」、小学校や幼稚園で新入生や新園児を歓迎する「お見知り遠足」という名の遠足が行われています。

各地にユニークな「○○遠足」があることが分かりますが、遠足の起源は、江戸時代の庶民の慣行にありました。

日本では、諸外国とは異なり、特に小・中学校で、昇降口（出入り口）で靴を履き替え、校舎内では上履き（上靴）を使用する学校が多いのが特徴です。

これは、江戸時代の寺子屋や私塾の時代に、一般の民家と同様、履物を脱いで教場に入る習慣だったことに由来します。[21]

1872（明治5）年に発布された『学制』では、学校の校舎は「務メテ完全ヲ期ス」とされました。ただ実際には、寺子屋、私塾が小学校の基になったところが多く、校舎としても、小学校総数の約4割が寺院、約3割が民家を借用しての発足であったため、玄関で履き物を脱ぐために下足場が設けられました。

その後、次第に小学校校舎が新築されましたが、その際も、土足制にはせず、昇降口に下足箱を作るスタイルが定着しました。

地域によっては、伝統建築に洋風を取り入れた擬洋風の小学校施設も建設されました。近代学校建築として初の国宝指定を受けた長野県松本市の開智学校のほか、重要文化財や史跡に指定されているものとして、睦沢学校（山梨県甲府市）、中込学校（長野県佐久市）、見付学校（静岡県磐田市）、岩科学校（静岡県松崎町）、開明学校（愛媛県西予市）などが知られます（小学校のことを単に「〇〇学校」と称したのは、明治期のならいです）が、これら洋風校舎の場合でも、土足室などが設けられ、靴を履き替えるスタイルが踏襲されました。

昇降口という呼称は、1873（明治6）年に出された「文部省制定小学校建設図」で、何段かの段を上がって建物内の廊下に入る平屋建て校舎の例が示され、その出入口が「昇降口」という名で示されました。伝統的な日本の家屋は高床式であり、「家に上がる」という言い方がありますが、これが影響していると見られます。明治期には、「登校」のことを「昇校」とも表記していました。現在の学校で、段がなくても昇降口と言うことが多いのは、この辺りから来ていると推測されます。

昇降口の呼び方でユニークなのは愛知で、江南市などで「脱履《だつり》」、名古屋などで「土間」と言うところがあります。これも、日本家屋では土間で履物を脱いで部屋に上がるところから来ている表現だろうと思います。

上履きは、戦前は、当初は素足で、その後、校舎内では足袋や草履（外履きの草履とは鼻緒の色を変えたりした）を履くようになりましたが、戦後、そして今日定着しているゴム製の上履きは、福岡県久留米市の日華ゴム（後の月星ゴム、現・ムーンスター）が、1950年代に販売したものが原型となって全国に普及したそうです。

上履きの呼び名にも地域性があり、静岡以西の西日本では「上靴」、新潟では「内履き」と呼ぶところが多い傾向があります。また、和歌山、京都、愛知などで「バレーシューズ」と呼ぶ地域もあります。

山形の内陸部や福井などでは、上履きのことを「内ズック」と言います。ズックは、粗い麻布を意味するオランダ語（doek）が語源です。学校には、幕末にわが国に入ってきたオランダ語起源の言葉がいろいろと見られますが、ズックもその一例です。上履きを「内ズック」と呼ぶ山形や福井では、外で履く通常の靴のことを「外ズック」と言うそうです。

以上のように、全国的には、昇降口で上履きに履き替えるのが一般的ですが、神戸では小学校も、体育館以外は土足制が普通です。外国人居留地や異人館が身近にある港町・神戸では、西洋式が普及したと考えられています。また、神戸は、海と山に挟まれ、坂も多いため、平坦な用地を十分に確保することが難しく、下駄箱のスペースをとらない学校建築のスタイルが普及したと見られています。[22]このほか、大阪、京都、沖縄でも、土足制の学校がかなりあります。

ただ、最近は新しい動きとして東京や神奈川の小中学校で、上履きをやめ、土足制にする学校が出てきています。履き替えの時に混まない、災害時などに避難しやすい、下駄箱へのいたずらなどを防ぐ——が理由になっています。

逆に神戸では近年、児童数がピークを過ぎて昇降口のスペースを確保しやすくなったことから、校舎の建て替え時に、校舎の汚れを防ぐため、上履き制を導入する学校が多いとのことです。[23]

「上履き制＝全国、土足制＝神戸」の図式は、少しずつ崩れつつあります。

身分上昇の道を開いた私塾

私塾は、江戸時代の教育水準の高さの要因として、藩校、寺子屋と並ぶ重要な存在でした。藩校とは異なり、私塾は、学歴、年齢、身分にかかわらず、入門を認めました。近年の研究では、江戸期が固定的な身分制の時代だったとの見方は変わってきており、多様な身分が混在した社会だったと考えられるようになっています。どの階層でも、身分の区別を超えて優れた人材を探し、婿養子などで迎え入れました。農民や町人の出身でも、儒学や医術、剣術の練達者になれば、藩に召し抱えられ、士分階級に取り立てられました。絵師など芸術分野もそうでした。才能のある者が出世できる流動性があり、そうした者のもとで学ぶことを士族も恥としませんでした。有為な若者は、身分上昇を目指し、漢学（儒学）や洋学（蘭学）、剣術を授ける私塾に学びました。

そういう意味で、江戸時代、すでにわが国は、私学の盛んな国でした。東京・神田は明治に入り、今日の大学に発展する教育機関が多数作られ、いまも大学が集中していますが、もともと江戸時代から文武の私塾が多数開かれていた、いわゆる文教地区でした。

有為な人材の活動を許す柔軟な社会・文化の仕組みは、明治に入ってからの急速な近代化を可能にするための基盤になりました。

江戸時代最大の私塾だったのが、豊後（大分県）の天領（幕府直轄地）だった日田に儒学者の広瀬淡窓が創設した咸宜園《かんぎえん》でした。塾生の延べ人数は、5千人に及び、明治20年代まで約90年にわたって存続しました。入門者には、蘭学者の高野長英、日本陸軍の創始者・大村益次郎（村田蔵六）、首相を務めた清浦圭吾らもいました。「咸宜」とは、中国最古の詩集で五経の一つである『詩経』にある「咸《ことごと》く宜《よろ》し」から命名されたものです。

いまも日田市内には、広瀬淡窓を称える記念碑がいくつかあります。

慶應義塾大学の創設者の福澤諭吉は豊前・中津藩（現・大分県中津市）、早稲田大学の創設者の大隈重信は肥前・佐賀藩の藩士の出ですが、江戸期における私塾の雄とも言える咸宜園も九州人によって興されていたのです。

咸宜園以外で長期にわたり隆盛を誇った漢学塾が、大坂の懐徳堂と泊園書院でした。商家の子どもや番頭、丁稚はじめさまざまな階層、身分の者のための学問所として大いに繁栄し、武士を対象とした江戸の官学・昌平坂学問所と並ぶほどの存在感を持ったと言います。

懐徳堂は、大坂の有力な町人たちによって創設されたのち、半官半民の学問所となりました。1869（明治2）年までほぼ150年続き、富永仲基（大乗非仏説論〈大乗仏教は釈迦の直説に非ず〉を説く）、山片蟠桃（無鬼論〈無神論〉など合理主義的な近代思考を展開）といった優れた思想家を輩出しました。その学則には、本を持たない者も来てよい、講義の最中でも仕事ができたら帰ってよい、などと定められていたと言います。その資料は現在、大阪大学文学部に継承されています。

　また、泊園書院は、高松藩出身の儒学者・藤澤東畡が創設し、幕末期には懐徳堂をしのぐ規模でした。[24]砲術家の秋山秋帆（長崎出身）や明治に入り外務大臣を務めた陸奥宗光（紀州藩出身）などが学びました。現在の関西大学のルーツの一つに当たります。

　医師で蘭学者の緒方洪庵（備中足守出身）が1838（天保9）年に大坂に開いた私塾・適塾は25年間にわたり、大村益次郎（村田蔵六）、佐野常民、橋本左内、福澤諭吉らも学び、塾生は約3千人に及びました。洪庵は、現在も「薬のまち」と言われる大坂の道修町《どしょうまち》に除痘館を設け、種痘（ワクチン接種）による予防法の組織的な普及事業を行い、天然痘の蔓延を防ぎました。洪庵が開設した除痘館は、明治に入り、適塾出身者を中心に設立された大阪医学校に引き継がれ、これが現在の大阪大学医学部の起源になります。洪庵の教育方針は、勉学は本人次第とする自由主義であったと言います。また、オランダ語に通じた塾生にとって、蘭書の写本が、塾への費用を稼ぐための格好のアルバイトだったそうです。大阪市船場には、蘭学塾としては唯一残る適塾の遺構があります。緒方家から寄贈を受けた大阪大学が所有していて、国の史跡に指定されています。

今日まで続く大学で、大学の定める開学年が古い代表格が順天堂大学です。同大学の学祖・佐藤泰然が、江戸に蘭方医学塾を開いたのが適塾開設と同じ1838（天保9）年で、この年を開学年としています。泰然は、その後、佐倉藩主の老中・堀田正睦《まさよし》に招かれ、佐倉に移り、医学塾・順天堂を開き、「西の適塾、東の順天堂」と並び称されました。順天堂は明治に入り現在の湯島・本郷に移転しますが、順天堂大学の付属病院はこの時以来いまも「順天堂醫院」と称しています。

慶應義塾大学も私塾を起源としており、福澤諭吉が蘭学塾を始めた1858（安政5）年を創立年としています。

この年は、日米修好通商条約が結ばれた年であり、時代が大きく変わろうとしていた時でした。江戸時代に開かれた数多くの私塾では、束脩《そくしゅう》（入門時に持参する金品）のほか、授業料に相当する謝儀を生徒の側から納めていましたが、これを塾の側が毎月徴収するようにしたのが慶應義塾であり、授業料という言葉は福澤諭吉が作ったものです。

慶應義塾では、いまでも、学長のことを「塾長」、在学生（小学校に当たる幼稚舎、中学校に当たる普通部などの小・中・高校生を含む）を「塾生」、大学本部のことを「塾監局」、同窓生のことを「塾員」、そして義塾に属する全ての在学生、同窓生、教職員、保護者全体を「社中」と言います。さらに、慶應義塾には、「先生」と呼ぶべきは福澤先生だけという独特の慣習があり、いまも、休講の掲示などで、教授を「○○君」と表記するということです。私塾の時代の伝統がいまも生き続けています。

このような慶應の同窓会「三田会」は日本最強の同窓会です。連合三田会のもと、企業別、職域別（公認会計士三田会、三田法曹会など）、卒業年度別、国内外の地域別など880を超える三田会が作られています。毎年10月に開催される「連合三田会」大会では、卒業後10年、20年、30年、40年の塾員約1000人が実行委員を務め、約2万人の塾員が一堂に会します。約40万人に及ぶ塾員名簿が作られ、その寄付金は大学を支え、大学の意思決定機関である評議員会でも影響力を持ちます。このような伝統は、私塾の時代からの長い歴史のうえに作られてきたものです。

ところで、先ほど述べたように、福澤諭吉は中津藩出身ですが、譜代藩だった同藩は、外様藩と違って、幕末まで旧態依然とした封建門閥（階級）制に固執し、人材登用も産業振興も遅れていました。下級藩吏の家に生まれた若き福澤はこれに大いに反感を抱き、「門閥は親の仇《かたき》」（『福翁自伝』）とまで言っています。この経験が「天は人の上に人を造らず、人の下に人を造らず」の思想の基になっています。[25]

大隈重信も自藩の教育に好意的ではありませんでした。幕末の佐賀藩藩校における士族の教育は、6、7歳から25、26歳まですべて試験による進級主義であり、学業を成就できなければ、藩に雇われず、家禄を減らされるなどの制裁がありました。この厳しさのため、佐賀藩の教育水準は高かったのですが、大隈は、自らが受けた「型」重視の教育には批判的で、それとは対極的とも言える自主独立精神の私学（現・早稲田大学）を創設したのでした。[26]

◆幕末・維新期の影響
――「米百俵」、欧米への留学

語り継がれる幕末・維新

幕末・維新期は、まさに時代の変革期であり、特に若い人たちの間に、自分の持ち場で懸命に尽くそう、自分を犠牲にしてでも志を遂げよう、という空気が充満していたのだと思われます。特に、下級武士は最も熱心に教育を受け、学ぼうとしました。福澤諭吉、大隈重信に限らず、この時代の人物には、今日まで学校文化史上でも語り伝えられる人々が数多くいます。

会津・飯盛山での白虎隊の悲劇の歴史については、いまも、福島県、特に会津地方では丁寧に授業が行われます。後に東京帝大、九州帝大、京都帝大の総長を務めた物理学者の山川健次郎は会津藩出身であり、15歳で白虎隊に入った経験を持ちます。入隊には1年歳が足りないことが分かって除隊されたため生き残り、長じて大学者になりましたが、後年も白虎隊の話になると涙を流したと言います。[27] 会津藩校・日新館の伝統を受け継ぐ県立会津高校には、全国で唯一、委員会として剣舞委員会があり、毎年春と秋に飯盛山の白虎隊士の墓前で、生徒が剣舞を奉納しています。同校の前身で明治期に設立された私立日新館、旧制会津中学以来続く伝統です。

坂本龍馬の生誕地である高知城下の本町筋（現・高知市上町）を校区としているのが同市立第四小学校であり、１９６４（昭和39）年制定の校歌の二番には「…坂本龍馬の生まれたところ　心をみがき身をきたえ　あすの日本に役立とう…」とうたわれています。

福井、富山でお正月に行われる「天神様飾り」（菅原道真の掛け軸）が、幕末の越前福井藩主の松平慶永（春嶽）の奨励によるものであることはすでに述べました。幕末の福井藩は学問を奨励し、橋本左内（藤島高校が伝統を受け継ぐ藩校・明道館学監）や、横井小楠（出身は肥後熊本藩）、三岡八郎（後の由利公正。五箇条の御誓文の原案起草者）のような優れた思想家を擁し、坂本龍馬も頼りにした先進藩でした。松平春嶽は「明治」の元号を提案したとも言われます。

長州藩校の明倫館の流れをくむ山口県の萩市立明倫小学校では、明倫館で教え、松下村塾を開いた吉田松陰の言葉を暗唱させます。萩ではいまも、吉田松陰は「松陰先生」と呼ばれます。

肥前佐賀藩主・鍋島直正（閑叟）は海軍所「三重津海軍所」や日本で最初の反射炉（鉄

を鋳造・精錬する炉）を建設し、蒸気船、電信機などの理化学研究の指揮を執った佐野常民（後に日本赤十字社の創設者となる）や、「東洋のエジソン」と称された田中久重（後に東芝の前身となる電信設備メーカーを創設）が活躍しました。また、藩校・弘道館（佐賀西高校及び勧興小学校が伝統を受け継ぎます）の教育を改革・拡充し、学問の鍛錬、質朴な藩風を一段と強化しました。

医学面でも、幕府がなお漢方であった安政期までに、佐賀藩や福井藩などの先進藩は、すでに西洋医学（蘭方）になっていました。天然痘予防のため、英国のジェンナーが確立した種痘（ワクチン接種）をいち早く学び、成功させたのが佐賀藩藩医の楢林宗建や福井藩の町医の笠原良策でした。

幕府側では、伊豆韮山で、代官の江川坦庵に命じ、反射炉を造らせます。静岡県で最も歴史の古い県立韮山高校は、坦庵を学祖とします。また、1858（安政5）年に、佐賀藩医の伊東玄朴らに、江戸・お玉が池の種痘所の開設を許可しますが、これが東京大学医学部の起源となります。

薩摩藩主・島津斉彬は日本最古の洋式機械工場「尚古集成館」や精錬所を創建し、佐賀藩と並び、いち早く西洋式の科学技術を移入しました。

鹿児島県立甲南高校の校名は、大久保甲東（利通）と西郷南洲（隆盛）のそれぞれの号から「甲」と「南」の字をとっています。

鹿児島では、特に西郷隆盛は人気があり、いまも人々から敬愛され、「西郷さん」「西郷どん」と呼ばれます。例えば、鹿児島市立吉野小学校の校歌には、「歴史はかおる　寺山の　西郷さんを　しのびつゝ…」とうたわれています。

鹿児島の学校では、西郷隆盛の言葉である「敬天愛人」の額を、校長室などでよく見かけます。教育委員会でも、教育長室などにこの額が掛けられていることがあります。鹿児島市立大瀧小学校の校訓が「敬天愛人・奮励努力」であり、同校には西郷隆盛の銅像や肖像画があります（「奮励努力」は東郷平八郎の言葉です）。「敬天愛人」は校歌にも登場し、例えば、県立鶴丸高校の校歌には「天を敬ひ」「人を愛せむ」とうたわれています。

薩摩藩は、先進藩の中では、学問（儒教）よりは、勇気や優しさなどの美意識を重視する—無学以上に臆病を嫌う—気風を持っていたと言われます。

戊辰戦争で新政府側と戦い敗れた出羽・庄内藩に対し、西郷は寛大な措置をとりました。庄内城降伏の際の、負けた方に情を尽くす薩摩の態度はどちらが勝利者か分からないほどだったと言われ、さらにはその後の開墾事業や養蚕事業の振興にも助力し、人々から感謝されました。

山形県鶴岡市や酒田市には、いまも西郷隆盛の遺墨や遺品が数多く伝わるほか、鶴岡市松ヶ岡地区の多くの家には、西郷の肖像画が掛けられています。酒田市では、庄内藩士が明治に入ってから鹿児島に行き、西郷の教えを学んで書き残した『南洲翁遺訓』を伝える活動がいまも続いており、同市内には西郷を祀る南洲神社もあります。「敬天愛人」の言葉も、西郷自身の著作ではなく、庄内藩士がまとめた『南洲翁遺訓』に収められているものです。のちに西郷が起こした西南戦争では、志願して西郷軍に加わった旧庄内藩士が少なくありませんでしたし、大日本帝国憲法発布に際して、西郷の恩赦を最も運動したのも旧庄内藩の人々でした。庄内地方でいまも西郷は称えられており、鹿児島との交流も行われています。

山形県・村山地方の中山町立長崎小学校の校歌には、「わが学びやの　ひらけはじめに西郷卿の　臨席ありし……」という歌詞があります。これは、西郷隆盛の弟で農商務卿だった西郷従道が、山形を訪問していた際、同校の開校式に来賓として出席し祝辞を述べたことから、今日まで校歌にうたわれているというものです。

大久保利通は、薩摩はじめ九州では西郷隆盛に比べ人気がないと言われることがありますが、九州以外ではそうでもなく、例えば、福島県郡山市には大久保神社があります。内務卿として、猪苗代湖から水を引く安積疏水事業に尽力した大久保の遺徳を後世に伝えるため、１８８９（明治22）年、地元の人々によって創建されたもので、いまも毎年９月にその偉業に感謝する水祭りが行われています。

また、東京農工大学には「大久保利通公記念碑」が立っています。やはり内務卿として近代獣医療の導入の緊要性を強く認識し、現在の東京大学農学部及び東京農工大学農学部の起源に当たる機関の創設に力を注いだ功績が称えられています。

明治維新の総仕上げとも言われるのが、1877（明治10）年の西南戦争です。その最大の激戦地が熊本の田原坂の戦いでした。いまも、毎年3月20日、戦没者の追悼式が行われていますが、その際、熊本市立田原《たばる》小学校の児童が、民謡「田原坂」に合わせた剣舞を披露します。

幕末・維新期創設の学校

幕末・維新期に創設された教育機関を起源とするユニークな歴史を持つ学校が各地にあります。

和歌山県立耐久高校は公立高校としてはユニークな校名ですが、ペリー来航前年の1852（嘉永5）年、幕末の国際情勢に備える人材養成のために開かれた稽古場「耐久社」を起源とします。この稽古場「耐久社」は、紀州広村（現・広川町）出身の実業家で、千葉県銚子のヤマサ醤油第7代当主の濱口梧陵（醤油発祥の地である紀州の醤油商人である濱口分家に生まれ、銚子の本家の養子になりました）らが私財を投じて開設したもので、同校は、2022年に、創立170周年を祝っています。校内に像の立つ濱口梧陵は、1855年の安政大地震の津波の際、「稲むらの火」を掲げて村民を救ったことで知られていますし、東京大学医学部の起源に当たる江戸・神田のお玉が池の種痘所にも資金援助しました。

奈良県立十津川高校は、明治になるまで長く免祖地とされ、独立した共同体として自治を認められていた十津川郷に、幕末期、孝明天皇の命で創設された「文武館」を、その起源とします。２０２４年で創立１６０年です。文武館は、学問、武道に通じた有為の郷士を輩出しました。

新潟県の小千谷市立小千谷小学校は、１８６８（明治元）年に設立された庶民のための学校（郷学）である「振徳館」を起源とします。振徳館は、戊辰戦争で旧幕側について命を落とした長岡藩士の孤児たちを救済するために、小千谷の豪商・山本比呂伎が私財を投じて創設しました。明治2年の京都の番組小学校や明治5年の学制発布よりも早く、明治日本における最初の公立学校と言われます。身分にかかわらず、広く市民を受け入れ、当時、小千谷は高い就学率に達していました。

学制発布翌年の１８７３年から数年の間に各地で小学校が続々と開設されたため、２０２３年から数年の間に創立１５０年を迎える小学校が全国的には多いのですが、小千谷小学校はすでに22年度に開校１５０年を迎えました。

なおここで、日本の学校の最古を整理しておきたいと思います。
・日本最古の学校……足利学校（栃木県足利市、創設は平安～鎌倉時代）
・最古の庶民のための学校……閑谷学校（岡山県備前市、１６７０年）

・明治最初の公立学校……振徳館（現・新潟県小千谷小学校、1868年）
・初の学区制公立学校……番組小学校（京都市、1869年）

新潟県立長岡高校と長岡市立阪之上小学校は、1869年に長岡藩が創設した「国漢学校」の流れをくみます。戊辰戦争で敗れ疲弊の極にあった長岡藩に、支藩から百俵の米が贈られましたが、長岡藩大参事の小林虎三郎は、苦しい時こそ教育が大事と、その米を売り、国漢学校の建設費に充てました。この教育重視の姿勢は、「米百俵」の精神としていまも語られます。

その国漢学校では洋学の教授も行われ、その後、その流れをくむ長岡洋学校が設立されます。慶應義塾をモデルに英学教育に重点を置く学校でした。これが現在の長岡高校の直接の母体となります。

このように洋学校を起源とする高校としては、長岡高校以外に、秋田県立秋田高校（秋田市の日新学校内に設けられた洋学校が起源）、愛知県立旭丘高校（名古屋藩が設けた洋学校が起源）、大阪府立北野高校（大阪府が設けた洋学校が起源）などがあります。

欧米への留学、開港

欧米の大学への留学が始まるのも、幕末維新の時期です。

その最初は幕末期、幕府から派遣され、オランダのライデン大学で学んだ榎本武揚（江戸出身。第3代文部大臣、東京農業大学の前身校の創設者)、西周(津和野藩出身)らです。

それに続いて、長州藩から英国に派遣された伊藤博文、井上馨ら5人(長州ファイブと呼ばれます)、薩摩藩から英国に派遣された森有礼(初代文部大臣)、五代友厚(大阪市立大学(現・大阪公立大学)の前身の大阪商業講習所を創設)、寺島宗則ら19人がいずれも、ユニバーシティ・カレッジ・ロンドン(UCL)に学んでいます。

さらに、明治に入り、1871年、岩倉使節団(岩倉具視を中心に、木戸孝允、大久保利通、伊藤博文らや官僚、留学生など100人以上からなりました)が派遣されますが、この中の留学生団に、米国に初めて留学した日本人女性5人がいました。

そのうちの一人が、女子英学塾(現・津田塾大学)の創設者であり、2024年7月に新5千円札の顔となった津田梅子(江戸出身)です。彼女は6歳からの11年間、米国に留学しましたが、1889年、24歳で再び留学しました。米国の大学では生物学を修め、指導教官と共著でカエルの受精卵についての論文を英国の学術誌に発表しましたが、これは日本女性による科学論文第1号です。帰国後、日本における女子教育推進の先駆者となります。

また、山川捨松(会津出身で、山川健次郎の妹。後に薩摩出身の大山巌の妻となる)もそのうちの一人であり、11歳から11年間留学し、日本人女性として初めて米国の大学を卒業しました。山川捨松は、行動的で多方面にわたり活躍し、日本の女性像を変えました。津田梅子の女子英学塾設立の資金集めなどにも協力しています。

鎖国に終わりを告げ、わが国は国を開いたわけですが、その開港記念日を学校の休校日としているのが横浜市です。

これは、米国（代表・ハリス）と江戸幕府の間で結ばれた日米修好通商条約により、旧暦1859（安政6）年6月2日に、横浜に港が開かれたことから、6月2日が開港記念日になり、この日は市内一斉休校日になっています。また、横浜開港50年を記念して明治末に制定されたのが「横浜市歌」（森鴎外が作詞）であり、学校で校歌並みに歌唱指導をするので、横浜の出身者はほとんどの人が市歌を歌えます。

この安政の通商条約で開港した他の4市（函館、長崎、神戸、新潟）でも学校は休校になっているのでしょうか。

横浜と同じ日に開港したのが函館と長崎です。

函館では6月2日を新暦に直した7月1日を開港記念日としており、1985（昭和60）年まで市内の学校は休校になっていましたが、現在は授業日になっています。

他方、長崎市はそもそも開港記念日が4月27日で、ゴールデンウィークに近いためか、休校日にはなっていません。この日の由来は、安政の条約よりはるか前の織田信長の時代にポルトガル船が入港した旧暦1571年4月27日から来ています。キリスト教布教と貿易を目的に、平戸などを経て良港を求めてやってきたポルトガル船に対し、初のキリシタン大名・大村純忠が長崎を港として提供しました。このポルトガル船来航により、長崎の街の整備が始まりますし、鎖国時代も長崎はオランダ、中国に対し開かれていましたので、長崎にとっては安政の条約より1571年の開港の方が重要だとされています。

安政の通商条約の対象となったそのほかの、神戸と新潟の場合は開港が遅れましたが、特に神戸は、異文化が入ってくることを好まない京都が近いことが原因でした。結局、神戸が旧暦1867年12月7日、新潟が新暦1869年1月1日に開港しました。ここから、開港記念日を神戸は12月7日、新潟は1月1日と定めています。神戸市は休校にはしておらず、新潟は元日で冬休み中です。

幕末の日米修好通商条約により開港された5港の中では、横浜の学校がこの開港を最も語り継いでいると言えます。

2章

明治時代に形成された学校文化

明治維新を境に、わが国は、近代国家建設に取り組むことになります。その中でも、教育制度の整備は最重要事業でした。明治の指導者たちは、維新の大業を推し進める要になるのが教育であるとの強い思いを持っていました。

それまでの武士のための教育機関（藩校）と庶民のための教育機関（寺子屋、私塾、郷学）は一本化され、今日につながる国民教育制度が作られました。

こうして明治になって近代教育制度が発足したことから、わが国の学校文化となっているものは、多くが明治期に起源を持ちます。

例を挙げれば、運動会、修学旅行、部活動、卒業式、学芸会、校歌、詰め襟・制服、ランドセル、「気を付け、前にならえ」の号令、全校朝会・校長先生の講話、黒板・チョーク、4月入学、校内マラソン大会、健康診断、学校花壇、動物飼育、通信簿、授業参観など、多岐にわたります。

これらの例を見て分かることは、教科の教育のみを学校の役割とする欧米とは異なり、わが国の学校が、儀式や行事、課外活動まで含んだ知・徳・体の全人教育を使命としてスタートしたことです。

ただ、これは、明治になって初めてそうなったわけではなく、江戸期の教育文化が影響を与えています。江戸期の藩校、寺子屋、私塾などの教育機関は、単に知識を授けるのみならず、礼儀、態度、儒教道徳、武道（剣術）など、つまり徳育や体育を非常に重視していました。

江戸時代は、長期に安定した社会を出現させた時代であり、その後のわが国の社会、文化に少なからず影響を及ぼしています。歴史とは、連続した時間の流れの上で相互関連しながら生成するものであり、わが国の近代学校制度も、江戸期の教育を遺産として継承しつつ発足しています。

明治期に創設された近代教育機関には、その創設者や協力者として、旧幕臣や旧幕側の出身者が貢献したものが少なくありませんし（福澤諭吉、榎本武揚、渋沢栄一、山川健次郎、津田梅子、山川捨松、新島八重など）、帝国大学は、江戸幕府の教育研究機関である昌平黌や蕃書調所をその起源とします。

身分の高い人だけが高度な教育を受けた欧米や中国・朝鮮とは異なり、江戸後期の日本では、教育が一般庶民にまでかなり普及しており、すでに識字率や、技術、学問の水準がそれなりに高く、例えば、松前藩に捕えられ幽閉されたロシア帝国海軍軍人のゴローニンは、日本人を「世界で最も聡明な民族」と書き残していました。このことが、明治期における近代教育の急速な整備、浸透を可能にしました。学制発布から約30年で小学校への9割以上の就学が達成された要因には、明治に入る前からすでに寺子屋への就学率がかなり高かったことがありました。

わが国の思想も影響していると言われます。というのは、義務教育の根底にあるプロテスタントの思想と日本の思想との類似性です。カトリックは家庭や教会による私教育を重視し、公教育制度には消極的だったのに対し、プロテスタントを成立させた宗教改革者のルターは義務教育制度を提唱し、プロテスタントの信者の多いプロイセンや米国のマサチューセッツ州で義務教育制度の導入がいち早く行われました。

日本は、キリスト教国ではないものの、武士的な価値や浄土真宗の精神、さらに江戸中期以降、商業経済とともに普及した石田梅岩の石門心学など、勤勉や節度、無私などを重視する思想は、偶然にもプロテスタンティズムに通じるところがありました。ドイツの社会学者マックス・ウェーバーの『プロテスタンティズムの倫理と資本主義の精神』は、明治後期に発表されたものですが、日本ほど読まれてきた国は、本国のドイツを除けばないと言います。

義務教育段階の公教育制度の発足に関しては、近代国家の先発国である英・米・仏も、後発国であるドイツ・日本も、いずれも19世紀後半であり（日本は1872年に学制を制定）、同時期にスタートします。

西洋科学も本格的に導入されますが、実はこれも、すでに8代将軍の吉宗が、それまでの洋書の禁を緩め、漢訳洋書の輸入を許可していたため、鎖国ではあったものの、中国の漢訳を通して西洋の学問の基礎は入ってきていたことや、江戸時代の官学であった朱子学の根幹には「窮理《きゅうり》」（物事の理をきわめる）の姿勢があったことなど、江戸期につくられた学問的な土壌のあずかるところも大きかったと言われます。

明治期は江戸期の蓄積を引き継ぎつつ、欧米の思想・スポーツ・芸術の移入、女子教育の普及など、新しい要素を加え、わが国特有の学校文化を作り出していきます。

新しい学校文化の導入に当たって、三つの特徴を見出すことができます。

第1に、オランダ語由来のものがかなり見られること（ランドセル、ズック、学ランなど）。

第2に、まず最初に帝国大学、高等師範学校、農学校など高等教育機関で導入され、それから小学校や中等教育に普及したものが少なくないこと（部活動、運動会、校歌、黒板、4月入学など）。

第3に、軍隊の影響を受けているものが少なくないこと（修学旅行、運動会、「気を付け、前にならえ」の号令、ランドセル、詰め襟など）[28]です。

第1点は、すでに江戸末期以降、西洋の文化や技術が長崎を経由して、オランダから入ってきていたこと、第2点は、文明開花の基礎としてまず作られ、最初に西洋文化と接する機会の多かったのが大学などの高等教育機関であること、また、その卒業生が初等中等教育機関の教師となって広めたものが少なくないこと、第3点は、明治維新は、欧米列強に対し、国を防衛しなければならないということが最大の動機となって起こったものであり、教育制度の整備も、軍備の増強と並行して行われ、その影響を受けたこと――がそれぞれ背景になっていると考えられます。

明治維新は、市民革命とは異なりますが、文化的、社会的には「革命」だった、あるいは、「革命の形態をとらない革命」であったなどと言われます。[29] 明治近代化の貢献者には、いわゆるテロで命を落としたり（大久保利通、森有礼、横井小楠、大村益次郎など）、命を狙われたり（岩倉具視、板垣退助、大隈重信など）した人も少なくありません。約300の大名がスムーズに廃藩置県に応じたことなど、大変革にしては流血は少なかったものの、考え方の対立や旧士族からの反発には激しいものがありました。それらを乗り越え近代制度を構築した明治という時代は、学校文化史上もその基本を形成した時期に当たります。

◆学区制小学校の誕生
——全校朝会、通信簿、授業参観

学区・校区制の導入

日本で自治体として最初の学区制小学校を設けたのは京都です。「學問ハ身ヲ立ルノ財本」「必ス邑ニ不學ノ戸ナク家ニ不學ノ人ナカラシメン事ヲ期ス」という序文の言葉で知られるのが1872（明治5）年発布の学制です。しかし、京都ではそれより3年早い1869年に、学区制の小学校64校が設けられ、当時は番組小学校と言いました。

京都には、室町時代以来、町衆の自治組織として町組《ちょうぐみ》がありましたが、明治に入り、これを再編して順に番号をふった「番組」としました。これがさらにその後、学区となりました。このため、京都市中心部では、学区とは学校の通学区域であると同時に、自治の単位となる町の集合体を指しました。[30]それは、昭和戦前期まで、学校の建設・運営費を負担し、独自の徴税権を持つ、行政組織の末端制度としての機能を持つものでした。[31]京都市の学校では、いまも地域との関係が強い傾向がありますが、こうした歴史的背景があるからだと考えられます。

番組小学校の運営費には、竈金《かまどきん》と呼ばれる学区住民からの寄付が充てられました。近代学校制度は、国家的要請により整備されましたが、多くの地域で、当初の学校は、資金を含め、地域の人々が多くを負担し維持しました。地元の有力者や地方の地主たちは、多額の資金を寄付し、学校の設立を助けました。京都では、これが特に強く実行され、住民たちは、学区ごとに競い合うように教材や美術品なども寄贈したと言います。戦災を免れたこともあり、京都市の学校には寄贈された美術品などの多くが現存しているそうです。

２０１８年にノーベル生理学・医学賞を受賞した本庶佑・京都大学特別教授に対して、京都市の龍池学区から、名誉学区民の称号が授与されました。「名誉市民」や「名誉県民」はよくありますが、名誉学区民は珍しく、ここにも京都の学区の特徴が表れています。

旧・龍池小学校は、もともとは上京第二十五番組小学校でした。現在は、統廃合により閉校になっており、御所南小学校の通学区域になっています。このように、いまでは学区と学校の通学区域は一致しなくなっているわけですが、京都市では「学区」という言葉が、地域活動の単位を意味する言葉として使われ続けています。下の**写真**は「開智学区自治連合会館」です。旧・開智小学校（元は下京第十一番組小学校）もやはり統廃合により閉校になり、現在は洛央小学校の通学区域になっていますが、自治会はいまも「開智学区」が単位になっています。京都市以外から引っ越した場合、「学区」という言い方を最初は不思議に感じるようです。

現在、学校の通学区域（通学範囲）のことは、東日本では「学区」、西日本では「校区」と呼ぶ傾向があります。

京都はこの傾向の例外というわけです。例外は他にもあり、東日本でも北海道は「校区」、西日本では京都のほか、滋賀、岡山、広島でも「学区」と言うことが多い傾向があります。ユニークな呼び方をするのは北陸地方で、「校下《こうか》」と言います。他地域から転校したとき、聞き慣れない言葉に戸惑うかもしれません。「校下子ども会」「校下婦人会」「校下老人会」「校下青年団」などがあるのだそうです。

さて、小学校だけでなく、日本で最初の特別支援学校が作られたのも京都であり、上京第十七番組小学校（後の旧・待賢小学校。現在は二条城北小学校の通学区域）の教師であった古河太四郎が中心になって1878（明治11）年に創設された京都盲唖院（現・京都府立盲学校・同府立聾学校）です。古河太四郎は、日本において手話の基盤をつくり、わが国の障害児教育の先駆者とされます。京都盲唖院の開設された地には「日本最初盲唖院開学地」の碑があるほか、京都府立盲学校と同聾学校の資料室に保存される当時の盲唖院の教材・教具、点字以前の資料など約3千点は国の重要文化財に指定されています。

また、日本で最も早く幼児教育施設が設置されたのも京都で、1875（明治8）年、上京第二十七番組小学校に開設された「幼穉（稚）遊嬉場」でした。

この上京第二十七番組小学校（後の旧・柳池《りゅうち》小学校。現在は御所南小学校の通学区域）のあった場所（現在の御池《おいけ》中学校）には「日本最初の幼穉遊嬉場」の碑があります。

京都は、明治に入り都が東京に移って人口が減り、まち衰退の危機に立ち向かうため、教育に力を入れ、各種の日本最初の学校が設置されました。ここで見たほかにも、美術学校、旧制中学、公立の女学校が最初に作られたのも京都です。

ただし、「幼穉（稚）遊嬉場」は長続きせず2年後には閉鎖されました。幼稚園という名称を付けた日本初は1876（明治9）年に開設された東京女子師範学校付属幼稚園（現・お茶の水女子大学付属幼稚園）であり、東京の湯島で開園しました。幼稚園はドイツ発祥で、ドイツの教育家・フレーベルが開設し名付けたKindergartenから来ており（Kinderは「子ども」の意味）、「幼稚園」はこれを訳したものです。大正から昭和にかけての40年間、同幼稚園の主事（園長）を務めたのが、「幼児教育の父」と言われる倉橋惣三であり、「日本のフレーベル」とも言われます。[32]

なお、保育園の最初は1890（明治23）年、現在の新潟市に赤沢鍾美《あつとみ》が作った「守孤《しゅこ》扶独《ふどく》幼稚児保護会」（現・赤沢保育園）です。[33]

校則、全校朝会、通信簿、授業参観の始まり

今日の校則の原型は、1873年、文部省が制定した「小学生徒心得」がその嚆矢と言われます。

これは、17条からなり、第1条「毎朝早ク起キ顔ト手ヲ洗ヒロヲ漱《すす》キ髪ヲ搔キ父母ニ礼

ヲ述ヘ朝食事終レバ学校ヘ出ル用意ヲ為シ先ツ筆紙書物等ヲ取揃ヘ置キテ取落シナキ様致ス可シ」から始まり、第17条「途中ニテ遊ビ無用ノ場所ニ立ツ可カラズ無益ノ物ヲ見ル可カラズ疾ク走ル可カラズ若シ馬車等ニ逢フコトアラバ早ク傍ニ避ケテ馬車等ノ妨ニナラズ自身モ怪我ナキ様ニス可シ」で終わるというものでした。

つまり、朝の早起きから始まり、帰りの寄り道禁止や交通安全まで規定したものだったというわけです。当時の西欧の学校規則をモデルに、学制発布の翌年という早い段階で制定されたものでした。[34]

今日の全校朝会（朝礼）は、明治期の校長先生による修身の授業（講話）が元になっていると言われます。週1回など定期的に行われるのが一般的ですが、富山など定期的な朝会はない地域もあります。

現在、学校と家庭とをつなぐものに、ＰＴＡや通信簿、授業参観などがあります。

ＰＴＡは、歴史的には、19世紀末に米国で市民運動として始まった母親協議会が起源とされ、わが国には、戦後、ＧＨＱ（連合国軍最高司令官総司令部）が教育民主化の一環として当時の文部省に推奨し、導入されたものです。

これに対し、家庭訪問、通信簿（もとは学校家庭通信簿などと言いました）、授業参観、保護者懇談会（もとは父兄〈懇話〉会、母姉会などと言いました）は、すでに明治20年代以降、各地の学校で行われ、教育学書などでも取り上げられ、普及した戦前以来のものです。

このきっかけになったのは、1891(明治24)年、文部省が出した「小学校教則大綱ノ件説明」です。この中に「…教授上ニ関スル記録ノ外ニ各児童ノ心性、行為、言語、習慣、偏僻等ヲ記載シ道徳訓練上ノ参考ニ供シ之ニ加フルニ学校ト家庭ト気脈ヲ通スルノ方法ヲ設ケ相提携シテ児童教育ノ功ヲ奏センコトヲ望ム」と規定されたことが、通信簿をはじめとする学校と家庭との連絡手法の登場につながりました。それは、学校教育に適合的な教育が家庭でも行われるようにすることが当時の目的だったということです。[35]

家庭教育という言葉は、江戸時代まではありませんでした。あったのは、しつけ(仕付け、躾)という言葉ですが、それは、苗代から苗を移して田に植え付けること(つまり、田植え)を表した言葉であり、[36]それが転じて、手を掛けて自然に一人立ちできるようにするという意味になったものでした。それは、厳しく身に付けさせるという意味でも、親だけが行うものでもなく、子守り、祖父母、近隣の人々、地域の若者組、奉公先の親方などさまざまな他人によって行われました。[37]

学校ができる前から、まず第一に親による家庭教育が確立していた、というわけでは必ずしもなく、実は学校教育の整備に伴い明治中期になって初めて、学校教育の効果を上げるために、家庭との連絡や家庭教育の重要性が言われるようになったのでした。

国語の整備

また、江戸時代には、家で仕事をする場合が多かったことから、子育ては父親が相当担っていました。明治に入り、産業化が進むと次第に男性は外で働くようになり、母親が子育てをするようになりました。

もともと「家庭」という日本語は、江戸時代には、父から子に伝える教訓というような意味の言葉だったそうですが、明治になり、homeに当たる言葉として転用され、使用されるようになりました。[38]

「お父さん」「お母さん」という言葉は、江戸時代まではなかったか、あっても一部の地方の方言だったもので、[39] 明治政府が、国語の統一のため、明治30年代、国定教科書で採用した言葉だと言われています。両親への呼びかけは、江戸時代までは、チチウエ・ハハウエ、トトサマ・カカサマ、オモウサマ・オタタサマ、オトッツァン・オッカサン、オットウ・オッカアなど、階層や地方によってまちまちだったそうです。司馬遼太郎によると、学校で「お父さん」「お母さん」という言葉を教え始めた頃、東京の山手（麻布、赤坂、麹町、四谷、本郷などの旧武家地）の婦人の中にはそのような下品な言葉を教えるとは何ごとかと抗議する人もあったとのことです。[40]

明治時代は、西洋から移入された概念に対応した新しい日本語が多く作られました。科学、哲学といった訳語を作ったのが津和野藩出身で旧幕臣であった西周であることはよく知られています。「家庭」のように、すでにあった言葉が転用された場合もありました。「教育」という言葉も、educationの訳語として明治になって広まりました。

明治政府にとって、欧米と対等の近代国民国家を作るうえで国語の統一は重要な事業でした。宮城師範学校（現・宮城教育大学）校長などを務めた国語学者の大槻文彦の編纂によるる日本初の国語辞典『言海』も明治20年代に文部省によって作られ、当時の学生の座右の辞書になりました。

フランス語もフランス革命の後に統一された美しい言葉として確立したと言いますが、わが国でも、江戸時代のような文章や漢文のままで近代化を遂げることは困難でした。フランスでも日本でも、地域の言葉（方言）が抑えられるという負の側面を伴いつつも、国民国家としては文章語の確立が必要でした。そして、漢字仮名交じり文を基盤にして、日本は明治30年代にそれを成し遂げました。

ただその分、英語で教育をする必要があった時期が、招へい外国人による教育が行われた明治当初のみに限られ、このことが、英語の不得意な国民になった要因となりました。

また、国民全体の教育水準向上のためには、言葉は難しすぎないことが必要であり、どの国でも、国語は平易化する方向に進みます。その意味で、わが国の国語の確立は、漢字の数を減らすなどした第二次大戦後になってから一段と徹底されました。

国語の確立という点では、「あいうえお」の五十音がカギとなりました。江戸時代までは、庶民の間で言葉の学習に使われていたのは、「いろはにほへとちりぬるを…」の「いろは歌」でした。

五十音が表舞台に出るようになったのは、明治期であり、日本初の国語辞典『言海』が五十音配列で編集され、学校でも五十音に切り替わっていきました。

五十音自体は、すでに平安時代からあったものであり、その発祥と言われるのは、石川県加賀市の山代温泉です。11世紀に、天台宗の僧侶・明覚上人がこの地で、仏教を生み出した古代インドのサンスクリット語（梵語）の研究から、日本語の発音があいうえおの五音で表せることを突き止め、現存最古の五十音図を記したことが、近年の研究で明らかになっています。[41]

◆軍隊の影響　――「気を付け」、運動会、修学旅行、制服、ランドセル

欧米の植民地になることを防ぎ、国の独立を守ることが明治維新の最大の動機であり、このことは学校文化にも影響を及ぼさざるをえませんでした。

「気を付け、前にならえ」、運動会、修学旅行の始まり

薩摩出身の初代文部大臣・森有礼は、学校教育における兵式体操を奨励しました。

「気を付け、前にならえ」の号令は、森有礼が、師範学校の歩兵操練に導入したのが始まりと言われています。師範学校で養成された教師を通じて、学校体育に広く普及することになります。

福岡では、体育の授業で、先生が「座れ」と言うと、子どもたちが一斉に「やー」と言って座り、「立て」と言うと、一斉に「やー」と言って立ちます。「座れ　やー」「立て　やー」となります。

また、「全体、止まれ！」の合図があると、全国的には「1・2」または「1・2・3」で止まりますが、福岡では「1・2・3・4・5」まで言って止まります。ある福岡出身の人は、県外の高校に進学して初めて、福岡の学校が他県とは違うことを知ったと言っていました。

福岡の「やー」については、「Yes（はい）」に当たるドイツ語の「Ja」から来ているとの説があります。学校体育に影響を与えた兵制について、明治政府は、普仏戦争（1870～1871年）でプロイセンが勝利したことを見て、明治中期以降、プロイセンをモデルに陸軍の整備をしたことから、ドイツ語由来との説は説得力があります。

わが国における運動会の起源は、東京の築地に創設された海軍兵学寮（後の海軍兵学校）が1874（明治7）年に行った「競闘遊戯会」です。このため、運動会と言えば海軍兵学校発祥とされています。

ただ、海軍兵学校（1888年に広島の江田島に移転）では、その後、毎年開かれたわけではなく、定期的に開かれたという点では、最初は、北海道大学の前身である札幌農学校の「遊戯会」（第一回は「力芸」という名称で、第2回から「遊戯会」）とされます。[42]1878年から1923（大正12）年までの間に40回開かれたとのことです。

全国の小学校に運動会が普及する直接の起源という点では、後に高等師範学校（現・筑波大学）に統合されることになる体育教師養成機関である体操伝習所が1878（明治11）年に発足し、ここで行われた「大演習会」がそれに該当すると考えられます。これがきっかけになり、各地で同様の演習会が行われ、「運動会」という名称も使われるようになります。[43]森有礼文相は、兵式体操発表の場として師範学校における運動会の開催も奨励しました。これらの機関で養成された教師を通じて、1886年ごろから、運動会が全国の小学校で開催されるようになります。

さらに、東京高等師範学校の校長であり、柔道の名付け親である嘉納治五郎は、「競技者の似顔絵を描く種目」など娯楽的要素を運動会に取り入れました。これも全国に普及し、競技的種目だけではなく、ダンスや郷土芸能など娯楽的種目も取り込んだ日本特有の運動会文化が作られるもとになりました。

今日、各地の学校の運動会にも、明治期の影響が見られます。

綱引きは、古来より世界各地で行われてきた「綱を引く」という儀式や信仰の行為がもとになって、18〜19世紀にヨーロッパでスポーツ競技となり、1900年のパリ五輪では陸上競技種目に採用されていました。日本では、明治期に運動会の普及とともに広く行われるようになります。その際の掛け声は、全国的には特に決まりはなく、「そーれ、そーれ」「よいしょ、よいしょ」などいろいろのようですが、関東や大阪などで多いのは「オーエス、オーエス」です。これはフランス語の「オー、イス(oh, hisse)」から来ていると言われています。「それ、引け」という意味で、明治期に、東京・築地の外国人居留地でフランス人たちが綱引きをしていた際に上げていた掛け声が「オーエス」に聞こえ、それが取り入れられたと言われます。

綱引きの掛け声でユニークなのは宮崎で、「エイ、エイ、エイサー」と声をかけます。綱引きは、日本でも各地で収穫祭の行事として行われてきましたが、宮崎では、旧暦8月15日の十五夜に、豊作に感謝して綱引きをする年中行事が盛んであり、このときの掛け声が運動会でも使われるようになったと見られています。[44]

群馬、栃木、茨城などでは、学校の運動会に屋台が出て、地域のお祭りのようになるそうです。

もともと明治初期から中期には各地の小学校で、卒業試験や学習成果の発表などを、近所の人たちが詰めかけて、公開で行っていました。これが、のちの卒業式や学芸会の起源に当たると考えられているものですが、この日には、学校周辺に露店も出て祭りか縁日のようだったと言います。[45]

そして、明治中期以降になると、運動会も、地域の祭り的な行事と化し、地域の人々が家族総出で弁当を用意して見物に出かけ、あめやせんべい、飲み物を売る店が出たとのことです。[46] 明治中期には、卒業試験と運動会が、地域あげての学校の2大行事でした。

運動会の屋台は、いまも各地にあると思われますが、北関東にはより強くそれが残っているようです。

今日、秋から冬にかけて、学校の恒例行事となっているのがマラソン大会や持久走ですが、校内マラソン大会は、兵式体操から派生して、高等師範学校（現・筑波大学）で行われた「健脚競争」が起源です。これは、2019年の大河ドラマ『いだてん』でも描かれました。

また、健康診断は、先述の体操伝習所（後に高等師範学校に統合）で行われた「活力検査」が起源です。

今日、学校での思い出として一番多くの人が挙げる行事が修学旅行だそうです――次いで多いのが、運動会、部活動――が、その修学旅行も、筑波大学の前身校である東京師範学校で1886（明治19）年に始まっており、同校が行った11日間の「長途遠足」が起源だとされます。これは、千葉・銚子方面まで長距離を歩く行軍旅行として行われたものでした。

明治期の修学旅行は、朝6時ごろ出発し、一日30キロ程度を行軍し、午後5時ごろ宿に着くものだったようです。昼間はきつい一方、夕食後は自由時間で、夜8時か9時まで外出が許可されたそうです。夜は外出禁止の現代の修学旅行とはかなり異なります。[47]

日清戦争の後、鉄道の敷設も進み、修学旅行が広く普及するようになりますが、鹿児島の私立学校の団体からの建議を受け、1899（明治32）年、当時の逓信省が修学旅行生の運賃の割引措置を行いました。なお、その少し前の1895年、当時の国鉄が割引率の高い通学定期を導入しています。これらが今日の学割の始まりとされます。

鉄道の割引導入の頃から、師範学校や中等教育機関だけでなく、小学校にも修学旅行が広がり、その性格も、行軍（身体鍛錬）から修学（史蹟見学、風景観察）へと変化していきます。

今日、修学旅行にかかわってユニークな例として、秋田の中学校では、生徒の保護者が安心するよう、修学旅行先での安否を知らせるテレビCMが流れるそうです。「○○中学校の修学旅行団　日程○日目　全員元気に○○を見学中です。提供（スポンサー企業名）」という画面が流れるとのことです。

他方で、修学旅行のないところもあり、石川、富山の小学校、島根の高校がそうです。

制服、ランドセルの始まり

現在、学校における制服の採用率は、全国的には、小学校は2割未満、中学校、高校は9割以上と言います。中学校の場合は、詰め襟、セーラー服などの標準的なものが多数ですが、高校では、ブレザー型など学校オリジナルの制服がすでに多数を占めています。[48] 最近は、中学校でも、ブレザー型を導入する学校が年々増えており、高校のように逆転する日も来そうです。

その意味で、制服文化はいま、過渡期にあると言えますが、歴史的には、詰め襟の起源は明治期、セーラー服の起源は大正期であり、前者は陸軍、後者は海軍の影響を受けたものです。

もともと詰め襟を男子の制服として採用した最初は、学習院（現在の学習院中・高等科）であり、海軍士官の服装がモデルとされました。

その後、帝国大学（現在の東京大学）が、陸軍士官の服装をモデルとした詰め襟を制服に採用し、これが全国に広がりました。現在も、特に中学校では半数以上の学校で男子は詰め襟の制服と言われます。学ランとも言いますが、「ラン」とはオランダ（蘭）のことで、洋風ということを表すものでした。

一方、女子のセーラー服は、英国で海軍の水兵服として生まれたもので、わが国で女子の制服として導入されたのは、女性の服装の洋風化が進んだ大正期です。

現在、学生服のメーカーとしては、カンコー（菅公学生服）、トンボ、富士ヨット学生服が3大メーカーですが、いずれも岡山県が本社（カンコー、トンボが岡山市、富士ヨットが倉敷市）であり、学生服の7割近くは岡山県で製造されています。

江戸初期、干拓地が多く米作りに適さなかった岡山では、綿花の栽培が盛んになり、江戸期における備中綿の生産、明治期における紡績業の育成により、繊維産業が繁栄しました。大正期、岡山の足袋メーカーが特産の綿花で織った木綿とミシン縫製技術を生かして、需要が減った足袋に代えて安価な制服を製造しました。これが制服普及のきっかけになり、昭和初期以来、最大の学生服生産地になりました。

全国的には、制服のある小学校は約2割と少数派ですが、岡山を筆頭に広島、山口、島根、香川、徳島などの中・四国地方では、小学校も制服の公立校が多数を占めます（鳥取、高知はほとんど私服であり、平均すると四国で約7割、中国地方では約6割が制服です）。中・四国以外では、制服あるいは標準服の公立小学校が多いのは福井、石川、鹿児島であり、東京でも台東区と中央区の多くの区立小学校が制服または標準服を採用しています。

ランドセルは、小学生が高価な鞄を卒業まで使い続けるという、他国には稀なわが国独自の学校文化をなすものです。その原型は、明治期の学習院初等科で通学鞄として導入された布製のものと言われます。その後、1887（明治20）年に、伊藤博文首相が皇太子殿下（後の大正天皇）の学習院初等科への入学祝いとして革製・箱型のものを特注して献上し、これが現在の形状に近く、ランドセルの始まりとされます。ランドセルは、日本独自の製品ですが、そのルーツは、江戸末期に幕府が西洋式軍隊を導入した際に同時に輸入した布製の背嚢《はいのう》（陸軍兵士の背負い鞄）にあります。この鞄は、オランダ語でランセル（ransel）

と呼ばれ、これがランドセルの語源です。

ランドセルは当時、高級品であり、昭和初期で普及率は1割程度で、米屋や呉服屋など裕福な家の子どもだけのものでしたが、戦後、高度成長期の昭和30年代に黒と赤の合成皮革のランドセルが一気に普及し、わが国の小学生に必須のものとなりました。

基本的な箱型のスタイル自体は130年以上変わっていないランドセルですが、これにも変化が起こっています。背景にあるのは、ランドセルが高価で重いという問題です。家庭の経済的負担と子どもへの身体的負担を軽減しようとする変化が見られます。

茨城県の日立市、土浦市、石岡市、桜川市、小美玉市、筑西市、高萩市、鹿嶋市、利根町など15の自治体（2022年度時点）では、小学校に入学する子どもたちに、自治体がランドセルの無償支給を行っています。

最初に始めたのは日立市で、

ランドセルを背負って登校する小学校1年生
(画像の一部を加工しています)

1975（昭和50）年です。同市では、特注のファスナー式薄型ランドセルを地元業者が製造し、支給しています。当時、オイルショックによる家庭の経済的負担を軽減する市独自の施策として始まり、翌年から土浦市、鹿嶋市も始めるなど、近隣の自治体に広がり、今日に至っています。

これらの自治体では、当初、男子には黒、女子には赤のランドセルを支給していましたが、最近では、性別による固定的な色分けから脱するため、黄色、茶色など他の色も加え、男女かかわりなく選択できるようにしたり、紺色など男女関係なく一色に統一したりする自治体が出てきています。

昭和50年代から、茨城県の自治体ではランドセルの無償化が行われているわけですが、そもそも「義務教育の無償」は憲法に定められており、国の制度としては授業料と教科書が無償になっています。授業料の無償は、1900（明治33）年の第三次小学校令で確立したものです。他方、教科書の無償は、戦後、高知での教科書無償化運動がきっかけになり、1963（昭和38）年度から導入されました。

近年は、ランドセルの再利用の動きもあります。子育て世帯への支援と資源の有効活用のため、卒業して不要になったランドセルを回収し、修繕やクリーニングを施して、新入生に安価に提供する自治体や団体が出てきています。

制服や体操着、学用品も対象になっている場合があり、経済的負担の軽減と循環型社会を目指す動きは、学校文化にも影響を与えていると言えます。

さて、もう一つは重さの問題です。近年、教科書の大判化やタブレット端末の導入に伴い、子どもが背負うランドセルは一段と重くなっています。日立市が無償支給しているファスナー式薄型ランドセルは、日本で最も軽いランドセルと言われているほか、土浦市の無償支給でも、より軽い黄色のリュックサック型のものが選択できます。

京都府の向日市、長岡京市、宇治市、亀岡市などでは、ランリックという独自のナイロン製の背負い鞄が通学用として使われています。1968（昭和43年）、地元の学生衣料店・マルヤス（京都府向日市）が製造・販売を始めたもので、ランドセルとリュックサックを合わせたような鞄で、軽くて安い利点があります。大阪、奈良、埼玉、福岡などでも使用している学校があります。

同様に、北海道の小樽市では、ナップサックとランドセルを合わせたようなナップランドという背負い鞄が使われています。これは、地元業者の「バッグのムラタ」が1970（昭和45）年、販売を始めたものです。ナップランドは、富山県高岡市の小学校でも、1973年から使われています。

2021年に、リサイクルのポリエステル素材を使い、軽さと環境に配慮したニューランドという商品がラオナス社（東京）から販売されていますが、これは東京の小学生の母親が開発したものです。22年には、栃木県日光市の小学生らが、キャスターの付いたアルミ製のスティックを装着することで、重いランドセルをキャリーバッグのように手で引いて運べる「さんぽセル」を考案したことが話題になりました[49]

富山県立山町は23年度の新入生から、アウトドア用品メーカーのモンベル（大阪市）が開発した軽くて丈夫なリュック型通学鞄「わんパック」を無償配布しています。わんパックは、長野県駒ケ根市や山形県村山市などでも採用されています。

わが国のランドセル文化にも、多様化の動きが起こっているわけですが、それに伴い、ランリック、ナップランド、ニューランド、さんぽセル…と、名前も広がっています。

鞄にかかわる言葉は、ランドセルに限らず、もともと多くはオランダ語起源です。「鞄」という言葉自体が、鞄を意味するオランダ語の kabas（カバス）から来ており、明治初期から日本語に入ってきた言葉です（ただし、中国語の「夾板（キャバン）」から来ているとの説もあります）。

リュックサックはオランダ語の rugzak から、ナップサックもオランダ語の knapzak から来ています。rug は背中、knap はかっこいい、zak は袋という意味の言葉です。

筆者は、2001年から3年間、ドイツの日本大使館で勤務したのですが、ドイツの小学生は、ランツェン（Ranzen）という背負い鞄で通学します。これもオランダ語のランセル（背嚢）から来ています。ドイツのランツェンは、日本のランドセルよりもやや大きい横長の箱型で、ビニール製で軽く、さまざまな色柄のものがあってカラフルなのが特徴です。

クラス編成

軍隊の影響にかかわって、もう一点。

クラス編成のことは、公式には「編成」ではなく「編制」と表記します。公立小中学校のクラスサイズを決めている法律があり、正式な名称は「公立義務教育諸学校の学級編制及び教職員定数の標準に関する法律」と言います。

こうした表記は1891（明治24）年に制定された「学級編制等に関する規則」以来の表記を引き継いでおり、軍隊の「編制」と同じ言葉を用いたところから来ていると考えられます。

明治初期の学校には「学年」や「学級」はなく、藩校や寺子屋時代の方式を引き継いで、修了試験や卒業試験によって、個人単位で進級しており、飛び級や落第もありました（等級制、修得主義）。

つまり、意外にも、江戸時代や明治当初のもともとのわが国の教育は、教師による一斉指導ではなく、自学自習を基にした個別指導であり、個人単位の修得主義を基本としていました。しかし、1900（明治33）年の第三次小学校令で、修了試験・卒業試験も飛び級も廃止され（落第もなくなっていきますが、昭和初期まではなお存続していました）、学級は同一年齢の集団になりました（学年制、履修主義）。

このようにして明治中期以降、「〇年〇組」という学年別の学級制が確立し、これが、わが国の学校文化の特徴を形成していきます。

学級ごとの一斉授業方式もそうですし、学級集団を基礎にしてさまざまな学校行事を行う基盤も成立します。学年単位での一斉進級に伴い、入学式、卒業式、学年の修了式などが年に一度の儀式として確立することになり、卒業写真、学級写真などの集合写真も定着します。日本の小学校は、諸外国の中でも、最もよく宿題を出す国の一つですが、宿題を出すのも、１９００年代初頭のこの頃から始まりました。

もともと明治初期から中期には各地の小学校で、卒業試験や学習成果の発表などを、近所の人たちが集まって、公開で行っていたことはすでに述べましたが、卒業試験の廃止により、これに代わる学校行事として、明治30年代後半以降、学芸会が、保護者などに学習成果を披露するために行われるようになります。儀式や運動会に比べると、学芸会は、行事としての成立が遅かったと言えます。

学芸会の起源が卒業試験だったというのは意外なところですが、それを反映して、初期の学芸会は、あくまで教科の学習発表が中心でした。それが、大正時代になって、児童中心主義の新教育運動を背景に、演劇や音楽が主流となり、今日の学芸会のイメージができてきます。こうして、明治中期までの卒業試験に代わって、大正・昭和期には、学芸会が、運動会と並ぶ学校行事の花形の地位を占めるようになっていきます。[50]

日本特有の学級文化は、学級内の集団主義的同調を生みがちな一方で、日本の子どもたちは自習ができ、自ら清掃活動をするなどの特長を生み出していますし、授業以外の学級活動や学校行事などの基盤にもなっていきます。[51]

◆東京大学から生まれた学校文化
――部活動、夏休み、黒板、大学ノート

わが国の近代教育制度整備の最初期に創設された東京大学の前身校は、いろいろな面で、わが国の学校文化の形成に影響を与えています。詰め襟（学ラン）がその一つであることはすでに述べましたが、本項では、その他のものを見ていきます。

部活動、ボート、野球

まず、本格的、組織的な部活動の最初は、東京大学の前身の帝国大学のボート部（漕艇部）とされます。こうしたいわゆる課外活動は高等師範学校や旧制高等学校でも行われ、戦後の部活動に引き継がれます。

ボート競技は、すでに幕末に外国人居留地で行われており、[52]ボート部は野球部、陸上部などと並び多くの大学で最も歴史のある部の一つです。

日本における野球の発祥地は、第一大学区第一番中学（後の東京開成学校、東京大学の前身の一つ）とされます。1972（明治5）年、米国人教師ホーレス・ウィルソンが学生たちに野球を伝えました。2022年は、野球伝来150年でした。28歳で来日したウィルソンは、部屋に閉じこもりがちな学生たちを見て、屋外に引っ張り出す必要を感じ、米国で南北戦争に従軍した際に、戦いの合間に楽しんだベースボールを学生たちに奨励しました。ウィルソンは2003年、野球伝来の功労者として野球殿堂入りしました。第一大学区第一番中学があった、神田錦町の現在の学士会館には「日本野球発祥の地」のモニュメントが立てられています。

学士会館前にある「日本野球発祥の地」モニュメント

東大予備門（後の旧制第一高等学校。東京大学の前身の一つ）に学んだ正岡子規は、在学中、野球に熱中しました。左腕投手としてカーブを研究し、捕手もこなしました。半端ない野球好きで、本名の升《のぼる》をもじって「野球（ノボール）」の雅号を使うほどでした。「飛球」「死球」「打者」「走者」

「直球」などの用語を考案したのも子規で、後に子規門下の俳人となる河東碧梧桐、高浜虚子も子規が野球を教えたことが知り合うきっかけでした。子規も02年に野球殿堂入りしています。

東大の前身機関で始まった野球は、他の学校でも盛んに行われるようになり、わが国最高の人気スポーツの地位を占めます。米国でベースボールが親しまれるのは１８４０年代からですが、それは、子どもの遊びが起点となったのに対し、日本の野球は、高等教育機関に学ぶエリート層から広がったわけです。

その普及に影響を与えたのが旧士族の存在であったと言われます。１８７６（明治9）年に廃刀令が出され、戦もなくなった旧士族にとって、バットを持ち、敵チームと戦う野球は魅力的な競技でした。正岡子規も旧士族出身ですが、「実際の戦争は危険多くして損失夥《おびただ》し。ベース、ボール程愉快にてみちたる戦争は他になかるべし」と述べたと言います。

東京大学の前身機関をはじめ大学や旧制高校への進学者として多くを占めたのが、廃藩置県により身分を失った旧士族出身の青年たちでした。いま、野球日本代表チームを「侍ジャパン」と言うのも、故あることと言えそうです。

ベースボールを「野球」と訳したのは、旧制第一高等学校、東京帝国大学で内野手、コーチ・監督として活躍した中馬庚《ちゅうまんかのえ》であり、１８９４（明治27）年、旧制一高のベースボール部の部史をまとめていた時だと言います。それまでは「塁球」「底球」あるいは「打球鬼ごっこ」など、どう訳すかなかなか定まらなかったそうです。サッカー（蹴球）、バレーボール（排球）、バスケットボール（籠球）など、他の舶来の球技名称は、戦時期を除いて和名が定着しなかったのに比べ、野球だけは中馬の訳した和製名称が普及しました。また、ショートの選手を「遊撃手」と訳したのも中馬です。動き回って守備を固める遊軍のようだと、これも軍隊になぞらえて和訳したと言われています。

鹿児島出身の中馬は、野球におけるフェアプレーの精神と西郷隆盛の教えに共通点を見出し、後に鹿児島はじめ各地の旧制中学で教師としてスポーツの精神を生徒たちに伝えました。体育と精神修養を結び付けた全人教育が、近代スポーツの移入に当たっても重視されました。

野球における、始球式、試合前に一列に向かい合って行う脱帽・一礼のあいさつ、試合後の胴上げといった、いずれも日本独自の慣例も生まれてきました。

まず、始球式の最初は1908（明治41）年、早稲田大学野球部が米国から来日した選抜チームと親善試合を行った際に、同大学初代総長で元首相の大隈重信が行ったものです。大隈総長の投げた球は大きくそれたのですが、打者の学生が総長に恥をかかせないようわざと空振りしたことから、それ以来、始球式は空振りをするのが慣例になったということです。大隈重信は、この始球式を行った時、70歳でしたが、外務大臣をしていた51歳の時、爆弾による襲撃を受けて右脚を失っていたので、日本初の始球式をした時も、右脚は義足でした。

高校野球などで、対戦チームが向かい合って一列に並び脱帽・一礼して試合前のあいさつをしますが、これを始めたのは旧制第二高等学校（現・東北大学）野球部だと伝わっています。１９１１（明治44）年、旧制二高のグラウンド（現在の仙台市青葉区の片平公園）で、「東北六県中等学校連合野球大会」が行われた際に初めて行われたとされます。旧制一高から各地の旧制高校などに野球が広がるにつれ、野球に熱中して勉学がおろそかになっているとの野球害毒論が出るようになりました。これに対し、旧制二高の校長が、野球を擁護する立場から、野球の健全さを示す工夫をするよう指示を出し、同高野球部が、「礼に始まり礼に終わる」柔道や剣道にならい試合前あいさつを考えたということです。これが後の全国中等学校優勝野球大会（現在の夏の甲子園）でも採用され、定着しました。２０２３年、仙台市は片平公園に「野球の試合前挨拶発祥の地」の記念碑を立てました[53]。

そして、プロ野球などで優勝したチームが行う胴上げも日本独特のものです。同年のＷＢＣ（ワールド・ベースボール・クラシック）で日本代表が優勝した際、日系人大リーガーのヌートバー選手が初めて胴上げされて驚いたことが報じられていましたが、野球の本場・米国に胴上げはありません。その起源については、江戸時代以来、長野の善光寺で年末に行われる越年儀式の中で胴上げが行われており、これが野球に取り入れられたと考えられています。

野球拳は、大正期に、愛媛県松山の伊予鉄電（現・伊予鉄道）野球部の一行が試合後の宴会で芸として披露したのが始まりだそうです。現在、松山市では、毎年夏に「松山野球拳おどり」という祭りが催されています。

現在の高校の野球部で最古は、青山学院高等部の前身の東京英和学校に1883（明治16）年に創部した野球部です。

地域の少年野球の発祥も明治期であり、秋田県大仙市の神岡地域（現・神岡野球スポーツ少年団）で、明治30年代とされます。

近代スポーツについては、野球の正岡子規以外でも、夏目漱石は東大予備門でボートの選手であり、志賀直哉は学習院高等科（旧制。現・学習院大学）で棒高跳びなどで活躍し、いずれもスポーツ万能でした。

夏目漱石は、後に29歳で旧制第五高等学校（現・熊本大学）の英語教師として赴任した際、同校の端艇部（ボート部）の部長を務めています。東京大学や高等師範学校はじめ高等教育機関でスポーツをした学生が教師となって、旧制の高等学校や中学に部活動を広めました。

そして、第二次大戦後、部活動はさらに大きく広がりました。戦後の民主主義の下で、生徒が目標に向かって互いに協力する活動として教育的価値が見出されました。また、非行防止など生徒指導の観点からの意義も意識されました。

今日、中学・高校の運動部に日本ほど多くの生徒が参加し、青少年スポーツの中心になっている国は珍しいと言えます。名古屋市、浜松市、京都市など、小学校でも部活動が盛んという地域もあります。

欧州などでは地域のスポーツクラブで競技に取り組む国が多い中で、日本の部活動は、放課後の子どもの活動も学校の延長に位置付ける、世界でも稀な学校文化となってきましたが、一方で、教師の働き方改革などの観点から、現在、部活動を地域の活動へ移行させる方向が打ち出されています。例えば、小学校の部活動が盛んだった熊本県では、2018年度限りで、小学校の部活動を地域のスポーツクラブに移しました。部活動のあり方は、大きな転換点に来ています。

夏休み、黒板・チョーク、大学ノート

夏休みを日本で最初に設けたのも、東京大学の前身の一つである東京開成学校とされます。稲作を主体としてきた江戸時代までの日本にはなかった、夏休みをとるという慣習が、外国人教師により移入されました。その後、1881（明治14）年、文部省の小学校教則綱領で、夏季休業日の定めが置かれ、わが国でも欧米をモデルにした夏休みが定着します。

ちなみに、現在の私立開成中・高校は、明治初期に神田に設立された英語学校である共立学校《きょうりゅう》が起源であり、この東京開成学校とは別です。当時、共立学校は、大学予備門進学者のための受験予備校で、正岡子規も学びました。

黒板は、フランスの発祥で、米国人教師スコットが、明治期に、大学南校（東京大学の前身の一つ）に導入したのがわが国における最初だと言われています。そして、師範学校にも導入され、教師

となった卒業生が各地の学校で使い、広めました。黒板はその名の通り、もともとは黒い色でした。戦後になって、昭和30年代以降、光が反射しないよう緑色に加工されたものが普及しました。

チョーク（白墨）も、フランス発祥で、やはり明治期に大阪の業者が輸入したことからわが国に普及しました。

ところで、黒板消し（黒板拭き）のことは、鹿児島、宮崎、愛媛では「ラーフル」と言います。これはオランダ語の「ボロ布」という言葉から来ており、幕末・明治期に入ってきた言葉がいまも使われています。

ノートと言えば、中学生以上は「大学ノート」、小学生は「ジャポニカ学習帳」などがよく使われていますが、その大学ノートは、帝国大学の前にあった文房具店が販売したのが、その名の由来とされます。

原稿用紙が生まれたのも、明治期です。大学予備門、第一高等中学校、帝国大学（いずれも東京大学の前身）に学んだ明治の文豪・尾崎紅葉が東京・神楽坂の文具店「相馬屋源四郎商店」の店頭に積まれた紙の束を見て、マス目を入れることを助言したことから、販売が始まったと言われます。いまも営業するこの相馬屋文具店が「洋紙原稿用紙の発祥」とされます。

話がそれますが、現在の大学ノート、ジャポニカ学習帳は、ともに富山県と縁があります。大学ノートで最大のシェアを占めるのは、コクヨ株式会社（本社・大阪）ですが、創業者は富山の出身です。創業は1905（明治38）年で、大正期に越中（富山）の国の誉れになるようにと、「國誉《こくよ》」という商標を定め、これが現在の社名のもとになっています。

ジャポニカ学習帳を製造・販売するショウワノート株式会社を創業したのも富山県人で、同社は富山県高岡市に本社があります。同学習帳は1970（昭和45）年に発売され、50年以上の歴史があります。表紙の昆虫写真が特徴でしたが、「気持ち悪い」と思う子どもがいるとして現在は花の写真だけになっています。ただ、昆虫もやはり良かったとの声も寄せられていることで話題になりました。[54]

今日、ユニークなノートが使われているのは長野と神戸です。

長野の中学校では、「白文帳」という長野独自の漢字練習帳が使われています。戦前、長野県の教師が考案したもので、一ページに縦18マス、横13マスの234文字の漢字を毎日練習する宿題が出されます。

神戸の小学校では、戦後、「神戸ノート」という独自のノートが使われています。地元の関西ノート株式会社が戦後直後から製造・販売しており、いまはノートの表紙に昭和30～60年代のいろいろな神戸の懐かしい風景写真が使われています。各教科ごとに低・中・高学年用に分かれ、そのほかに、連絡帳、自由帳、百字練習帳などもあります。

さて、ここまで東京大学の前身校がいくつか出てきましたが、ここで、東京大学の沿革を、どのような学校文化を生んできたかを添えつつまとめておきたいと思います。

東京大学の主な沿革と学校文化のかかわり

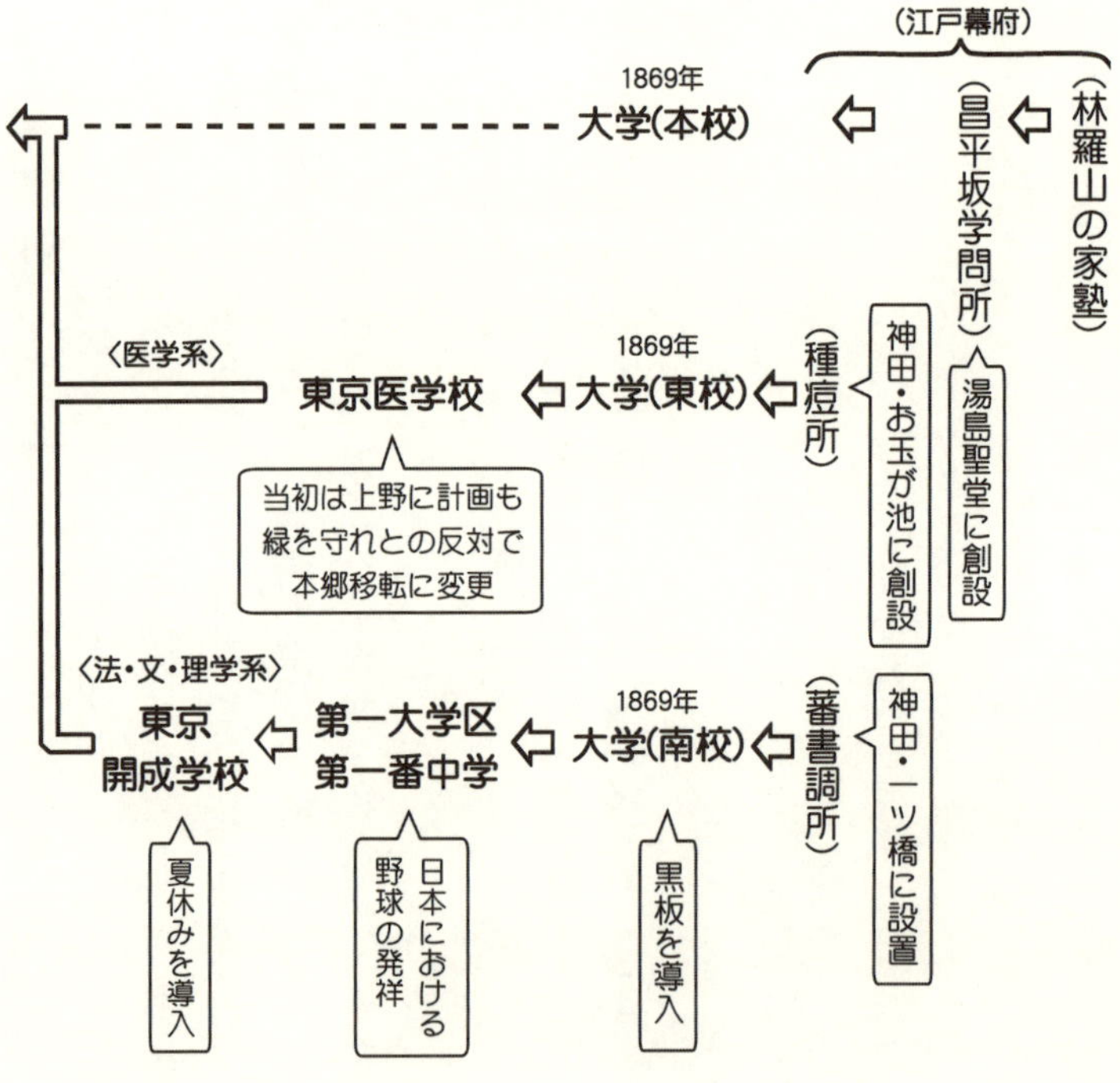

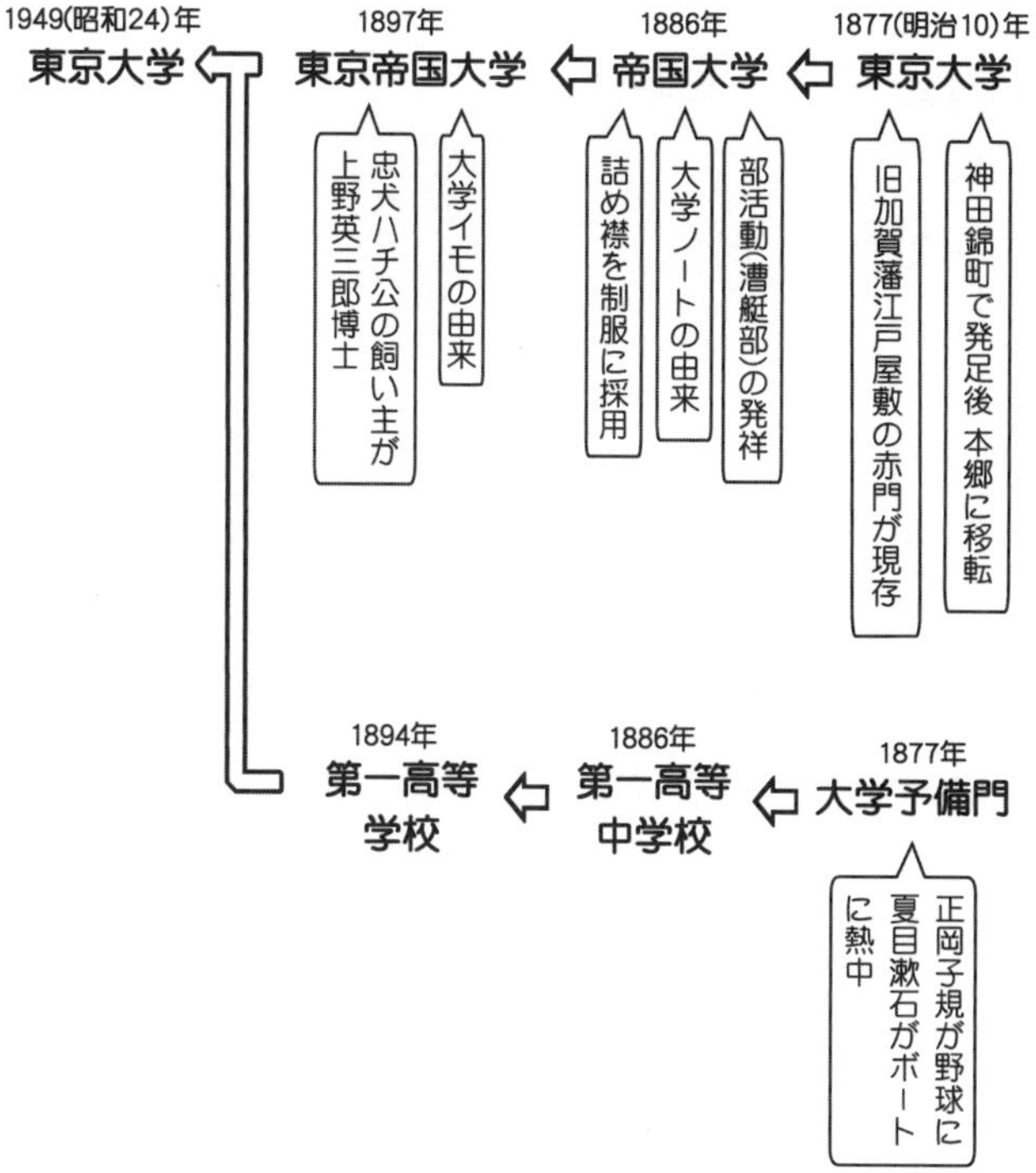
1949(昭和24)年
東京大学
1897年
東京帝国大学
忠犬ハチ公の飼い主が上野英三郎博士
大学イモの由来
1886年
帝国大学
詰め襟を制服に採用
大学ノートの由来
部活動(漕艇部)の発祥
1877(明治10)年
東京大学
旧加賀藩江戸屋敷の赤門が現存
神田錦町で発足後 本郷に移転
1894年
第一高等学校
1886年
第一高等中学校
1877年
大学予備門
正岡子規が野球に 夏目漱石がボートに熱中

東京大学の歴史を刻むマンホールの蓋

筆者が文部科学省の高等教育局に勤務していた時、一緒に仕事をさせていただいた玉上晃さん（現在、国際医療福祉大学常務執行役）は長年大学行政に携わった方ですが、さまざまな大学のキャンパス構内にあるマンホールの蓋《ふた》の写真を収集していて、それを見せていただいたことがありました。特に興味深いのは、戦前の帝国大学（後に東京帝国大学）と旧制第一高等学校を前身とする東京大学の各キャンパス内に残っている、前身校の名称を刻んだマンホールの蓋です。

まず、本郷キャンパス（元加賀藩上屋敷跡、東京都文京区）の安田講堂前には「帝大下水」や「東京帝國大學」の文字を刻んだマンホールの蓋が残っています。マンホールの蓋の交換時期は、車両交通量の激しいところは15年、少ない場所は30

安田講堂前にある「帝大下水」のマンホール蓋

年程度とされていて、戦前の前身校時代のものが残っているのは貴重な遺産です。キャンパス内で車両の通行が少なかったことに加え、安田講堂の攻防（1969年）でも損壊されずに生き延びたようです。

隣接した弥生キャンパス（元水戸藩中屋敷跡）にある農学部は、35年に旧制一高との校地交換によって現在地に移転するまで、駒場キャンパス（同目黒区）にありましたが、今も駒場キャンパスには「農學部計量器」と刻まれた蓋が残っています。余談ですが、渋谷駅の忠犬ハチ公の飼い主だった東京帝国大学農学部教授の上野英三郎博士は、駒場にあった農学部（19年までは農科大学）に渋谷の自宅から通っていました（25年、大学内で急逝）。また同キャンパスでは、校地交換で弥生から移転してきた旧制

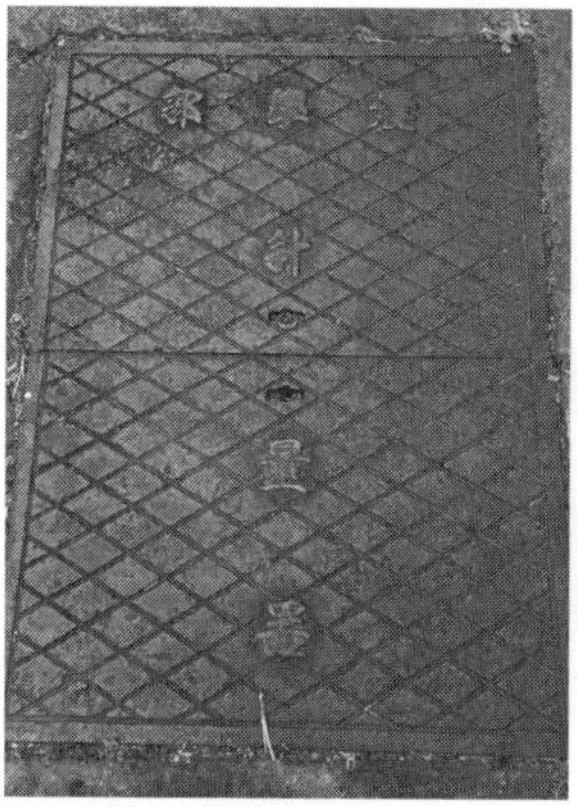

「農學部計量器」のマンホール蓋

「一高下水」のマンホール蓋

一高（49年に東大に統合）の存在を残す「一高下水」「第一高等學校」というマンホール蓋が健在です。駒場地区には、現在のJAXA（宇宙航空研究開発機構）の前身機関の一つであり、東京帝国大学の付置研究所だった「航空研究所」のマンホール蓋も残っています。

さらに、東大医科学研究所がある白金台キャンパス（同港区）には、「傳染病研究所」のマンホール蓋が残っています。同研究所の起源は、1892（明治25）年に北里柴三郎博士が創設した私立の伝染病研究所で、その後国立伝染病研究所として現在地に移転します。1916年に東京帝国大学付置伝染病研究所となり、67年に医科学研究所に改組されました。

「傳染病研究所」のマンホールの蓋

◆高等師範学校から生まれた学校文化
——4月入学、校歌、蛍の光、学校花壇

東京大学と並んで、明治の近代教育制度整備期に創設された教育機関が、フランスの教

員養成機関であったエコール・ノルマル・シュペリウールをモデルとした高等師範学校（現・筑波大学）、女子高等師範学校（現・お茶の水女子大学）、そして各地に整備された師範学校（現在の各県の国立大学教員養成学部）でした。

初代文部大臣の森有礼は、教育の要は「教員其人《そのひと》を得るに在るのみ」であるとして、帝国大学令とともに師範学校令を制定し、高等師範学校（中等教育教員の養成）、師範学校（初等教育教員の養成）の整備に力を注ぎました。

師範学校は、軍人を養成する士官学校、官僚を養成する司法省法学校（現在の東京大学法学部の起源の一つ）とともに、授業料無償とされました。ここからも教師の養成を重視した明治政府の考えが分かります。

すでに述べたように、高等教育機関への進学者として多くを占めたのが、旧士族出身の青年たちでした。旧士族は知識階級であり、その出身者たちが初等中等段階の諸学校の教師になったことにより、学校教育の短期間での普及が可能になりました。これも、江戸幕藩体制が、明治近代化の準備をしたと言える一例です。

高等師範学校などの教員養成機関は、すでに述べたように、「気を付け、前にならえ」の号令、運動会、校内マラソン大会、健康診断の実施など、近代スポーツ普及の牽引役となり、また、修学旅行をはじめとする学校文化を生み出し、それを全国の初等中等諸学校に広める役割を果たしました。そのような例はまだ多くあり、ここでは、それらを見ていきたいと思います。

サッカー、体育、遠足

野球の発祥が東大の前身校であるのに対し、サッカーが競技として始まったのは、東京高等師範学校だとされます。

すでに明治初年、イギリス人の海軍少佐や教師によってサッカーは日本に伝えられていましたが、正規のゴールポストを設置し、競技として練習や試合を行ったのは、明治30年代末、イギリス人教師デ・ハビランドの指導の下、東京高等師範学校が最初だとされています。

同校の卒業生が埼玉、静岡、広島などの師範学校で教壇に立ち、サッカー部が作られ、大正期に入ると旧制中学の生徒の全国大会（現在の全国高校サッカー）が行われるようになります。

日本は、舶来の近代スポーツを「体育」として発展させてきました。高等師範学校校長を務めた嘉納治五郎は「全日本体育協会」（現・日本スポーツ協会）を創設し、初代会長として体育の普及に尽力しました。アジア初のＩＯＣ委員で講道館柔道創始者の嘉納は、「体育の父」「柔道の父」とも称されます。

明治期における近代教育制度の普及の基礎に、江戸期における教育の発達があったことはすでに述べましたが。実は近代スポーツも、すでに江戸期に、藩校、寺子屋、私塾（例えば、江戸には約３００もの剣術の道場がありました）で体育が重視され、米俵を運んだり、古式泳法で泳ぐなど日本的な身体運動による体力育成の土台があったことが、その普及の下地になりました。

遠足が寺子屋などで行楽に行く江戸時代の慣行がもとになっていることはすでに述べましたが、明治期に最初に学校に取り入れたのは、１８９６（明治29）年、高等師範学校の付属小学校（現・筑波大学付属小学校）による「飛鳥山遠足」が先駆的事例とされます。これを嚆矢とし、遠足は明治30年代終わりごろには、広く全国的に普及します。

4月入学制

わが国の4月入学制も、高等師範学校の発祥です。

わが国の学校は、最初は、4月一斉入学ではありませんでした。明治に入って整備された当初の小学校は、それまでの寺子屋や私塾と同じで、入学時期は定まっておらず、子どもによって随時異なる時期に入学していました。また、大学などの高等教育機関は、招へい外国人教師により教育を始めたこともあり、欧米に合わせた9月入学でした。

その後、１８８６（明治19）年に、徴兵令改正により、徴兵適格者（満20歳の男子）の届け出期日が9月1日から4月1日に改正され、優秀な若者を陸軍に先にとられてしまわないようにするために、教員養成の総本山であった高等師範学校が、4月入学に切り替えました。

同年には、会計年度が4月からと決められたこともあり、各師範学校、旧制小・中学校が追随し、1900（明治33）年、小学校令施行規則でも4月入学が規定されました。

このように4月入学制は高等師範学校から始まったのですが、旧制高等学校、大学は、その後も9月入学制を続けており、大学が4月入学に切り替えたのは1921（大正10）年からでした。

わが国の学校の学年は、桜の咲く時期に入学するために4月始まりにしたというわけではなく（ソメイヨシノは、近代に入ってからの新しい種であり、今日のようにまちの随所に植えられ、全国的に普及するのは、大正期以降であり、4月入学導入より後のことです[55]）、ここで見たような曲折を経て結果としてそうなったというのが実際の経緯です。

校歌の始まり

校歌については、渡辺裕氏（東京大学名誉教授）や須田珠生氏（小樽商科大学准教授）の研究があり、大変参考になります。渡辺氏によれば、欧米でも、みんなで歌う学生歌のようなコミュニティ・ソングはありますが、どの学校にもその学校だけの固有の校歌が制定されているのは日本特有です。校訓や校旗、校章、制服があることとも相まってわが国独特の学校文化になっていると考えられています。[56]

校歌の起源は、1878（明治11）年、東京女子師範学校の開校に当たり、明治天皇の皇后（昭憲皇太后）から下賜された歌「みがかずば」だと言われます（須田氏によると、「みがかずば」が正式に同校の校歌になったのは1900年で、それまでは生徒が式典・儀式の際に歌う唱歌だったということです。[57] いわば校歌的な位置付けの歌の発祥ということになると言えそうです）。

その全文は、

「みがかずば　玉もかがみも　なにかせん
学びの道も　かくこそありけれ」

というものです。これは、曲は変わったものの現在も、お茶の水女子大学及び付属小・中・高校全ての校歌の歌詞になっています。

その後、明治30年前後に、まず小学校を中心に校歌制定の動きが盛んになり、次いで、大正期から昭和初期にかけて、第二波として、旧制中学など中等学校以上の学校も含め、校歌制定ブームとも言うべき動きが全国的に起こりました。1907（明治40）年から1945（昭和20）年の間に、官立唯一の音楽学校であった東京音楽学校（現・東京藝術大学）には、456件の校歌作成委託が行われました。[58]

「みがかずば」は、小学生にとっては、文語調の難しい歌詞と言えますが、一般に、校歌の歌詞については、小学校、高校の場合、戦前の尋常小学校、旧制中学校などの時代のものを継承していることがあり、その場合、歌詞が文語調で難解な傾向があります。これに対し、現在の（新制）中学校は、戦後発足した制度で、校歌も戦後つくられているので、どの学校も分かりやすい歌詞が多いと言えます。

一例として、筆者が小学校2年から5年まで通った徳島県鳴門市の林崎《はやさき》小学校の校歌は、大正4年に作られており、その一番は次のような歌詞です。

「ちまたのちりをよそにして　たてる学舎とうとしや
前にそびゆる山のごと　後ろにつづく塩田《はま》のごと
高く広きを心にて　学びのわざを励まし」

小学生の頃、歌詞の意味が完全には分からないまま歌っていました。

「みがかずば」も林崎小学校校歌もそうですが、学校名が入っていないことが戦前の校歌の特徴です。当時の校歌は、応援用ではなく、儀式で歌われるものとされ、参列者にとって校名は周知であることから歌詞に入れる必要はないと考えられていました。

また、「みがかずば」が典型的ですが、明治期制定の校歌には、学びへの心構えなどだけがうたわれ、今なら校歌の定番とも言える学校周辺の自然や歴史を示す言葉は出てきません。これらが校歌の歌詞に登場するようになるのは、大正デモクラシーを背景に郷土教育運動が展開した大正期以降で[59]、右の林崎小学校の校歌には「前にそびゆる山」（妙見山）、「後ろにつづく塩田」がうたわれています。

　旧制中学時代の校歌を継承している高校の例を見ますと、例えば、宮城県仙台第一高校、茨城県立水戸第一高校、静岡県立静岡高校、長野県松本深志高校、福岡県立修猷館高校、熊本県立済々黌《せいせいこう》高校の校歌（修猷館高校は館歌、済々黌高校は黌歌）には、校歌制定時の時代状況を反映して、それぞれ「御国の為につくすべし」「列強と並びて進む帝国」「義勇奉公」「男児《おのこ》栄えあれ」「皇国《みくに》のために」「恩命一下」などの言葉が使われており、現在はその曲番を歌わないという学校もあります。

　岩手県立盛岡第一高校の校歌は、旧制盛岡中学時代の明治43年に制定されており、「軍艦マーチ」のメロディです。同校の校歌は、当時の生徒が主体となって制定されたもので、海軍大臣・米内光政の母校でもあり、抵抗なく採用されたと伝わっています。同校の野球部は昭和43年に夏の甲子園に出場し、一回戦に勝利しましたが、校旗掲揚の際に軍艦マーチのメロディが流れた時には、間違いではないかと球場内がざわついたと言います。

　新潟県立新発田高校の校歌も、旧制中学時代に制定されたものであり、軍歌「勇敢なる水兵」のメロディです。渡辺裕氏によると、大正期前後の校歌には、唱歌、寮歌など他の曲のメロディの転用、いわば替え歌による作曲は比較的よく行われていました。軍艦マーチや軍歌を知る世代は減っていますので、今後は、違和感を感じる人は少なくなっていくだろうと思いますが。

明治期に作られた校歌で、ユニークな例として、信州大学の付属長野小学校（前身は長野県師範学校付属小学校）の校歌が挙げられます。それは「信濃の国」という校歌で、現在の長野県の県歌でもあります。一学校の校歌が県歌でもあるという珍しいものですが、もともとこれは、信濃教育会という教員団体の依頼がきっかけとなり、長野県師範学校（現在の信州大学教育学部）の教師が作詞・作曲し、１９００（明治33）年に成立した唱歌であり、それが戦後の１９６８年に県歌に制定されたものです。

現在、県歌や県民歌は、大阪府、広島県、大分県以外の44都道府県で制定されています。県や市の歌というのは一般の人々にはなかなか知られていないことが多いのですが、長野県歌の「信濃の国」は、小学校で必ず習うため、歌える県民が多く、44都道府県の中では最も県民に浸透している県歌だと言えます。

最近は、「信濃の国」のダンスも作られ、ヒップホップ調などがあり、子どもたちが運動会などで踊ります。

同様に自治体内で人々に浸透している例としては、他に、横浜市歌と秋田県民歌があげ

◇「信濃の国」一番歌詞
信濃の国は十州に　境連ぬる国にして
聳《そび》ゆる山はいや高く　流るる川はいや遠し
松本　伊那　佐久　善光寺　四つの平は肥沃の地
海こそなけれ物さわに　万《よろ》ず足らわぬ事ぞなき
◇横浜市歌一番歌詞
わが日の本は島国よ　朝日かがよう海に
連りそばだつ島々なれば　あらゆる国より舟こそ通え
されば港の数多かれど　この横浜にまさるあらめや
むかし思えばとま屋の煙　ちらりほらりと立てりしところ
◇秋田県民歌一番歌詞
秀麗無比なる　鳥海山よ
狂乱吼《ほ》え立つ　男鹿半島よ
神秘の十和田は　田沢と共に
世界に名を得し　誇の湖水
山水皆これ　詩の国　秋田

られます。

「横浜市歌」は、横浜開港50年を記念して1909（明治42）年に制定されたもので、森鴎外が作詞しています。横浜市の学校では、校歌並みに歌唱指導が行われ、同市出身者ならほとんどが歌えます。横浜市立大学を含め、横浜市の学校では入学式、卒業式では必ず歌われるようです。

プロ野球の横浜DeNAベイスターズの応援でも、特に「されば港の数多かれど　この横浜にまさるあらめや」という部分が勝利ソングとして歌われます。

「秋田県民歌」は１９３０（昭和５）年に作られましたが、これが戦後の１９６８年、明治百年を記念して作られた秋田県吹奏楽曲「大いなる秋田」の第三楽章に組み入れられてから、県内に広く普及し、県民の多くが歌えることで知られる県民歌になりました。[60]バスケットボールＢリーグの秋田ノーザンハピネッツの応援でも歌われます。

長野県、横浜市、秋田県は、県歌・市歌の愛着度が高い三大自治体と言ってよいのではないかと思います。

卒業式、蛍の光、仰げば尊し

卒業式の発祥は、１８７６（明治９）年、陸軍戸山学校であり、明治10年代以降、高等・中等教育機関に広がります。他方、小学校で広く実施されるようになるのは、個人単位で進級判定する等級制の廃止、４月入学制の導入が行われた１９００（明治33）年代です。

有本真紀氏によると、卒業式に「蛍の光」「仰げば尊し」を取り入れたのが最も早かったのが、東京女子師範学校と、音楽取調掛（後の東京音楽学校。現在の東京藝術大学）だとされています。先に普及したのが「蛍の光」であり、それより遅れて「仰げば尊し」が浸透し、両者が対として、明治20年代から卒業式で歌われる伝統ができました。[61]また、新谷恭明氏によれば、小学校の卒業式で「仰げば尊し」を歌ったことが確認できる最も早いものは、福岡県瀬高町（現・みやま市）の高等小学校だということです。[62]

現在、大学の入学式、卒業式で演奏される曲は、高等師範学校を起源とする筑波大学もそうですし、東京大学、京都大学、早稲田大学、慶應義塾大学などかなり多くの大学で伝統的に、ドイツのワーグナー作曲のオペラ「ニュルンベルクのマイスタージンガー」前奏曲が使われています。各大学のオーケストラ部や交響楽団が演奏しています。明治期日本ではワーグナーは西洋音楽を代表する作曲家でした。このことが背景になって、現在まで続く伝統になったと考えられています。[63]

すでに述べた運動会や学芸会などの行事とともに、入学式、卒業式などの儀式は、明治期の近代化の過程で、学校教育の中で大きな位置づけを与えられ、諸外国に例を見ない日本特有の学校文化となりました。それは、変化しつつも、今日に至るまで脈々と受け継がれていると言えます。[64]

学校花壇、動物飼育

学校に欧米の形態の花壇が導入されたのは、明治末の時期ですが、その先駆けとなったのも、東京高等師範学校でした。「学校園」という呼び名で、花壇などを設置し、植物栽培を提唱・実施しました[65]。

なお、学校での動物飼育も、明治後期から始まり、昭和10年代に広がっていきました。学校教育として動物飼育を行う国は日本以外にはほとんどなく、これもわが国独自の学校文化です。現在、8割以上の小学校で動物が飼育されているようですが、最近は、アニマルウェルフェア（動物福祉）の観点や教師の負担などの問題が指摘されるようになっているほか、鳥インフルエンザの問題もあり、減少傾向にあるようです。子どもの動物アレルギーへの対応が求められているという事情もあります。

飼育する動物の種類は、当初から、ウサギ、ニワトリが多かったようです。ただ、今ではごく稀な学校だけになっていますが、かつては、クジャク、ヤギなどの中型の動物も飼育されていました。現在も多いのはウサギ、ニワトリですが、鳥・哺乳類の割合は減少しており、メダカをはじめとする魚類の割合が増える傾向にあります[66]。

ここまで筑波大学の前身校がいくつか出てきましたが、筑波大学についても、その沿革を、どのような学校文化を生み出してきたかを添えつつまとめておきます。

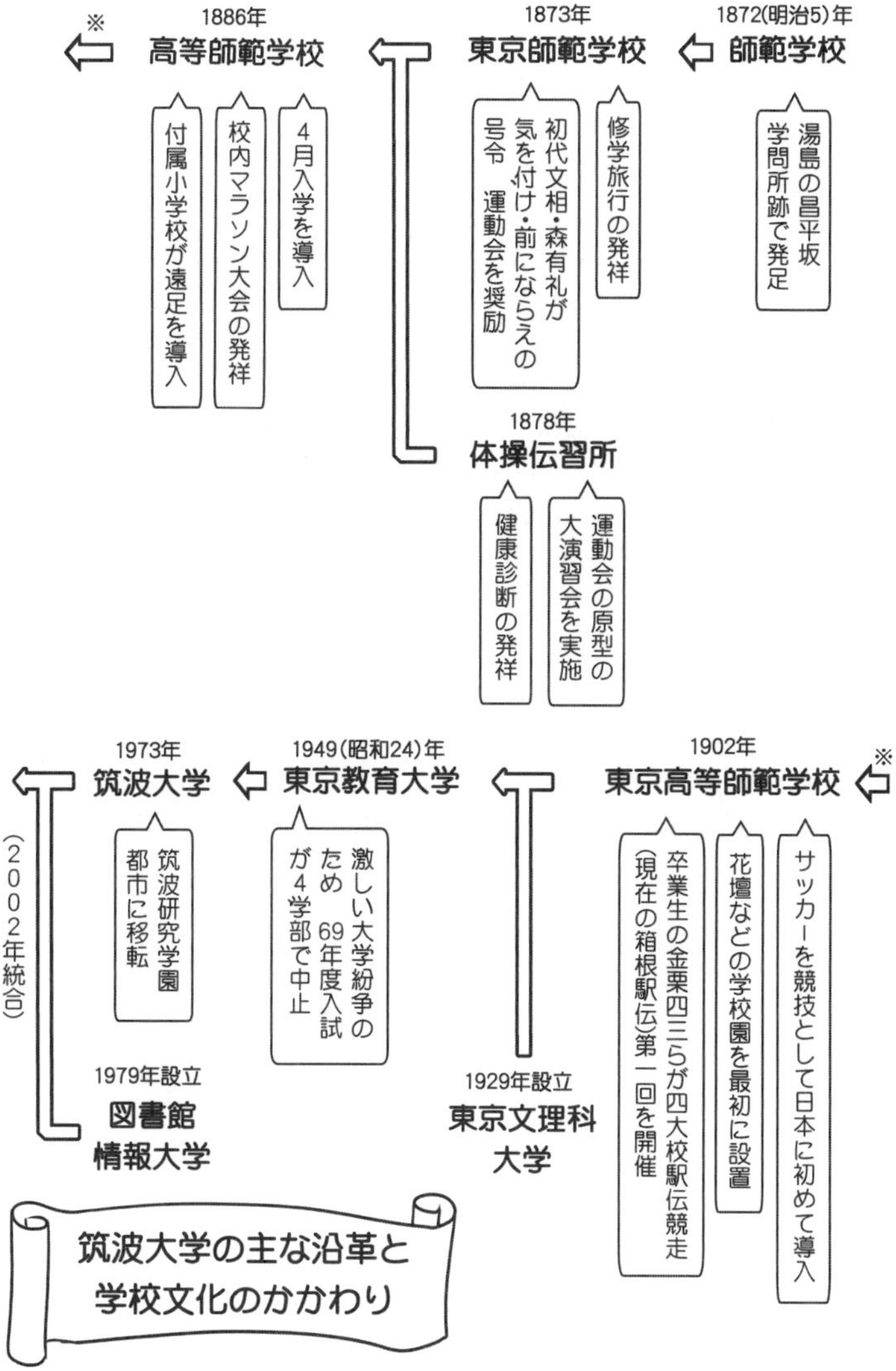
1872(明治5)年
師範学校
湯島の昌平坂学問所跡で発足
1873年
東京師範学校
修学旅行の発祥
初代文相・森有礼が気を付け・前にならえの号令　運動会を奨励
1878年
体操伝習所
運動会の原型の大演習会を実施
健康診断の発祥
1886年
高等師範学校
※
4月入学を導入
校内マラソン大会の発祥
付属小学校が遠足を導入
※
1902年
東京高等師範学校
サッカーを競技として日本に初めて導入
花壇などの学校園を最初に設置
卒業生の金栗四三らが四大校駅伝競走(現在の箱根駅伝)第一回を開催
1929年設立
東京文理科大学
1949(昭和24)年
東京教育大学
激しい大学紛争のため　69年度入試が4学部で中止
1973年
筑波大学
筑波研究学園都市に移転
1979年設立
図書館情報大学
(2002年統合)
筑波大学の主な沿革と学校文化のかかわり

大学の所在地と名称

前述の沿革図にもあるように東京高等師範学校を前身とする東京教育大学は、戦後、新構想大学として筑波研究学園都市に移転し、現在の筑波大学となりました。

東京女子高等師範学校を前身とするお茶の水女子大学は、戦後、新制大学に移行する際、大学名をどうするかが大きな問題になりました。東京女子高等師範学校は、御茶ノ水から大塚に移転した後、新制大学移行を迎えます。すでに私立の東京女子大学があること、所在地が大塚であることから、「東京国立女子大学」「大塚女子大学」などの名称案も検討されたようですが、最終的には、移転前の所在地名をとってお茶の水女子大学となりました。

移転前の地名を大学名としていることでは、一橋大学も同じケースです。東京高等商業学校は、1918（大正7）年の「大学令」によって、東京商科大学となり、関東大震災による被災後、神田・一ツ橋から国立市に移転し、新制大学移行を迎えます。戦後、学生の投票により、移転前の地名をとって一橋大学の校名に決めました。

「お茶の水」「一橋」は、区より狭い地域名を冠している国立大学という点でも共通です。都道府県名を冠する国立大学が多い中で、大学名の点でこの2大学は異色だと言えます。ちなみに、1965（昭和40）年、千代田区の住居表示の見直しで「一ツ橋」の町名が消える計画が出されたことがありましたが、一橋大学同窓会の如水会はこれに対し反対運動を展開し、町名は残ることになりました。
私立大学では、早稲田大学、青山学院大学、駒澤大学などが、区より狭い地区名を冠する例です。

◆札幌農学校、東京音楽学校から生まれた学校文化
──カレーライス、オーケストラ、唱歌

札幌農学校のカレーライス、冬のスポーツ

札幌農学校が設置されたのは1876（明治9）年で、現在の北海道大学はこの年を「創基」年としています。そして、1878年、運動会を定期的に開催した最初が、札幌農学校であることはすでに述べました。東京大学や高等師範学校と並び、明治初期に創設された高等教育機関です。

1868年に洋食メニューとして入ってきたカレーライスは、いまや日本の国民食ですが、札幌農学校の食事に隔日で出されたことが、広く知られるきっかけになりました。同校は洋食を推奨し、「生徒ハ米飯ヲ食スベカラズ。但シライスカレーハ是ニ非ズ」という

寮則があったと伝わります。

その後、東京慈恵会医科大学の創始者である海軍軍医の高木兼寛が、海軍で患う者が多かった脚気《かっけ》の予防のため、白米に偏った食事を改め、軍隊食としてカレーライスを提供しました。それは、日本人の口に馴染むよう改良されて国民的な普及につながりました。いまやカレーライスは日本の食文化をなすものとなり、学校給食でも人気ニューの代表と言ってよいと思います。

1877年、北海道で最初に野球を行ったのも札幌農学校ですが、同校はスケートのわが国発祥の地としても知られます。

同じ年、米国人教師のブルックスによってスケートの指導が行われました。実は日本で初めてスケートをしたのは江戸時代の1792年、通商を求めて根室に来たロシア人使節で陸軍中尉のラックスマンであったとされますが[67]、本格的に指導したのは、札幌農学校のブルックスだとされています。

スキーは、それよりだいぶ遅く、1908（明治41）年に、札幌農学校を引き継いだ東北帝大農科大学（現在の北海道大学農学部。東北帝大の分科大学として設けられたのち北海道帝大となる）でスイス人ドイツ語講師のコラーが伝えたのがわが国の最初だと言われます。

しかし、これは本格的な指導には至っていなかったようで、日本スキー発祥記念館があるのは新潟県上越市です。1911年に、当時のオーストリア・ハンガリー帝国のレルヒ少佐がスキーの指導をしたとされ、こちらが本格的な指導の最初と見なされています。

現在、北海道、新潟のほか、長野などでもスキー授業を行う学校が少なくありませんが、最近は減少傾向にあるようです。長野県白馬村の白馬南小学校の裏山には専用スキー場が、白馬北小学校校内には専用のスキージャンプ台があります。また、長野県小諸市の水明小学校や栃木県日光市の鬼怒川小学校の校内、岐阜県郡上市の小川小学校の校区には、冬になると、地域の人などによって学校専用のスケートリンクが作られるということです。

西洋芸術の移入 ― 東京音楽学校・東京美術学校

明治期、西洋芸術を取り入れる牽引役になったのも高等教育機関でした。

明治政府は、西洋音楽の調査と人材育成のため、後の東京音楽学校、現在の東京藝術大学（音楽学部）の起源に当たる音楽取調掛を1879（明治12）年、設立しました。現在の東京大学本郷キャンパスの正門付近にありました。

日本初のオーケストラの演奏は、音楽取調掛の伝習生（期間一年の学生）が1881年に行ったものとされます。

また、日本初のアマチュア学生オーケストラは、慶應義塾のワグネル・ソサィエティー・オーケストラで、1901（明治34）年の結成です。ワグネルとは、ワーグナーのことで、戦前期には西洋音楽を代表する作曲家でした。日本初のオペラは、1903年、東京音楽学校における「オルフォイス」の上演でした。

西洋音楽導入の中心となったのが、音楽取調掛の掛長、東京音楽学校の初代校長を務めた伊澤修二です。伊澤は日本初の五線譜による音楽教科書『小学唱歌集』を作り、唱歌の教育を進めました。

江戸時代までの日本には、人々が集まって一緒に歌うという習慣はほとんどなかったと言います。

実際に唱歌教育が全国に浸透するには明治末頃まで時間を要したものの、明治政府は、国家体制整備のためにやるべきことが山のようにある中で、非常に早い時期から、音楽が「国民」意識を確立するうえで果たす役割に着目し、西洋音楽の移入に取り組みました。東京音楽学校への出費を批判する議論が帝国議会で起きたこともあったと言いますが、同校は維持存続しました。

明治政府は1885（明治18）年には、図画取調掛も作りましたが、これは後に東京美術学校となり（草創期に校長を務めたのが岡倉天心です）、現在の東京藝術大学のもう一つの前身に当たります（現・美術学部）。当時、音楽と美術ともに国民国家建設という共通の目的を持ったものでした。[68]

東京美術学校では、岡倉天心、フェノロサ、横山大観など毛筆画、日本画を推す派から、黒田清輝をはじめとする西洋画やデッサンを進める派への勢力交代があり、これにより、西洋のヌード芸術も移入され、東京美術学校は、わが国でヌードデッサンを初めて行ったところとなりました。わが国の音楽教育や美術教育の基礎はこうして明治期に作られました。

楽器と言えば、浜松であり、ヤマハ、河合楽器をはじめとする楽器メーカーが集積していますが、そのきっかけは明治期の小学校での出来事でした。

ヤマハは、創業者の山葉寅楠が、１８８７（明治20）年に浜松尋常小学校（後の旧・浜松市立元城小で、浜松城二の丸跡にありました。現在は移転し、小中一貫校・浜松中部学園になっています）にあった壊れた米国製オルガンを修理したことがきっかけとなって、初の国産オルガン（風琴）の製造を実現し、山葉風琴製造所（現在のヤマハ）を創業しました。高価だった輸入オルガンに代わって安価な国産オルガンが全国の学校に広まり、西洋音楽の普及に貢献しました。

また、後に河合楽器を創業する河合小市は、山葉寅楠に弟子入りし、１９００年に初の国産アップライト・ピアノを、02年に同じく初の国産グランドピアノを製造しました。この頃作られたヤマハのピアノのうち、東京都港区の旧氷川小学校（93年に閉校）や奈良女子高等師範学校（現・奈良女子大学）で使用されたものがいまも現存しますが、ピアノも、学校から普及していきます。こうして浜松が「楽器のまち」になっていくわけですが、きっかけは、尋常小学校のオルガン修理だったのです。

戦後、ピアノは家庭にも普及します。日本はピアノ普及率が世界的にも高い水準にあり、ピアノ生産台数も世界一となっています。

今日、学校内の合唱コンクールなどで、クラスにピアノ演奏のできる子がたいてい一人はいたりするのですが、こうしたことは日本以外ではないことのようです。

学園祭の始まり —— 東京外国語大、東京農業大

最も歴史のある学園祭（大学祭）は、東京外国語大学の「外語祭」と東京農業大学の「収穫祭」とされ、やはり明治期までさかのぼります。

東京外国語大の外語祭の起源は1900（明治33）年に始まった「講演会」で、戦後の1955（昭和30）年に現在の名称になりました。

東京農業大の収穫祭の起源は1905年に「運動会」という名前で始まったのですが、1941（昭和16）年に収穫祭となりました。同大応援団の有名な大根踊りは、収穫祭の宣伝のために戦後直後から行われています。

なお、東京外国語大学は、1873（明治6）年建学の旧東京外国語学校（その後、東京大学、東京商業学校に移行）を起源としますが、直接の前身は1899（明治32）年に再び独立した東京外国語学校です。また、東京農業大学は91年、旧幕府の海軍副総裁であった榎本武揚が創設した徳川育英会育英黌農業科を前身としており、農学専門の初の私学として設立された伝統校です。

両校とも、創設の早い時期から今につながる学園祭を始めており、戦災などでの中断はありましたが、外語祭は１００回、収穫祭は１２０回を超える開催を誇ります。

小学校の学芸会の起源が明治期にあることはすでに述べましたが、大学の学園祭（大学祭）も明治期に起源があるのです。これに対し、現在の中学・高校の文化祭（学校祭）の嚆矢は大正期であり、本格的に普及したのは戦後のことです。

◆女子教育の始動　——私学、ミッションスクールの貢献

女子高等教育の始まり

戦前は、女子のための官立高等教育機関は、東京女子高等師範学校（現・お茶の水女子大学）、奈良女子高等師範学校（現・奈良女子大学）と、男女共学だった東京音楽学校（現・東京藝術大学）に限られました。初の女性国立大学長は、丹羽雅子・奈良女子大学長（被服学）で、ようやく１９９７（平成９）年になってからです。

これに対し、女子高等教育の創始に私学が果たした役割は大きく、明治期に多くの先駆的な女性教育者が貢献しました。代表的な例を挙げると次の通りです。

・津田梅子（江戸出身）が創設した女子英学塾（現・津田塾大学）。津田は日本で初めて米国に留学した女性5人の1人で、2024年7月に登場した新5千円札の顔となりました。

・広岡浅子（京都出身）が協力し、成瀬仁蔵が創設した日本女子大学校（現・日本女子大学）。米国流の単位制を最初に取り入れました。創立委員会のトップに大隈重信が就き、渋沢栄一も第3代校長を務めました。

・アリス・J・スタークウェザーが新島八重（会津出身。新島襄の妻）と始めた女子塾（現・同志社女子大学）

・鳩山春子（長野県松本出身。鳩山一郎元首相の母、鳩山由紀夫元首相・鳩山邦夫元文相の曾祖母）らが創設した共立女子職業学校（現・共立女子大学）

・下田歌子（岐阜県岩村出身。歌人。元華族女学校教授。恵那市が短歌を表彰する下田歌子賞を設けています）が創設した実践女学校（現・実践女子大学）

・横井玉子（熊本藩支藩出身・江戸生まれ）が創設した女子美術学校（現・女子美術大学）

・吉岡彌生（静岡県掛川出身。掛川市に吉岡彌生記念館があります）が創設した東京女医学校（現・東京女子医科大学）

こうした先駆的女性教育者と並んで女子高等教育に貢献したのが、キリスト教系の学校です。明治期から高等教育段階の女子教育を行った例として、米国メソジスト監督教会が創設し発展した青山女学院（現・青山学院大学、同女子短期大学）、米国伝導会による神戸の英和女学校高等科（現・神戸女学院大学）をあげることができます。

ただし、以上の女子教育機関はいずれも戦前期には、旧制の専門学校であり、大学の位置付けではありませんでした。

なお、日本女子大学校の広岡浅子は、２０１５年のＮＨＫの朝ドラ『あさが来た』の主人公・白岡あさのモデルとされ、同志社女子大の前身の女子塾は13年の大河ドラマ『八重の桜』で描かれました。

女子のための中等教育機関

中等教育段階においても、女子教育の先駆をなしたのが私学であり、特にキリスト教系の私学が大きな貢献をしました[69]。キリスト教系の女学校は、全国各地に設立され、宣教師が新しい人間観や社会観、西洋の文化をもたらしました。

明治初期以来の長い歴史を持つ例を挙げると、次の通りです。

・メアリー・Ｅ・キダーが、Ｊ・Ｃ・ヘボン（ヘボン式ローマ字の考案者。明治学院を創設）の塾を引き継ぎ、横浜外国人居留地で始めた英語塾（１８７０〈明治３〉年設立、日本

最古のミッションスクールの一つ。現・フェリス女学院）

・築地外国人居留地に設置され、日本人による明治以降最初のクリスマスを祝い、日本初のサンタクロースが現れたとされるA六番女学校（1870年設立、日本最古のミッションスクールの一つ。現・女子学院）

・同じく築地居留地にフランスのサンモール修道会が創設した築地語学校（現・雙葉学園）

・米国伝導会が神戸に設立した女学校（のち英和女学校。現・神戸女学院）

・米国聖公会のC・M・ウィリアムズが創設した立教女学校（現・立教女学院）

・フランスのシャルトル聖パウロ修道女会が創設し、森鴎外や西園寺公望の娘も通った女子仏学校（現・白百合学園）

・カナダ・メソジスト教会のマーサ・J・カートメルが創設し、2014年の朝ドラ『花子とアン』のモデルとなった東洋英和女学校（現・東洋英和女学院）

・フランスのカトリック女子修道会の聖心会が創設した聖心女子学院

キリスト教系以外で積極的な教育活動を行っていたものとして、跡見花蹊（大坂出身）が創設した跡見女学校（現・跡見学園）があり、主に上流階級の女子が在学しました。「ごきげんよう」のあいさつ発祥の学校とされ、いまも授業の始まり、終わりをはじめ校内でのあいさつは「ごきげんよう」が基本です。跡見女学校のあいさつは他校にも広がり、都内の他の女子中・高校の中にも「ごきげんよう」のあいさつが行われている学校があります。

また、先述の下田歌子が創設した実践女学校の中等部があります。同校は、上流階級に限らず、広く一般の女子に対する教育を目的に掲げました。

さらには、戸板関子が創設した戸板裁縫学校（現・戸板学園）、渡辺辰五郎が創設した東京裁縫女学校（現・東京家政大学）、嘉悦孝が創設した女子商業学校（現・嘉悦学園）、山脇玄・房子夫妻が創設した山脇高等女学校（現・山脇学園）などが女子教育に貢献しました。

これらは中等教育からスタートしたわけですが、そのうち、実践女学校は明治期より高等専門学部を、神戸女学院は高等科を置いて

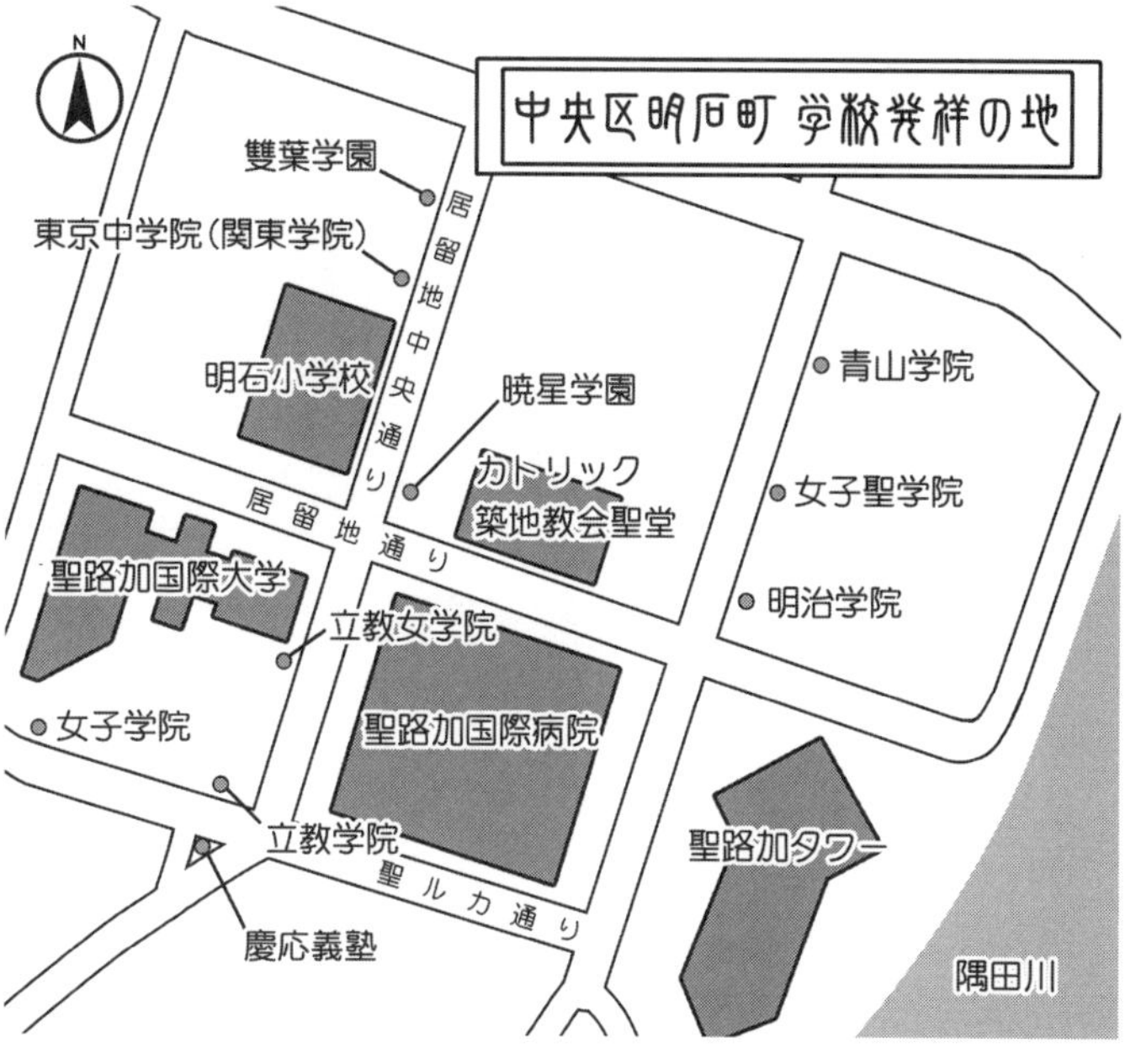

いましたし、大正期に、聖心女子学院、東京裁縫女学校は、旧制専門学校を設置しそれが戦後に大学になったほか、フェリス女学院、立教女学院、東洋英和女学院、跡見学園、戸板学園、嘉悦学園は、戦後、大学や短期大学を設置しています。

右に見たように、現在の女子学院、雙葉学園のルーツは、築地外国人居留地にありますが、同居留地のあった現在の東京・中央区明石町は、立教学院、明治学院、青山学院、関東学院などのミッションスクールの前身機関や、慶應義塾の前身の蘭学塾が開設された地でもあり、それらの発祥地を示す碑が集中して立てられています。後にこれらはいずれも移転しますが、ミッション系の聖路加国際病院付属高等看護婦学校を前身とする聖路加国際大学が、現在も築地居留地跡に立地しています。

公立の女学校

以上の私学に対し、公立の女学校の最初は1872（明治5）年、京都に設立された「新英学校及女紅場《にょこうば》」（後の京都府立第一高女。現・府立鴨沂《おうき》高校）です。これは、華士族の子を対象にした英学校と女子が手仕事の技術を習得する女紅場を併設したものでした。この学校は5摂家（藤原道長の系統で、家格が高いとされる5つの公家）である九条家の別邸で開校しており、その表門が移築され現在の鴨沂高校の校門になっています。旧制京都府立第一高女は、当時、全国から生徒が集まる学校でした。現在、鴨沂高校には、公家や幕臣が所蔵した古典籍など歴史資料が多数あり、学校が保有する資料としては日本屈指と見られています。

県立で最も早く設置された女学校は、1875（明治8）年設立の栃木女学校（後の宇都宮高女。現・栃木県立宇都宮女子高）でした。当時、北関東は養蚕業の一大産地であり、その担い手であった女性の社会進出が進んでいたことが、公立の女学校設置が早かった背景として指摘されています。

官立はごくわずかで、1882（明治15）年に、後に平塚らいてうも学んだ東京女子師範学校付属高等女学校（現・お茶の水女子大学付属高校）が創設されたほか、当時は宮内庁所轄だった華族女学校（現・学習院女子中・高等科）が85年に設立されました。

私立の女学校は、自由な学科と教育方法を実施するため、制度的には自由度の高い各種学校の位置付けが多かったのに対し、官公立の女学校は99年に設けられた高等女学校の制度に位置付けられ、整備されていきます。各府県は高等女学校を一校は設置することが義務化されました。

女子サッカー発祥の地とされるのは、丸亀高女（現・香川県立丸亀高校）で、女学生がサッカーをしていたことを示す明治期の記録や大正期の写真が残されているとのことです。

このように明治期に女子教育が始動しますが、いずれも女学校であり、男女共学は、大正期に一部の学校が踏み切りますが、本格的に進むのは戦後を待つことになります。

◆独立・自由・権利の思想

――「大学の街」神田と京都

西洋の思想の移入、私学の建学の精神

明治期は、新しい西洋の思想を取り入れた時代でしたが、この面でも重要な役割を果たしたのが私学でした。

政府に参加しなかった知識人には、私学を創設し、民の立場から教育の普及に貢献した者が多くいました。

今日、総合大学として発展している私立大学の中には、明治期に創設された法律学校に由来する大学があり、その建学の精神として、在野の精神を表し、「自由」「独立」「権利」「個」など当時の進んだ思想をうたうものが多く見られます。

例えば、早稲田大は「学問の独立」、明治大は「権利自由、独立自治」「個」、法政大は「自由と進歩」、立命館大は「自由と清新」を建学の精神の中で掲げています。また、関西大は「正義を権力より護れ」です。

法律学校系以外でも、蘭学塾起源の慶應義塾大が「独立自尊」、キリスト教系の立教大が「自由の学府」を掲げています。

「自由」「権利」「独立」などの語については、わが国へのこれら概念の移入の最大の貢献者は、福澤諭吉です。

「自由」「権利」は、福澤諭吉が1866（慶應2）年に著した『西洋事情』がその考え方の普及に大きな役割を果たしました。これは15万部も発行され、大きな影響力を持ちました（「権利」の訳語自体は、西周によるもので、福澤は「権理」「通義」などと訳しました）。

そして、福澤諭吉が最も重視したのが「独立」の精神でした。明治初期まで「独立」という言葉は日本語として定着したものではなかったようです。福澤が、22万部のベストセラーとなった『学問のすゝめ』の中で、「一身独立して一国独立す」の主張をはじめとして「独立」と

中央区明石町にある慶應義塾の記念碑

いうことを強調しました。彼の言う「独立」の精神とは、自由や権利も含み込んだ、意味の深いものだったと考えられています。福澤の主義、思想を集約した表現として、彼の高弟たちが表した言葉が「独立自尊」であり、慶應義塾の建学の精神になっています。「正義」という言葉も、現在の意味での言葉として定着するのは、幕末から明治にかけてと言います。ちなみに「平等」という言葉も、もともとは無差別という意味の仏教語でしたが、明治以降、法的な意味の言葉になりました。

こうした西洋近代思想を代表する概念が、法律学校系をはじめとする私立大学の建学の精神になっているわけです。さらには、国立大学でも、京都大の「自由の学風」のように、創設の理念に掲げる例があります。

こうした自由主義、個人主義などの福澤の思想は、第二次大戦中は敵国の思想であるとして批判を受けましたが、戦後、民主主義国家の基本思潮として復権し、その先見性が確認されることになります。

加えて、慶應義塾大学には、明治初期建設の重要文化財である「演説館」が移築・修復を経て現存します。「演説」も、もともとは仏教語で、仏教者による講義や説教という意味の言葉でしたが、『学問のすゝめ』で福澤諭吉が「スピーチ」の訳語としてこの言葉を充てました。不特定大勢の前で意見を発表し、公共の空間で議論するという習慣はそれまでの日本では一般的ではありませんでした。維新後、暴力が色濃く残っていた時代に、言論で立ち向かおうとした福澤がその重要性を説き、わが国への移入に尽力しました。ディベートの訳語として「討論」の言葉を充てたのも福澤です。

福澤は、明治期最大の思想家と言え、明治政府にもいろいろと知見を提供していました。一時期、政府は三田にあると言われたこともあったそうです。翻訳の天才とも呼ばれた彼は、「授業料」「動物園」「漫画」といった言葉を使い始めたほか、「乳母車」を米国から持ち帰ったり、「生命保険」を紹介したりしたのも福澤だと言われています。

なお、福澤諭吉は、1984（昭和59）年以来、40年間、1万円札の顔を務めましたが、2024年7月からの新紙幣の3人も、いずれも大学文化史上の重要人物です。すなわち、1万円札の渋沢栄一は、東京高等商業学校（現・一橋大学）、日本女子大学校（現・日本女子大学）への援助を行い、漢学塾・二松學舎（現・二松學舎大学）の第3代舎長を務めました。5千円札の津田梅子は津田塾大学、千円札の北里柴三郎は北里大学に、それぞれ名を残す大学創設者です。

学生街・神田の誕生

明治期に法律学校として発足した明治大、法政大、中央大、専修大、日本大の5大学は、当時、いずれも東京の神田にありました。明治大、法政大はフランス法系、中央大、専修大は英米法系、日本大は非外国法系の法律学校を起源としています。

西洋列強に対して、法体系が日本に根づき、不平等条約における治外法権がもはや必要のないことを示すことが重要課題だった明治の人々にとって、法律は、最も関心の高い学問であり、時代の要請を反映した分野でした。人文系や理系は主に官立に任せ、法科や経済の実学をこれら私学が担いました。

今も「神田5大学」と言われますが、こうした建学の由来に基づくものです。

神田は、なぜ大学が集中する街になったのでしょうか。

神田の西部（駿河台、小川町、錦町、神保町、三崎町、一ツ橋などの地域）は、神田5大学だけでなく、東京物理学校（現・東京理科大学）、共立女子職業学校（現・共立女子大学）が創設された地であることに加え、東京大学（現在の学士会館の地で発足）、東京外国語学校（現・東京外国語大学）、東京高等商業学校（現・一橋大学）など官立学校の発足の地でもあります。すでに見たように、華族学校（現・学習院大学）も設立されました。

神田の西部地域は、旧武家地でした——神田でもすぐ隣の東部地域は町人地、つまり下町でした——が、幕府の崩壊により、武家や旗本が国元に帰るなどして屋敷地が払い下げられました。これらは大名、旗本の江戸屋敷跡であったことから、土地の区割りが大きく、教育機関の設置に向いていたということです。

武家地であったことを示す一例として、東京大学発祥の地である神田錦町の現在の学士

順天堂大学
神田川
東京医科歯科大学
お茶の水女子大学
発祥の地
筑波大学 発祥の地
湯島聖堂
東京国立博物館
発祥の地
JR御茶ノ水駅
明治大学
法政大学 発祥の地
日本大学理工学部
日本大学歯学部
明大通り
中央大学
駿河台キャンパス
神保町駅
神保町古書店街
三省堂書店
神田・湯島・御茶ノ水
共立女子大学
日本野球 発祥の地
学士会館
東京大学 発祥の地
一橋講堂
東京外国語大学 発祥の地
一橋大学 発祥の地
学習院 開校の地

会館付近は、もともと上州・安中藩の江戸藩邸があったところで、「新島襄先生生誕之地」の碑もあります。また、神田神保町は、旗本・神保家の屋敷があったことが町名の由来になっています。

加えて、神田は、もともと江戸時代から文武の私塾が多数――ある部分は、いわば〝商売〟として――開かれていた地域でもありました。幕府の洋学教育機関である蕃書調所も神田小川町に作られ、幕末には移転して一ツ橋に置かれていました（後に開成所と改称、東京大学の起源の一つになります）。このように明治維新以前から文教エリアとしての素地があったのです。

明治に入り創設された私立の各教育機関には、本郷に創設された帝国大学から非常勤講師が出講しましたが、神田はその距離の近さの点でも地の利がありました。

現在、神田には、東京大学、東京外国語学校、法政大学、学習院（華族学校）などの発祥・開校の地の碑があります。当時、学生（書生）の下宿屋も多くでき、学生街発祥の地とも言えます。

いまも、明治大学と専修大学のメインキャンパス、日本大学の法学部、共立女子大学、東京歯科大学（前身の東京歯科医学院が明治30年代に神田に移転）は神田にあり、中央大学も2023年、駿河台キャンパス（ロースクール、ビジネススクール）を設け一部が神田に戻ってきました。

大学の街、学生の街であったことから、明治10年代より古書店ができるようになり、今や、世界でも例のない規模（ピーク時よりは減ったものの、現在も約１２０店）の古書店街に発展しました。神田神保町の古書店街の中心部は、第二次大戦末期の空襲でも奇跡的に焼け残りました。

老舗の大手書店・出版社のうち、有斐閣は、法律書の専門出版社として神田一ツ橋に開業した書店第1号でした。三省堂書店は明治期に、また、岩波書店は大正期に、いずれも神田神保町で開業した古書店を起源としています。岩波書店、小学館、集英社は、一ツ橋の東京商科大学（現・一橋大学）移転後の旧校舎を社屋としていた時期があります。明治に入るまでは、浮世絵や絵草紙など江戸での出版の中心は日本橋や京橋でしたが、こうして、明治以降、有斐閣、三省堂書店、岩波書店、小学館、集英社などが、神田神保町・一ツ橋エリアに本社を持ち、本にかかわる多くの職種が集積するに至っています（三省堂書店本店ビルは２０２２年から改築中で、仮店舗に移転中）[70]。

加えて、現在は日暮里にある私立開成高校の前身の英語塾・共立学校や、現在は永田町にある都立日比谷高校の前身の府立第一中学も、当時は、神田にありました（府立第一中学は１８９９〈明治32〉年に日比谷に、１９２９年に現在の永田町に移転します。現在の校名は、現在地の前の所在地名から来ています）。

神田エリアから神田川を挟んだ対岸が湯島であり、神田川両岸地域の通称が御茶ノ水です。湯島には、江戸幕府によって湯島聖堂が作られ、後に昌平坂学問所（昌平黌）が創設されました。湯島聖堂は、国の史跡に指定されており、昌平坂学問所は、東京大学につながる流れの一つになります。

神田界隈が学業、書籍の街になった要因には、この湯島聖堂、そして昌平坂学問所が神田川を隔ててすぐ近くであったことが大きかったと見られます。

明治以降も、湯島聖堂の地には1871（明治4）年に当時の文部省が置かれたほか、同地は、現在の東京国立博物館や国立国会図書館の前身機関の誕生の地でもあります。

また、湯島聖堂の隣接地（現在の東京医科歯科大学の敷地）で、師範学校（後に東京師範学校。現・筑波大学）、東京女子師範学校（現・お茶の水女子大学）が発足します。日本初の幼稚園である東京女子師範学校付属幼稚園も開設されました。

湯島は、文部省、博物館、図書館、師範学校などが次々に生まれては別の土地に移設されてきており、日本の文教施設のゆりかごのような地でした。

医学塾・順天堂（現・順天堂大学）も1875年、佐倉から湯島に移転しました。

現在、湯島聖堂内やその周囲にある掲示に「近代教育発祥の地」と書かれています。神田・湯島・御茶ノ水地域は、江戸における、そして明治後の日本における知の中心であり、今風に言えば学園都市あるいは文教地区としての歴史を持ち続けてきたと言えます。

神田と湯島の間には神田川が流れていますが、もともと北側の湯島台と南側の神田山（駿河台）とは地続きの台地でした。ここを、江戸初期、徳川家康の命で深く掘って江戸城の濠とし、神田川の水が通されました。こうして台地を掘って、人工の渓《たに》ができたわけですが、その景色は美しく、「茗渓《めいけい》」と称されるようになりました。[71]「茗」はお茶の意味です。江戸時代、この付近から、将軍家の茶の湯用の水をとっていた湧水が出ました。御茶ノ水の名はそこから来ています。

東京高等師範学校・東京教育大・筑波大の同窓会は、「茗渓会」と言い、教育界で影響力を持っていますが、「茗渓」とは、師範学校発足の地（昌平黌跡）付近の神田川の渓の別名（美称）だというわけです（ちなみに、西の高等師範だった広島高等師範学校・広島大の同窓会は「尚志《しょうし》会」であり、これは『孟子』の「志を尚《たかく》す」から来ています）。

東京高師のボート部はこの神田川で漕艇しており、ボートの名前は「茗渓」「昌平」だったそうです。なお、現在、東京大、筑波大、明治大、法政大、中央大、日本大といった神田・湯島を発祥地とする大学をはじめとしてボート部員の合宿所などが集積し、大学ボート部のメッカとなっているのは、埼玉県の戸田漕艇場です。

楽器店街、スポーツ店街としての神田

昭和のフォークソングに、ガロの「学生街の喫茶店」がありますが、その舞台は御茶ノ水・神田周辺だとの説があります（異説もありますが）。

御茶ノ水・神田界隈は、昭和初期以来、楽器店街でもあります。現在、楽器店の数は約50に上ります。大学の音楽系サークルなどの学生にとって楽器店は不可欠です。

同時に、神田はスポーツ店街でもあります。スポーツは近代文明の一分野でもあり、競技スポーツを支えるのは、近代精神や科学精神です。神田がスポーツの街になった背景には、ここが近代高等教育機関の発祥地であったことが深くかかわっています。

神田には、明治初期、米国人教師ウィルソンが野球を伝え、わが国における野球発祥の地とされる第一大学区第一番中学（東京大学の前身の一つ）がありました。また、東京英語学校（後の東大予備門、旧制第一高等学校）もあり、そこでは英国人教師ストレンジがボート、陸上競技などを指導し、スポーツマンシップを伝えました。青山霊園にあるストレンジの墓碑には、「日本の近代スポーツの父」と刻まれています。

また、神田・一ツ橋には体操伝習所が設けられ、体育教授法の研究、体育教師の養成が始められました。日本で最初の健康診断を行ったのも体操伝習所であり、その後、湯島に設けられた高等師範学校に統合されますが、同校は、嘉納治五郎（講道館柔道創始者、全日本体育協会初代会長、アジア初のIOC委員）が校長を務めたことや、箱根駅伝の生みの親

である金栗四三（日本初のオリンピック選手）らが学んだことで知られます。

わが国の近代スポーツは、大学スポーツとして導入され、発展してきました。正岡子規、夏目漱石、志賀直哉といった明治の文豪が、東京大学や学習院大学の前身機関の学生だった時、野球、ボート、陸上の熱心なスポーツ選手であったことはすでに述べました。

このような歴史を持つ神田・湯島周辺は、わが国の「近代教育発祥の地」であると同時に、「近代スポーツ発祥の地」でもあるわけです。[72]

そして、1912（明治45）年には、大阪で創業した美津濃商店（現在のミズノ）が神田に東京支店を構えました。その後、戦後にかけて、他のスポーツ専門店の進出や他業種からスポーツ店への移行が相次ぎ、神田小川町から神保町の地域は、ミズノ、ミナミ、ヴィクトリアはじめ約50ものスポーツ店が集積するスポーツ店街になりました。

日本初の室内温水プール付きの総合体育館を建設したのは、東京ＹＭＣＡで、1917（大正6）年ですが、これも神田美土代町に作られました。[73] 当時は他に温水プールがなく、オリンピック水泳選手もこのプールで練習したとのことです。

もう一つの文教エリア・上野

今日、文教エリアと言うと上野周辺も思い浮かびます。これには以下のような経緯があり、神田ともかかわりがあります。

東京大学は、神田から本郷に移った後に帝国大学となりますが、当初、文部省は、上野一帯に大学を整備する構想を持っており、まず大学東校の付属病院（現・東大医学部付属病院）を上野に建設することを計画していました。

しかし、森や街の緑を大切にするオランダからの招へい外国人医師のボードワン博士が上野の緑を潰すことに反対しました。このため、候補地が変更され、神田からの移転先が本郷の加賀藩・前田邸跡地になったという経緯があります。

上野の地は、徳川将軍家の菩提寺である東叡山寛永寺の広大な境内地でした。幕末に、新政府軍と旧幕府軍（彰義隊）との戦いの地となった後、この敷地は、当時の文部省のみならず、陸軍はじめ他の省も利用を希望し獲得に名乗りを上げました。最終的には、寛永寺の敷地を10分の1に縮小し、大部分を国が召し上げ、上野公園にしました。

同地には、現在の東京国立博物館（1872年、官設博覧会を機に湯島聖堂で発足した後に上野に移ります。帝室博物館と称した大正期には森鴎外が総長を務め、コレクションの充実を図りました）や国立科学博物館の前身の博物館が作られました。

国立博物館の付属施設として、近代的な初の動物園である上野動物園も設けられました。「動物園」という言葉は福澤諭吉が名付けたものです。

また、東京音楽学校・東京美術学校（現・東京藝術大学）や、近代的な図書館の第一号である帝国図書館（現・国立国会図書館国際子ども図書館）も設けられ、今日の文化エリアへと発展していくことになりました。現在、上野公園内には、公園生みの親であるボードワン博士の胸像が立てられています。また、同公園は1890（明治23）年に宮内省に移管され、1924年皇太子（後の昭和天皇）のご成婚を記念して東京市に移管されたため、正式名称は上野恩賜公園とされています。

以上の経緯で東京大学が本郷に移転し、本郷も大学の町になった（戦後、旧本郷区と旧小石川区が合併する際、「文教の府」のイメージを表すため「文京区」の名称になりました）わけですが、そこに近い根津にあった遊郭が、大学地域として風儀上好ましくないということから移

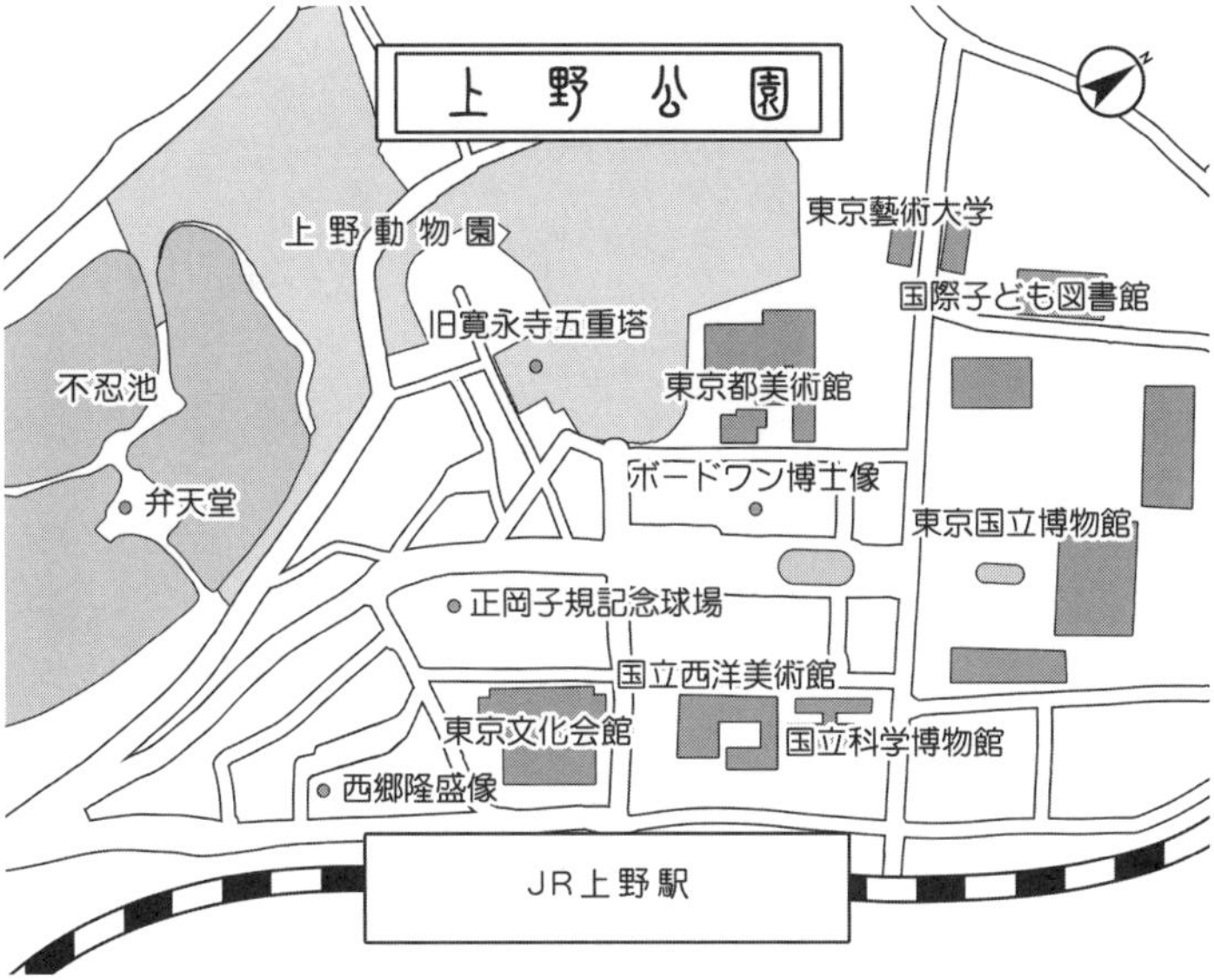

転させられています。移転先は、洲崎（江東区）で、かつて吉原（台東区）と並ぶ歓楽街でした。[74]

大学の近くから遊郭を移転させるという話は、その後、福岡でも起こりました。九州帝国大学は、まず京都帝国大学福岡医科大学として設置されました――場所は、現在の九州大学付属病院のある馬出《まいだし》キャンパス――が、当時、その近くに遊郭があったことが学生の教育環境として問題とされました。地元の努力により遊郭を全面移転したのち、九州帝大創設を実現しました。

このとき、遊郭の移転のために奔走したのが、明治後期の福岡の実業家である渡辺與八郎でした。與八郎は、京都帝大福岡医科大学誘致のための運動資金や苦学生のための奨学金も提供しました。今日、福岡・天神地区を貫く「渡辺通り」に、その名が残されています。

神田と並ぶ大学の街・京都「吉田学部」

古書店の多い街という点では、約１１０の古書店のある京都も挙げられます。

明治後期の京都で、東京で言えば神田に当たる場所が吉田地区でした。旧制三高の前身の第三高等中学校は、もともと大阪にありましたが、京都府が熱心に誘致運動を行い１８８６（明治19）年、京都・吉田の尾張藩屋敷跡（現・京都大学本部構内）への移転が行われました。

旧制三高は、１８９７年、その敷地を新たに創設された京都帝大に譲り、南側隣接地（現・京都大学総合人間学部など）に移転しました。

そして、更にその三高の南側（現在の京都市立近衛中学校の敷地）に、同じ年、日本で最初の旧制中学である京都府第一中学校（現・京都府立洛北高校）が移転してきました。

これにより、京都一中―三高―京都帝大が、南北に隣接し並んで立地したわけで、当時、この順に進学したのが、戦後、ノーベル賞を受賞する湯川秀樹、朝永振一郎であり、このほか、今西錦司、貝塚茂樹（湯川秀樹の実兄）、

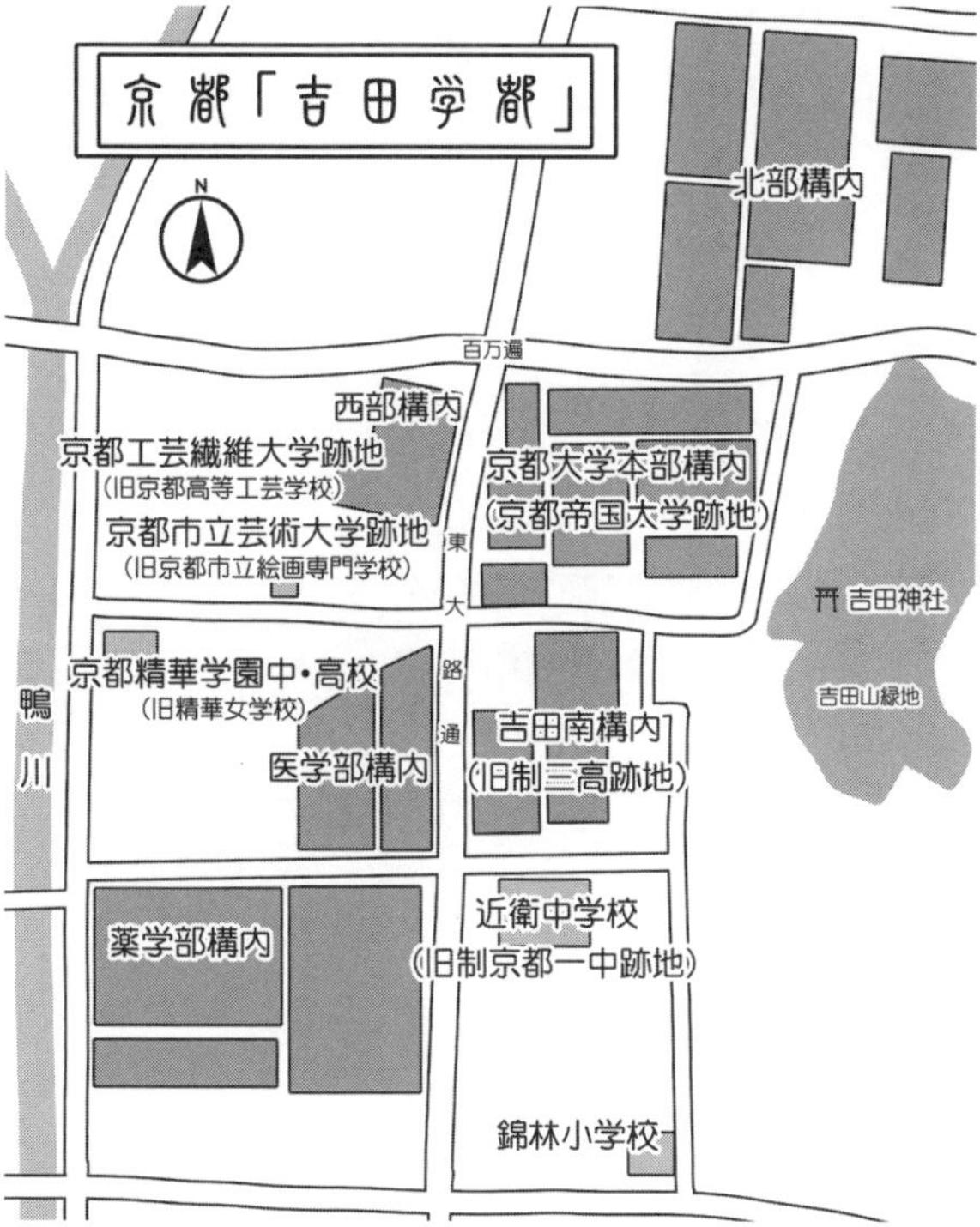

桑原武夫といった京都学派の学者たちも同じ道をたどりました。さらに加えると、朝永振一郎、桑原武夫は、京都一中のすぐ南側の地域を学区とする錦林小学校を出ており、それも含めれば小学校から大学まで同じ一帯で南から順に北上して進学したのでした。

加えて、京都高等工芸学校（現・京都工芸繊維大学）も、日本初の美術学校である京都市立絵画専門学校、美術工芸学校（現・京都市立芸術大学、および銅駝美術工芸高校）も京都帝大のすぐ西側にあり、この辺りに教育機関が集中していました。

旧制京都府第一中学、京都高等工芸学校、京都市立絵画専門学校、および美術工芸学校は、いずれも大正終わりから昭和初めに別の土地に移転しますが、数々の教育機関の集積したこの一帯は、当時、「吉田学都」と呼ばれました。

京都帝大は、「自由の学風」のもとになる「自重自敬」の精神を掲げて発足しました。「吉田学都」以外

京都大学のシンボル「時計台」

でも、「キリスト教主義、自由主義、国際主義」を建学の精神とする同志社大学、「自由と清新」を掲げる立命館大学のように、京都においても、西洋近代思想の精神である「自由」の理念が重視されています。

今日、京都市内には、38の大学があり、人口（約１４０万人）の約一割が大学生という日本で最も大学生人口比率の高い街になっています。

京都は宗教都市でもあることから、浄土真宗本願寺派（西本願寺）系の龍谷大学、京都女子大学、浄土真宗大谷派（東本願寺）系の大谷大学、京都光華女子大学、浄土宗（知恩院）系の佛教大学、京都華頂大学、臨済宗（妙心寺）系の花園大学、真言宗（古義・智山派・豊山派）系の種智院大学など、仏教精神を建学の精神とする私立大学が多いことも特徴です。

京都を含め近畿圏の大学では、学年のことを「○年生」「○年」と言うよりも、普段は「○回生」「○回」と言うのが一般的です。例えば、「○○学部二回の佐藤です」とか「○○大学三回生の鈴木太郎です」と名乗ります。

これは、帝国大学（現・東京大学）が学年進級制を採用していたのに対し、二番目に創設された京都帝大が、留年のない単位制をとったことから、「年」ではなく「回」という言い方をするようになり、これが定着して、周辺の大学に広まり、現在も使われているためです。

近畿以外では、四国の大学や、京都帝国大学の分科大学を起源とする九州大学でも「回生」が使われる傾向があります。九州でも、九大以外の大学は「年生」と言うのが普通です。

旧制高校、大学の誘致合戦

旧制三高の前身の第三高等中学校が、京都府の熱心な誘致運動により、大阪から京都に移転したと述べましたが、この時、京都府は、総費用16万円のうち10万円を拠出し、誘致を実現しました。高等教育機関の誘致のために自治体が費用や土地を拠出することは、明治期から各地で行われたことでした。

旧制第六高等学校＝1900（明治33）年設置＝も、岡山県と広島県との間で誘致合戦があり、帝国議会で両県の代議士同士が議場外でつかみ合いになったほどだったと伝わります。岡山への設置に当たって、岡山県と岡山市が10万円を拠出しています。

高等女学校の増設に伴い、女子中等教育を担う教員養成も拡充が必要となり、東京女子高等師範学校（現・お茶の水女子大学）に続く2番目の女子高等師範学校の設置が課題になりました。これをめぐっては、京都と奈良の間で誘致合戦になりました。奈良県・市は、10余年に渡る官立学校の誘致運動を行い、奈良市が市債を発行して、土地を国に寄付しました。1907（明治40）年の帝国議会では、京都案に対し1票差で奈良設置が決まり、翌年、奈良女子高等師範学校（現・奈良女子大学）が開校しました。

九州帝大は、まず京都帝大福岡医科大学として設立されましたが、熊本、長崎も誘致を目指し、当初は旧制五高のあった熊本への設置が有力視されていました。最終的に福岡に設立され、古河財閥と福岡県からの寄付により、1911年、独立した帝大に昇格しました。

名古屋帝大＝1939（昭和14）年設置＝は、最後に創設された帝大でしたが、それまでに、名古屋だけではなく、四高のあった金沢や、六高のあった岡山をはじめとして他県からも帝大の設立を求める建議や請願が数多く提出されていました。[75]創設が名古屋に決まり、愛知県が900万円と土地、図書館、講堂を寄付しました。

戦前も政府は財政難であり、当時の文部省は、官立高等教育機関の新設に当たって、自治体や財閥、篤志家からの資金を充当する姿勢をとっていました。

3章

大正〜昭和初期に生まれた学校文化

江戸時代の生活様式は、地方部を中心に、明治末まではなお人々の間に生き続けていたと言われますが、これに対し、大正時代は「新しい文化」の時代と言われます。[76] 大衆化社会という――現代の先駆けのような――ある種の豊かさに伴う現象が現れてきました。それまで地方の農家は、土間にワラを敷いて生活していることが多かったのですが、明治末にはほとんどの家が床を張るようになったと言います。貨幣がなくても生活でき、電気もないという農村があったのは、大正末まででした。

明治の指導者層がなお保持していた侍の精神は徐々に失われていきます。商人の気質も変わり、江戸時代以来の信用第一に暖簾を守る商売に代わって、俸給生活者の増大に対応し、現金取引、実利主義の商業になり、宣伝や競争が激しくなってきました。日清、日露戦争の後には鉄道が発達し、大正期ごろからは人の移動、特に都市への人口流入が急速に増えました。「サラリーマン」という和製英語も作られました。

大正から昭和初期以降、レコードやラジオ（大正14年に本放送開始）が普及し、出版物の刊行や新聞の発行部数も増えました。マスメディア時代の到来です。観光もブームになりました。

明治が西洋の「文明」を摂取した時代とすれば、大正は「文化」への関心が高まった時代と言えます。

日露戦争、第一次大戦を経て、国内的には、近代国家として自信と余裕が生まれ、それは文化に影響を与えました。日露戦争は日本文化の転換点とも言われ[77]、「現代」の起点ないしは祖型をなすような多様な動きが大正期前後に集中して現れます。[78]

明治に入ってスタートしたわが国の近代教育制度も、明治後半以降、一定程度制度としての充実・成熟を見るようになります。義務教育就学率も、日露戦争後のナショナリズム高揚の時期に大きく上昇して、世界トップの96％に達しました。

国内における大正デモクラシー、リベラリズム、それに大衆化の時代背景も受けて、ある面では進歩的であり、他方、別の面では一段と日本的になったと言い得るような、学校文化の多面的な進展が起こりました。

前者の進歩的な面としては、体験的な学習の重視、自由や児童中心主義の教育、女子教育の拡充、教養主義の隆盛などが挙げられますし、後者の日本的な面としては、流行・同調による生徒文化の画一化、受験体制の形成、教育熱心な家庭の登場、鍛錬や質実剛健の精神醸成の動き、学校スポーツの興隆などが挙げられます。

明治期に形成された学校文化を土台にしつつ種々の変化や新しい要素を生み、一段とわが国特有の学校文化の形へと多様な力を加えたのがこの時期と言ってよいかと思います。

今からおよそ100年前後さかのぼるこの時期は、日本の学校文化史において、非常に興味深い時代ではないかと考えます。このころ始まったさまざまなものが、近年、

100周年を迎えており、そういう報道にも接するようになりました。

なお、その時期とは、大正時代を中心としていますが、明治・大正・昭和の区分で、学校文化の変化を完全に画することはできず、日露戦争を前後する世紀転換期（明治末）から第二次大戦期（昭和初期）までをまとまりととらえ、本章で見ていきたいと思います。

◆大正自由教育、女子教育の拡充
——林間学校、自由研究、童謡、セーラー服

体験学習、大正自由教育

体験的学習を重視する現在の総合的な学習の時間は、大正期に長野で行われた信州自由教育が原点とも言われます。
県歌「信濃の国」のところで信濃教育会について触れましたが、同会は1886（明治19）年設立の伝統ある教員職能団体です。信濃教育会に属する教師たちが多彩で独自性のある新教育運動を展開し、長野は大正自由教育の中心と言われました。例えば、美術教育では、手本を模写する臨画教育は批判され、感じたままを描く自由画教育運動が起こるなど、個性や主観性を重視する教育が展開されました。[79]
現在、長野県、宮城県、北海道では、公立高校の名称に「県立」「道立」の「立」を付

けないという共通点があります。他の44都府県は「○○県（都・府）立○○高等学校」という校名ですが、この3道県だけは「長野県○○高等学校」「宮城県○○高等学校」「北海道○○高等学校」というように「立」の字を入れません。

長野県と宮城県では、大正期に、当時の学校名から「立」の字を削除する県令が出されました。両県での経緯は必ずしもはっきりしませんが、当時、長野県では県立、私立、郡立、町立、組合立といったさまざまな学校があった中、県により設置された学校が格上であるかのごとく、ことさらに「県立」と誇示するのではなく、どの学校も地域の人々のための学校であり、格の上下を表さないようにするためだったのではないかと推測されています。

北海道で「立」の字が削除されたのは戦後ですが（その経緯は4章で述べます）、現在は町立や一部の市立の高校も「北海道○○高校」という校名になっており、校名からは道立か市町立かが分かりません。

ちなみに、現在、高校で制服がない私服の公立高校は、長野、宮城に多く、次いで北海道にも比較的見られます。制服のある高校でも、最近、女子はスカートかスラックスかを選択できる方式をとる学校が増えてきていますが、これも最初に始めたのは長野や北海道の学校でした。

北海道は、学校指定の体操服やスクール水着はなく、体育や水泳の時間は自由な服装や水着で授業を受けるのが一般的であるほか、校長室に、歴代校長先生の写真だけでなく、歴代ＰＴＡ会長の写真も掛けられていることが結構あります。

格の上下を表すことにこだわらず、自由度や柔軟性が高い特徴が見られるように思われます。

長野では、かつては、小・中・高校とも、入学してから卒業するまでクラス替えがないのが普通でした（最近は、クラス替えをする学校も多くなっています）。これも背景には、大正自由教育の「全人教育」論が背景にあって、担任が子どもをじっくり育てる伝統があったためと言われています。

後に述べる大正教養主義において、旧制高等学校生の必読書となった人文書を出版した岩波書店を東京・神田で創業した岩波茂雄も長野県諏訪の出身です。

日本で最初に藩校や庶民のための閑谷学校を創設するなど教育の伝統を持つ岡山と並んで、長野は、江戸時代の寺子屋や私塾、庶民のための郷学の多さが全国トップレベルであり、明治以降の就学率、上級学校への進学率の高さなどにつながったことから、「東の長野、西の岡山」と称され、特徴的な教育県と見られてきたところでもあります。

大正自由教育では、体験学習が重視されました。

林間学校の起源はスイスにあるとされます。わが国では、結核が猛威を振るい、結核予防が大きな課題となっていた明治後期に、スイスなどをモデルに、身体虚弱児や病弱児の体質改善を目的として始められました。当時、東京・神田にあった私立の小学校が1905（明治38）年に群馬県の妙義山麓で行ったのが林間学校の嚆矢とされます。

林間学校の中には、常設型のものもでき、これが病弱児の養護学校の起源となりました。その先駆けは、1917（大正6）年、結核予防団体が神奈川県茅ケ崎に設立した白十字会林間学校です（現在は、児童養護施設となっています）。

大正期に入ると、新教育運動を背景として、林間学校に、一般の子どもたちを対象に、自然体験活動を通じ人格を陶冶するという目的が付与されるようになりました。先鞭をつけたのが東京の私立成城中学校で1918年、長野県の安曇野で林間学校を行っています。[80] 成城学園中学校では、現在も伝統行事となっています。

さらに、今日の小学校低学年の生活科の起源となる活動を大正期に始めていたのが、成城小学校（現・成城学園初等学校）でした。同校では、現在も、低学年に遊び科、散歩科といった科目があります。[81]

夏休みの自由研究も大正自由教育の中に起源があります。奈良女子高等師範学校（現・奈良女子大学）付属小学校などにおける活動が起源とされます。自由研究は、戦後直後の一時期、小中学校の教科として導入されたこともありました。その後、教科としては廃止されましたが、夏休みの宿題としてその活動は継承されているほか、成城学園高校には、いまも自由研究という科目があります。成城学園は、東北帝大、京都帝大の総長を務めた澤柳政太郎が創設した学園で、大正自由教育の旗手と言える位置を占めました。

今日の学級会や児童会につながるような活動も見られました。例えば、千葉師範学校（現・千葉大学教育学部）付属小学校では、学級自治会や全校自治集会が行われました。

総合学習、林間学校、生活科、自由研究、学級会などは、大正期の新教育運動にその起源が見出され、先駆けをなしたのは、長野の信州自由教育のほか、成城学園など東京、神奈川の私学や各地の師範学校付属学校における実践でした。

児童文化の時代

大正期は、童謡、児童文学など児童文化が登場する時期でもあります。

例えば、「こいのぼり」の歌には二種類あることはご存じのとおりです。一つは、「甍《いらか》の波と　雲の波　重なる波の　中空《なかぞら》を　橘《たちばな》かおる　朝風に　高く泳ぐや　鯉のぼり」という歌であり、もう一つは「やねよりたかい　こいのぼり　おおきいまごい（真鯉）はおとうさん　ちいさいひごい（緋鯉）はこどもたち　おもしろそうにおよいでる」という歌です。

このうち、前者が、国定教科書『尋常小学唱歌』に掲載された唱歌（文部省唱歌）であるのに対して、後者は1931（昭和6）年、近藤宮子作詞による童謡です。

童謡と唱歌は、現在では、あまりその区別は意識されなくなっていますが、もともと童謡は、大正デモクラシーの機運の中で、明治以来の唱歌教育への批判の中から創作され、普及したものです。唱歌に対しては、歌詞が教訓的で、童心性や芸術性が欠如しているとの批判が出されるようになりました。その立場から、子どもの視点を重視して登場したのが童謡でした[82]。

童謡運動の中心になったのは北原白秋や西條八十らの作詞家です。その先駆をなした児童雑誌が『赤い鳥』でした。創刊したのは、広島出身で、夏目漱石の門下生だった児童文学者の鈴木三重吉であり、日本の児童文化運動の父と言われます。

ただ、童謡「こいのぼり」も、当時の家父長制の影響を受けており、真鯉は父、緋鯉は子ども（男の子）と考えて作られた――つまり、お母さんの出てこない――歌でした。戦後になって、「…おおきいひごい（緋鯉）はおかあさん　ちいさいまごい（真鯉）はこどもたち…」と歌う2番が付け加えられました。

女子大生・女学生文化の登場

２０００年代以降、少子化の影響を受け、女子大は、共学化を図ったり、撤退を決めたりして、その数は減少傾向にありますが、これまで女子大は、高等教育を目指す女子を受け入れ、女性の社会進出を後押しする役割を担ってきました。

明治期に始動し始めた女子高等教育は、大正から昭和初期にさらに拡大します。この時期に創設された主な例は、次のとおりです。

・大妻コタカ（広島県世羅出身）が創設した大妻技芸学校（現・大妻女子大学。同大学の同窓会は大妻コタカ記念会と言います）
・安井てつ（東京出身）、新渡戸稲造が創設した東京女子大学
・カトリック女子修道会の聖心会を設立母体とする聖心女子学院の高等専門学校（現・聖心女子大学）
・渡辺辰五郎が創設した東京裁縫女学校の専門部（現・東京家政大学）
・額田豊・額田晉の兄弟が創設した帝国女子医学専門学校（現・東邦大学医学部〈共学〉。2012年の朝ドラ『梅ちゃん先生』のモデルとなりました）、帝国女子理学専門学校（現・東邦大学理学部〈共学〉。毎年女性研究者に授与される「猿橋賞」に名を残す猿橋勝子が学びました）
・濱地藤太郎が創設した大阪女子高等医学専門学校（現・関西医科大学〈共学〉）

以上の女子教育機関は、当時は、いずれも制度的には旧制専門学校であり、「大学」には位置付けられていませんでした。というのも、当時の「大学」は、男子のみが入学可能だったからです。

しかし、大正期には、その「大学」に女子受入れの動きも起こります。

１９１３（大正２）年に東北帝国大学理科大学（現・東北大学理学部）がわが国初の女子の国立大学生３人を受け入れたのです。同大学は、旧制高等学校卒業生（男子のみ）以外に、女子高等師範学校や旧制専門学校の出身者に「傍系入学」の道を開きました。当時の文部省は「元来女子ヲ帝国大学ニ入学セシムルコトハ前例無之事ニテ、頗《すこぶ》ル重大ナル事件ニ有之、大ニ講究ヲ要シ候」と再考を求めましたが、大学は受入れを決定しました。この３人の入学許可が官報に掲載された８月21日は、「女子大生の日」とされています（実は女子大生の日は、誤って８月16日だと思われてきました。これは女子学生受入れが官報掲載より先に８月16日に新聞報道されたためでした。２０２０年、東北大学が正式に８月21日を日本記念日協会に登録し、長年の誤りを正しました）。

大正10年まで帝国大学は９月入学であり、入試は８月に行われていました。大正２年の東北帝大の入試は８月８日から12日に行われ、文部省からの再考要求は８月９日付で送られましたが、大学は入試を続行し、13日に合否判定、14日に合格者名簿を文部省宛て発送、16日にリーク報道されました。東北大学の大隅典子教授は、電話やメールなどの通信手段が一般的ではなかったからこそ、３人の女子大生誕生がこの時期に可能となったのかもしれない、と述べています[83]。

このとき入学した３人のうち、化学を専攻した佐賀出身の黒田チカ、数学を専攻した京都出身の牧田らくが１９１６（大正５）年、日本初の女性理学士となりました。東北大学は、いまも「門戸開放」を基本理念の一つに掲げており、2023年に「女子大生誕生110周年記念式典」を開催しています。

わが国初の女性博士は香川出身の保井コノで、1927（昭和2）年に東京帝国大学が理学博士（植物学）を授与しました。その2年後、東北帝大が黒田チカに、女性として2番目となる理学博士（化学）を授与しました。また、東北帝大に共に最初に入学した鹿児島出身で化学を専攻した丹下梅子は、日本人女性として初めて米国でPh.D（博士号）を取得しています。

これら先駆的な女性は、いずれもリケジョ（理系女子）だったというわけです。

東北帝大に続いて、大正期に男女共学化に踏み切った大学を見ていきますと、まず、1918（大正7）年の大学令により正式に大学となった私立大学で初の女子学生は23年、同志社大学が本科生として受け入れた4人の女子学生です。

帝国大学では、東北帝大に続いて九州帝大が25年、北海道帝大と大阪帝大が35年から女子学生を受け入れています。

また、男子の旧制専門学校への初の女子の入学は16年、東洋大学が初めて認めました。このとき入学した栗山津禰《つね》は、国文学科を首席で卒業後、東京府立第五中学（現・都立小石川中等教育学校）の漢文科の教師となりました。彼女が、旧制中学初の女性教師でした。

2024年のNHK朝ドラ『虎に翼』のモデルとなっている明治大専門部女子部が、日本で初めて女性法曹養成を目指す機関として開校したのが1929（昭和4）年です。

こうした女子の高等教育進学の背景には、第一次大戦後のデモクラシーの風潮、そのもとでの女性解放思想の高まりがありました。そこには、総力戦となった第一次大戦期、欧米で女性が看護婦や工場労働者として貢献し、また、出征した男性に代わって社会に進出したことなど、女性の活躍ぶりが当時の日本に伝わって、影響を与えた面もありました。

とは言え、高等教育まで進む女性はまだごく限られた存在でした。これに対し、中等教育段階については、明治末から大正期、私立の女学校や公立の高等女学校が次々と開設され、女子教育が進展しました。

この時期に創設された私立女学校の例として、大阪の樟蔭高等女学校（現・松蔭中・高校。大正期に現在の大阪樟蔭女子大学の前身の旧制専門学校も設置）、並木伊三郎が創設した東京の文化裁縫女学校（現・文化服装学院〈共学〉。戦後、現在の文化学園大学〈共学〉の前身の大学も設置）などを挙げることができます。

大正後半期には、男子校だった旧制中学への進学率が約3％だったのに対し、女学校への進学率は1割を超えていました。男子の場合は、旧制中学卒業後、更に高等教育まで進む者が多かったのに対し、女子は基本的には女学校まで（その後は、結婚まで家事手伝いなどをした）だったものの、中等教育までの進学率だけを見れば女子の方が男子を上回っていました。このことは、特に東京などにおいて、戦後、女子高の方が多くなることにつながり、公立高校が男女別定員を設けることにつながるのです。

難波知子氏（お茶の水女子大学准教授）の研究によりながら、女子学生服について見ていくと、女学校の制服は、明治30年代までに「着物に袴姿」が主流となったということです。明治政府は、不平等条約の改正を目指し、日本を文明国として見せるため、欧化政策を進めました。明治天皇の皇后（昭憲皇太后）は先駆者として洋装を奨励し、それをきっかけに女性の衣服改良運動が起こりますが、女学生の「着物に袴姿」は洋服の代用として誕生し普及したものでした。袴の採用が早かったのは、跡見女学校や華族女学校のような上流階級出身の生徒の多い学校でした。大和和紀さん作の少女漫画『はいからさんが通る』は、袴が制服だった時期の跡見女学校がモデルになっています。袴は、もとは武士の服装でしたが、女子にも導入・奨励された体操や女学生に流行したダンス、テニスなどをするのに、和服より向いていました。地方の女学校の生徒の間でも、袴は羨望の的となり、採用する学校が広がっていきました。袴に靴やリボンなどを合わせる和洋折衷スタイルが流行、海老茶色の袴が多く着用されたことから、女学生を指す代名詞として「海老茶式部」という言葉も生まれたと言います。

大正期になると、男性に比べ遅れていた女性の洋装化が本格化し、高等女学校では、「着物に袴姿」から「洋式の上着とスカート」の組み合わせへと変化しました。彼女らは、女学校卒業後も洋服を普段から着るようになり、女学生を軸に、女性の洋装が進んでいきました。

その中で、1920〜1921（大正10）年ごろ、キリスト教系の私立女学校で、セーラー服が着用され始めます。宣教師や外国人教師を通じて、欧米で流行していた服装が取り入れられたものでした。セーラー服導入については、京都の平安女学院が最初だとする説と、福岡女学校（現・福岡女学院）が最初だとする説が主張されてきましたが、近年は名古屋の金城女学校（現・金城学院）が最初だとする説が有力になっています。[84]セーラー服は、女学生の人気を集め、大正後期、特に大震災以降、生徒の熱望を受けて採用する学校が増え、30年代に主流となりました。当時、女学校に通う生徒はエリートであったということもあり、セーラー服は、憧れと誇りの象徴となりました。袴の時と似ていますが、いわゆるファッションの流行のように女子学生服の画一化が進んだと言われます。[85]

また、この時期の女学生の間では、小説や文学作品、手紙交換が流行し、裁縫や家事、予習復習が疎かになりがちであるとして問題視されたそうです。[86]文学や読書に熱中することは、今ならあまり問題にされることはないように思いますが、考えてみれば、何かを読み耽るという点で言えば、現在も、スマホの長時間利用などの問題が指摘されています。

生徒の間で何かが人気を集め、流行や同調による画一化ないし複製文化現象が起こるのは、いつの時代も見られることですが、大衆社会化現象が現れた大正期は、それが特に顕著になった最初の時期だったようです。

◆教育のさまざまな進展
――プール、ラジオ体操、かけ算九九

大正期を中心にして明治末から昭和初期の時期には、さまざまな面で教育が新たな進展を見せ、今日まで続く学校文化へと進化したものがいろいろと登場します。

プールのある学校

学校にプールがあるのが普通というのは、日本特有です。全国的に学校にプールが整備されるようになるのは第二次大戦後ですが、その始まりは大正期でした。

学校における水泳の授業は、大阪の旧制茨木中学（現・大阪府立茨木高校）が発祥と言われています。川から水を引き、水泳用の池を作ったのが最初で、その後、1919（大正8）年に日本初の正式なプールができたそうです。同校には「日本近代水泳発祥之地」の碑が立てられています。

なお、海水浴場の開設は明治期です。潮流で身体に刺激を与え、海辺で清涼な空気を吸

う健康医療の観点が重視されたものでした。医学の観点から海水浴をひろめたのが、順天堂の学祖・佐藤泰然の息子の松本良順です。神奈川県の大磯海水浴場には「松本先生謝恩碑」があり、いまも、この碑の前で海開きの日に安全祈願が行われます。1885（明治18）年に開設された大磯海水浴場は、明治30年代に入るとレジャーの場となり、大正に入ると観光地として名が知られるようになりました。本格的な海水浴場の始まりです。

水着が大量に売れ、商売として成り立つようになったのも大正時代です。ただし、学校で今日のように水泳授業が普及するのは、戦後になってからです。1955（昭和30）年、旧国鉄の宇高連絡船・紫雲丸が連絡船同士の衝突により、高松市沖で沈没し、修学旅行中だった愛媛、高知、広島、島根の小中学生100人が死亡する痛ましい海難事故が起きました。これに加え、東京オリンピックを前にスポーツ振興法が制定されたこと、競泳人気の高まり、高度成長を背景とした自治体の体育施設の整備予算の増加なども背景となって、体育の授業に水泳が取り入れられ、全国の学校でプールの建設ラッシュが始まりました。

小学校で水泳の授業が取り入れられた昭和40年代以降、国内の水難事故による死亡・行方不明者は大きく減りました。1975（昭和50年）には、3000人を超えていましたが、2021年には744人になっています。

しかし、こうして整備され、わが国の学校に普及したプールですが、今日、その在り方は曲がり角に来ています。施設の老朽化と自治体の財政難、猛暑や豪雨による授業中止の増加、プールの維持管理にかかる教師の負担などが大きな課題となっており、公営プールの利用や民間委託を模索する自治体が増えています。[87]

小学生用の水泳キャップは、戦後直後に赤ちゃんのおむつカバーのメーカーとして創業した東京・両国の磯部商店（現・フットマーク）が、1969（昭和44）年に開発・販売したもので、ちょうど全国的に学校プールの整備が進められている時期だったこともあり、広く普及することになったそうです。[88]

スクール水着は、全国的には紺色ですが、米子市など鳥取県西部ではオレンジ色です。過去に米子市の小学校で児童がプールで溺れる事故があり、その教訓から、水中でも色が映えて安全確認のために目立つということで、30年以上前からオレンジ色になったということです。

最近は、水泳の時間に体形や肌を見せたくないという生徒の声も出るようになっています。そうした声に応え、水泳・学校・健康用品メーカーである前述のフットマーク社が、男女に関係なく、長袖、ハーフパンツで、ゆったりしたシルエットの水着を開発したところ、紫外線対策にもなるとして、沖縄や九州地方など西日本の学校から広がり、関東地方でも採用する学校が増え、いまでは全国の公立中学を中心に400校以上で使われているということです。[89] 女子の制服にスカートかスラックスかを選べる学校が増えつつあるように、スクール水着も変化しつつあります。

北海道は、水泳授業は小学校だけで行われるのが普通で、また、学校指定のスクール水着はないのが普通です。男子はトランクス型、女子は色とりどりの水着といった具合で、ビーチで見かけるようなレジャー用水着で水泳授業を受けます。北海道は、体操服も学校指定のものはなく、各自が自由なＴシャツ、ジャージ、短パンなどで体育の授業を受けるのが一般的です。

ラジオ体操の始まり

日本で生まれ育った人なら、誰もが体得しているのがラジオ体操です。

夏休みのラジオ体操の始まりは、１９３０（昭和５）年、子どもたちの早起きのために、東京・神田の万世橋警察署の児童係の巡査が地域の人たちと始めたのが最初で、外神田の佐久間公園には「ラジオ体操会発祥の地」の碑があります。

巡査は、夏休みに避暑などに行けない子どもたちが無規律に休みを過ごすことは保健上よくないとして、せめて朝に規律ある生活をするようにと早起きラジオ体操会を発案しました。厳密には、最初の開催場所は、現在の佐久間公園より北に少し離れた広場だったとのことです。この頃から、参加すると判子を押してもらえるラジオ体操カードがあったそうです。

ラジオ体操そのものは1928（昭和3）年、昭和天皇の即位を記念して、「国民保健体操」という名称で始められたものです。ただし、そのルーツは米国で、1925年に始まった朝の体操を呼びかける米国のラジオ番組でした。番組は、生命保険会社・メトロポリタン生命の提供で放送されました。国民の健康増進によって加入者の死亡率を下げる狙いや、健康増進への貢献によって保険事業のイメージアップを図る狙いがありました。これを、日本の逓信省簡易保険局（後の郵政省。現・かんぽ生命）の課長が米国に出張した際に知り、保険事業の振興に加え、国民の健康状態改善も目的として、日本での実施を提案し、NHK、文部省などが協力して始まったものです。

1947（昭和22）年までのラジオ体操は、現在のものとは異なり、動作が複雑で難しかったそうですが、戦後の混乱期を経た後の1951年に改訂され、運動しやすい現在のラジオ体操「第一」ができました。考案したのは、1936年のベルリンオリンピックに出場した茨城出身の体操選手、遠山喜一郎です。さらにその翌年、「第二」も発表されました。

今では、都市化した地域などを中心に子ども会が減っていることもあり、夏休みのラジオ体操を行うところが減ったり実施期間が短くなったりしていますが、一方で、老若男女が健康づくりのために参加するラジオ体操会やクラブ、グループが各地で盛んであり、全国に約700万人のラジオ体操の愛好者がいるそうです。

かけ算九九、そろばん授業

現在の形のかけ算九九は大正末から、また、そろばんは昭和初期から小学校で学ばれるようになりました。

かけ算九九は、漢の時代の中国発祥で、飛鳥時代（7世紀ごろ）までには日本に伝わったと考えられています。国内で、かけ算九九の一覧表が書かれた木簡は、奈良時代ごろのものから新潟、長野、京都などで発見されていましたが、2024年9月には、それより古い飛鳥時代末期の藤原京跡（奈良県橿原市）からも発見されたことが報じられました。なお、この時代のものは「九九八十一」から始まるものだったそうで、記載された個数が最多である京都府京丹後市の遺跡で発見された木簡には、九の段から始まり、順に減っていって五の段まで書かれていました。これらの木簡は、徴税や勤務管理を担当していた役人が早見表として使っていたと推測されています。

室町時代末期から、九九が「一一が一」から始まるようになり、豊臣秀吉の時代から江戸初期の時代にかけて、かけ算、割り算が普及し、寺子屋が発達した江戸時代に九九は一般庶民に伝わるようになったと見られています。

そして、この「一一が一」から始まるかけ算九九は大正末期から小学校で必ず学ぶようになったとのことです。

そろばんは、古くは4千～5千年前のメソポタミア文明に起源があり、砂の上に線を引き小石を並べて計算した「砂そろばん」が始まりだとされます。その後、シルクロードを通って中国へ伝わり、現在のそろばんに近い形になりました。日本へは、室町時代末期の1570年ごろに長崎、そして京都に伝えられ、江戸時代には、かけ算九九同様、商業の発達や寺子屋の隆盛と共に「読み書きそろばん」として広く普及しました。

そして、1935（昭和10）年、尋常小学校で必修となりました。38年には、当時の文部省が、上段の珠を一つ、下段の珠を四つとする「四つ玉そろばん」を全国の小学校で採用しました。それまでは下段五つのそろばんが使われていましたが、四つ玉にすることで計算の手順が簡略化されました。現在も、小学校3、4年生で習います。

現在、国内のそろばん人口は、約100万人と推定され、習い事としての人気は健在です。世界でも中東やアフリカをはじめ100カ国・地域以上にそろばん学習が広がっています。日本における生産地としては、播州そろばんの産地である兵庫県の小野市が最大ですが、現在、そろばん学習の最も盛んなのは沖縄です。

戦後、沖縄では、珠算指導者の熱心な活動により、子どもの習い事としてそろばんが盛んとなり、現在まで、検定受検者や有段者の高い割合を誇っており、そろばん王国と言われます。

鉄筋コンクリート校舎の建設

1923（大正12）年に発生した関東大震災から、2023年で100年となりました。この関東大震災以降普及したのがRC校舎（鉄筋コンクリート校舎）です。東京では、被災した117の小学校がRC校舎に建て替えられ、「復興小学校」と言われました。その多くはすでに建て直され現存しませんが、銀座の中央区立泰明小学校や日本橋の同区立常盤小学校は、1929（昭和4）年落成時の校舎が今も使われており、東京都選定歴史的建造物になっています。また、台東区でも28年竣工の東浅草小学校、30年の黒門小学校校舎が現役で使われています。

これら復興小学校は、避難しやすいよう3階建てを原則とし、廊下、階段、玄関などの幅を広くする工夫がされているとのことです。また、当時の新教育運動の理念が取り入れられ、教室に教壇を設けず、黒板の高さも下げ、子どもたちが一方的に授業を聞くのではなく、自ら前に出て黒板に字や絵を書くことも想定しているということです。[90]

ただし、関東大震災よりも早く最初にRC校舎が建設されたのは神戸の小学校で、1920年でした。[91] 外国人居留地があった港町・神戸の先進性からだと考えられます。

大正・昭和初期建設のRC校舎を今も使う公立高校が全国に十数校あり、多くが自治体指定の有形文化財や国の登録有形文化財になっています。

例えば、大阪府立四條畷高校、大阪府立工芸高校（2021年度まで大阪市立）、京都府立鳥羽高校、奈良県立畝傍《うねび》高校、滋賀県立八幡商業高校、高知県立高知追手前高校、福岡県立福岡高校、長崎県立島原高校、熊本県立玉名高校、鹿児島県立甲南高校、同県立鹿児島中央高校などの校舎で、近畿、九州に多く見られます[92]。

これらは、いずれも旧制の中学、工業学校、商業学校に起源を持つ伝統校です。例えば、大阪府立工芸高校は1923年、当時は東京より大都市だった大大阪《だい》のモダニズム文化を担う美術家育成機関として、ドイツの美術学校「バウハウス」の教育を日本で最初に取り入れて開校した工芸学校を前身とします。

また、八幡商業高校は、近江商人輩出の精神を受け継ぐ学校ですが、同校本館は、前身の県立商業学校の英語教師として来日し、現在の近江八幡を拠点に活躍した米国人建築家・ヴォーリズの設計によるモダニズム建築作品の一つです。

その一方、鹿児島中央高校の場合は、戦後の新設校にもかかわらず、戦前の旧制高等女学校のRC校舎を使っていますが、これには経緯があります。鹿児島では、旧制一中と一高女が戦後統合して鶴丸高校になり旧一高女のRC校舎を使い、旧制二中と二高女が統合して甲南高校になり旧二中のRC校舎を使っていました（旧一中の校舎は戦災で使用できなくなっていました）。その後昭和30年代の生徒急増期に鹿児島市内3校目の普通科高校として鹿児島中央高校を新設することとなり、空いていた旧一中跡地が建設予定地とされたのですが、旧一中跡地を新設校が引き継ぐことに、旧一中（鶴丸高）同窓生などから異論が出されました。結局、鶴丸高校が旧一中跡地に新校舎を建設して移転し、旧一高女校舎を明け渡し、鹿児島中央高校がそこで開校したといういきさつです。

このような経緯で、戦後開校の鹿児島中央高校が、戦前の一高女の校舎を使っているのですが、そこは薩摩藩の下級武士の居住地であった加治屋町の中心部であり、東郷平八郎、大山巌、村田新八などの生誕地の碑が同校敷地内や周囲に多数立ち並んでいます。特に同校の化学室があるのが東郷平八郎の生家だった場所であり、化学室の入口及び実験台には「東郷平八郎誕生之地」の銘板が付けられています。

◆受験体制の始まり、教育熱心な家庭の登場
――文系・理系、大学キャンパス

日本特有の受験文化の形成

教育の発展に対応して、明治後半期以降、わが国独特の受験体制が姿を見せ始めます。旧制中学への受験熱は、すでに明治20年代から起こり始めます。もともと「無理をすること」という意味の言葉であった「勉強」の語が、「無理して学ぶ」という意味で使われるようになり、学ぶことを表す言葉になったのもこの頃です。[93]

そして、現在の大学入学共通テストのような全国共通試験の始まりは、1902（明治35）年の旧制高等学校の共通試験です。現在の大学入試に当たるのは、当時で言えば旧制高等学校の入試です。それまで学校別選抜だった旧制高校入試が、この年から、日程・問題が共通となり、受験地も志望校以外でも可能となり、地元で受けられるようになりました。当時の旧制高等学校は、一高から七高までと山口高の計8校であり、この8校が共通試験を始めました。

しかし、その後、学校別選抜に戻ったり、再び共通試験になったり、旧制高等学校の入試制度は頻繁に改正されました[94]。どのような入試改革をやっても問題が生じ、見直しを繰り返す傾向は、戦前からありました。

また、現在の予備校の源流と言えるものが成立したのも、明治30年代からであり、受験雑誌が出始めたのは明治末期です。地方から東京への進学も本格化しました。

大正期までは、廃藩置県により身分を失い、学問によって身を立てる考えを持った元士族階層の出身者が、官界、学界といった学歴社会の大宗を占めていました。当時は、まだ国民の70％以上は農民で、受験やそれを取り巻く家族の変化と言っても、都市部などなお一部のものではありました。それでも大正末になると、学校に行けば食べていける、という考えが、旧士族だけではなく、商家や農家などより幅広い層の人に広がっていきました。

教育社会学者で、文部大臣を務めた永井道雄氏編の『試験地獄』という本が1957（昭和32）年に出て戦後教育を象徴する言葉になりますが、「試験地獄」という言葉は大正末期にはすでに生まれていました。わが国の受験文化は、明治後期にすでに始まり、戦後に引き継がれたものです。[95]

「浪人」という言葉は、もともとどの主家にも仕えていない武士のことを指しましたが、これが受験浪人の意味で使われるようになったのも大正末期からでした。現在では、少子化も相まって、受験体制はかなり変化し、浪人生は減少していますが、大正後期には、旧制高校の増加により、帝国大学や官立大学などに入学できない卒業生が増えました。旧制高校生は、白い線の入った白線帽をかぶっていたことから、「白線浪人」と呼ばれ、ここから受験浪人の意味での「浪人」という言葉が生まれました。

文系と理系の区別は、今日、文理融合の観点からその問題点が指摘されるようになっていますが、この区分は、1918（大正7）年、（旧制）高等学校令に、「高等学校高等科ヲ分チテ文科及理科トス」という規定が置かれたことがきっかけです。これ以降、大学入学試験の準備段階で文系志望・理系志望に二分する方式が定着していきます。隠岐さや香氏（東京大学教授）によると、同時期の英独仏と比べても徹底した文・理の区分が行われた背景には、日本の大学が、まずは法と工学の実務家育成を目的に作られ、そのための選抜機関として機能していたことがあると考えられています。[96] 近代化を急ピッチで進める上で、日本の大学は、欧米の大学と比べても、強い実学志向、技術主義志向を持ち（総合大学に工学を取り入れたのはわが国の帝国大学が世界で最初とされます。いまもわが国は、大学に「役に立つ」ことを求める傾向が強いと言えます）、文・理の区分は効率的に人材育成するうえで有効だと考えられました。

今日、普通科高校の約9割で、文系・理系にクラス分けしており、そのうち8割以上は2年生からクラス分けしていると言われています。

そうした中で東京の都立高校には、いわゆる進学校で、3年間、文・理のクラス分けをしない学校が結構あるという特徴があります。これは東京都立高校の「教養主義」の伝統と言われています。例えば、都立日比谷、立川、戸山、小石川中等、八王子東などがそうです。また、国立大付属校である東京学芸大や筑波大の付属高も、文・理のクラス分けをしていません。東京では文理選択をする場合でも2年生からではなく、3年生になってからの学校が多い傾向があります。

もともと「教養主義」とは、大正期に、旧制高等学校の学校文化だったものであり、人文学重視の西欧の伝統を受けいれたものでした。それは、政府の実学志向、効率主義とは対照的に、すぐには役に立たない文学、思想、歴史方面の読書を通じて自己を確立しようとする価値規範のことでした。特に岩波書店から刊行された人文系分野の書物、難解な思想書、哲学書などが学生の必読書でした。例えば、西田幾多郎の岩波書店版『善の研究』（大正10年）は、旧制高等学校生が、見栄でも買って読むほどの流行を見せたと言います。

その中でも、旧制高校文化の中心（パターン・セッター）の役割を果たしたのが、旧制第一高等学校（現・東京大学教養学部）でした。同校では、1906（明治39）〜1913（大正2）年に校長を務めた新渡戸稲造が教養主義を掲げ、一高生に大きな影響を与えました。そうしたところから、戦後、教養主義の言葉が（文系・理系にわたり幅広く学び教養を身につけるというふうに）意味を変えて、東京都立高や都内の国立大付属高に影響を与えたのではないかと考えられます。

1918（大正7）年に高等教育拡充のため、官立の帝国大学に限られていた大学を公立や私立の設置も認める「大学令」が公布されました。

これ以降、それまでの（旧制）専門学校が次々と大学に昇格しました。例えば、私立では、早稲田大学、慶應義塾の大学部、同志社大学、立命館大学などが正式な大学になりました。官立では、東京高等商業学校が東京商科大学（現・一橋大学）に、神戸高等商業学校が神戸商業大学（現・神戸大学）に、千葉医学専門学校が千葉医科大学（現・千葉大学）に、東京高等工業学校（前身は東京職工学校）は東京工業大学になりました。

各地に旧制高等学校が作られ、高等農林、高等工業、高等商業などの（旧制）専門学校も増設されていきました。

高等教育修了者の増加とともに、大学等で学んだ専門知識よりも、面接での態度を重視する、わが国独特の就職活動も始まります。

教育ママ・パパの先駆け

教育の発展、学問や教養の大衆化、受験体制の始まりは、家庭のありようにも影響を与え、都市部を中心に、「教育熱心な家庭」が出現するようになります。

「教育ママ」という言葉が普通に使われるようになったのは戦後の昭和30年代ですが、その先駆けとなる現象は、大正期にすでにありました。

背景には、明治期近代化の一定の達成、旧制の大学、専門学校の整備による高等教育修了者の増加、それに伴い、都市での月給生活を基本とするホワイトカラー層、いわゆる新中間層の形成がありました。

子どもに継がせる家業のある家が少なくなり、より良い給料のサラリーマンやその夫人になるための教育が大事になってきました。受験雑誌や予備校が明治後期に登場して学歴社会化が進む状況とパラレルな現象でした。

辞書や事典などが次々と出版されましたし、小学館が創業し、学年別の学習雑誌『小学○年生』が刊行されました（『小学一年生』以外は2012年までに休刊となりました）。

総合雑誌や婦人雑誌の発行部数が拡大し、現在の共立女子大学の創設者の一人としてすでに述べた鳩山春子が著した『我が子の教育』など育児書が影響を持つようにもなりました。家庭で子ども部屋が作られるのも、明治末から大正期と言われます。また、児童文学や童謡などの児童文化が生まれた時期でもありました。

「ママ」「パパ」という呼び方が使われるようになったのも大正時代です。それまでの箱膳での食事は減り、ちゃぶ台を囲み家族団らんで食事をするようになりました。台所も、水道、ガス、電灯が付き、清潔で働きやすいよう改良されます。

都市部には、百貨店（デパート）が登場し、教育熱心な家庭を引き付ける教育玩具、子ども服、文具、子ども用家具、食器などさまざまな子ども用品が販売され、大量に消費されるようになりました。

また、百貨店では、雛人形や七五三の晴れ着が売り出され、更には文化的な催しや娯楽も提供され、ミニ遊園地なども作られました。それらは、かつての縁日の市の機能を受け継ぐ面もあって、サラリーマン家庭の消費を刺激し、流行となりました。デパートは、1990年代に郊外型の大規模商業モールが登場するまで、つまり昭和の終わりまで、都市消費の中心の位置を占めました。

ところで、雛人形や五月人形の生産量は埼玉県が全国一であり、さいたま市岩槻区（旧・岩槻市）と鴻巣市は「人形のまち」と言われます。人形作りは江戸時代から始まっています。

もともと節句は、宮中や公家の間の厄除け、厄払いの行事でしたが、江戸時代頃から、女の子のお祭り、男の子のお祭りなどとして商家や町人でも上流家庭でのお祝いの行事に変化し、さらに、明治期以降、一般家庭にも及び、大正期に広く大衆化しました。

鯉のぼりの生産量が最も多いのも埼玉県で、特に加須《かぞ》市は明治期以来の伝統を持つ「こいのぼりのまち」です。鯉のぼりに、黒の真鯉（父）、赤の緋鯉（長子）だけでなく、青などの小鯉（子どもたち）が立てられるようになったのが昭和初期からです。そして、戦後は、赤の緋鯉はお母さんと考えられるようになりました。

遊園地、郊外型大学キャンパスの誕生

遊園地は関西から流行が始まりました。その嚆矢と言えるのは、箕面有馬電気軌道（現・阪急電鉄）の経営者・小林一三が1911（明治44）年に開業した兵庫の宝塚新温泉（現在の宝塚歌劇や2003（平成15）年まで営業した宝塚ファミリーランドの起源に当たります）です。現在まで営業するもので最も早いのは、京阪電鉄が1912（大正元）年に開業した大阪府枚方市のひらかたパークです。

小林一三が始めた沿線開発の手法は他の鉄道会社にも広がり、沿線で、遊園地や野球場の建設、宅地開発が行われました。ターミナル駅には百貨店が作られます。明治末に始まった百貨店の屋上遊園地が増えるのもこの頃です。平日は郊外から電車で通勤し、休日は家

族サービスをするサラリーマンの生活スタイルが、私鉄の発達によって生まれました。

大学の郊外への誘致も、私鉄の経営戦略の延長上で行われます。この動きは、まず東京で起こります。神田などに集中していた大学が移転し、今日では普通になった郊外型キャンパスが生まれました。関東大震災により被災した大学が移転先を求めたという事情もありました。

渋沢栄一が中心になって設立した田園都市株式会社（現・東急グループ）が現在の東急線沿線に誘致したのが東京高等工業学校（後の東京工業大学大岡山キャンパス）、慶應義塾大学予科（現在の日吉キャンパス）、日本医科大学予科（現在は同大学の病院が立地）、法政大学予科（現在は法政第二中・高校が立地）です。

現在の西武鉄道が今の西武多摩湖線沿いに誘致したのが東京商科大学予科（現・一橋大学小平キャンパス。最寄り駅は一橋学園駅）です。当初は、東京商科大学を、現在の西武池袋線の大泉学園駅周辺に誘致して一帯を学園都市にする計画があり、住所表記も大泉学園町になったものの、同大学のメインキャンパスは、国立へ移転することになり、大泉学園という地名、駅名だけが残りました。[97]

関西では、小林一三が現在の阪急今津線沿線に、関西学院大学、神戸女学院大学を誘致しました。

キャンパスという言葉は、ラテン語の野原、耕地、野営地という意味のカンポス（kampos）

から来ており、18世紀に米国のプリンストン大学が最初に使ったとされます。郊外の広い敷地に緑の芝生の広場を囲んで統一的な建物を配置した関西学院大学（西宮上ヶ原キャンパス）は、この米国風キャンパスを日本で最初に実現した代表格です。

関西学院大学、神戸女学院大学の統一された校舎群はいずれも、昭和初期、すでに述べた米国人建築家・ヴォーリズによるモダニズム建築の代表作であり、神戸女学院大学の校舎群は国の重要文化財に指定されています。

このほかにも、ツタの葉で覆われた外観の立教大学本館（モリス館）や、東京大学の安田講堂、京都大学の時計台、慶應義塾大学の塾監局（大学本部）、早稲田大学の大隈講堂、津田塾大学本館（ハーツホン・ホール）、東京商科大学（現・一橋大学）の兼松講堂、神戸商業大学本館（現・神戸大学六甲台本館）といった、今日、各大学を象徴する代表的なモダン建築物が生まれたのも、大正から昭和初期にかけてのこの時期です。

◆旧制高等学校の学生文化、質実剛健
――ストーム、修養・鍛錬、二宮尊徳像

開花する旧制高等学校文化

高校や大学の伝統校には、自由自治を校風、学風とする学校が少なくありませんが、こ

の背景には、旧制高等学校の学生文化があり、さらには、戦後の民主化、その後の学園紛争がかかわっているると考えられます。

１８９４（明治27）年から終戦時まで設置された旧制高等学校における学生文化の中には、コンパ、寮自治のように新制大学に影響を残したもの、スポーツの交流戦のように、新制大学と新制高校の両方に引き継がれたものがあります。

バンカラ応援団は、主に新制大学に継承され、学校によっては新制高校にもその伝統が伝わります。

戦後、大学よりは高校に継承されているものとして、ファイヤーストームがあります。例えば、愛知県立豊橋東高校では、体育祭のフィナーレとして、ファイヤーストームを行います。男子生徒が上半身裸で火を囲み、太鼓に合わせ、肩を組んだり、前身の旧制中学の校歌などを歌ったり、踊ったりする伝統行事です。

ストームは、旧制高等学校で行われていた学生の狂乱騒ぎのことですが、現在、体育祭や文化祭、あるいはその前夜祭や後夜祭でストームを行い、クライマックスを飾るという高校が各地に見られます。

佐賀県立佐賀西高校のファイヤーストームでは、旧制高校の寮歌などを歌います。同県立佐賀北高校でも行われていますが、北高では男子は上半身裸で参加します。青森県立八戸高校では男子がパンツ一丁になり、長野県飯田高校では絵の具でボディペインティングまで行います。このほか、大阪府立高津高校、徳島県立城南高校、福岡県立嘉穂高校、大分県立竹田高校など、各地にストームを伝統行事として行っている高校があります。

旧制高等学校の文化は、当時、一種の憧れを伴って各地に伝播し、旧制中学などにとってモデルになりました。戦後、旧制高等学校制度は廃止となり、他方、旧制中学などを前身とする新制高校の中に、旧制高等学校の学生文化を引き継いだところがあり、伝統行事になっているというわけです。

旧制高校は男子のみが入学できたのに対し、戦後の新制高校は多くが男女共学になっていますので、戦後のストームでは、男女でフォークダンスを踊ったり、ストームの後、男子から女子、あるいは女子から男子への告白で盛り上がるのが恒例になったりしている学校もあります。

また、旧制中学以来の伝統行事の中に、旧制高校文化が反映しているものも見られます。例えば、岐阜県立斐太《ひだ》高校では、卒業式のあとに、学生帽の白線を結んで、学校前の川に流す白線流しという行事を80年以上続けています。１９９６（平成8）年にテレビドラマで描かれ有名になりましたが、白線帽はもともと旧制高等学校の制帽です。戦後、男女共学になってからは、女子はセーラー服のスカーフを結んで流しています。

また、愛媛県立宇和島東高校の体育祭のフィナーレでは、「思へば過ぎし」という伝統の演舞が行われます。これも男子生徒が上半身裸になって、旧制宇和島中学時代の漕艇部応援歌に合わせ、ボート競漕の演出をしたアトラクションを行うものです。

旧制商業学校を前身とする静岡県立浜松商業高校の応援歌「立つべきの秋」、旧制中学を前身とする滋賀県立彦根東高校の「嗚呼英傑が」、福岡県立修猷館高校の「玄南の海」の歌詞はそれぞれ違いますが、メロディがいずれも同じで、旧制第一高等学校（現・東京大学）の寮歌「アムール川の流血や」の転用、つまり替え歌になっています。茨城県立竜ケ崎第一高校（前身は旧制竜ケ崎中学）の場合は、校歌が同じメロディです。[98]

後に述べるように、明治末から大正期は、スポーツの対抗戦や交流戦が行われるようになった時期であり、学校の応援歌も盛んに作られました。その中には、旧制高校の寮生たちが自ら作り歌った寮歌を原曲とする替え歌が結構あり、ここにも旧制高等学校の学生文化の影響を見ることができます。

筆者が文部省に入った平成初期ごろまでは、旧制高等学校を卒業した最後の世代の方々が政財学界などの要職にいて、旧制高校復活論をしばしば耳にしました。

旧制高校は、入学試験は厳しいものでしたが、卒業後は、基本的には、帝国大学などへ入学できました。このため、旧制高校の3年間は、受験や就職などの現実から解放され、哲学や文学など読書を中心とした「教養主義」の学校文化が形成されると同時に、ストームをはじめとする自由奔放な学生文化も生まれました。旧制高校を経験した人には、最も楽しく懐かしい青春時代として記憶されることになり、理想的な学校制度だったとして復活論につながったと思います。

しかし、実は旧制高校に対しては、当時においては、「エリートのための贅沢品」として批判したり（旧制高校への進学率は、昭和戦前期で、同年代男子の約1％に過ぎませんでした）、存在意義を疑問視したりする論調もあり、廃止論もありました。

いつの時代も、存在するものは批判され、ないものを求める傾向があるようです。

質実剛健、二宮尊徳像、強行遠足、学校登山

文武両道や自由自治と並んで、校訓として、質実剛健を掲げる学校も各地に見られます。質実剛健は、日露戦争後の社会の動揺を鎮めるため、1908（明治41）年に明治天皇が発布した戊申詔書の精神を表したものでした。

戊申詔書では、「…忠實業ニ服シ、勤儉産ヲ治メ、…華ヲ去リ、實ニ就キ、荒怠相誡メ、自彊息マサルヘシ…」と述べられました。

「勤儉」に反する奢侈や華美の風潮は改めるべきものとされ、「忠實自彊」の理念に沿い、修養による人間形成、精神と体力の発揚が説かれ、鍛錬や勤労奉仕が重視されました。

札幌農学校出身で同校教授も務めた新渡戸稲造が著した『武士道（BUSHIDO：The Soul of Japan）』が、1900年、米国で刊行されて、これも注目され、武士道が武士だけのものから、国民一般の倫理精神のように取り上げられました。利己主義や軽薄な世相の戒め、行き過ぎた物質文明への反省が、この時期の時代精神となり、質実剛健もその一つでした。

明治後期の修身の教科書から広まったのが、二宮尊徳（金次郎）像です。これが置かれている学校は減ったものの、いまも目にすることができます。特に、生誕地である神奈川県小田原市、二宮尊徳が農政再建に活躍した真岡市を中心に栃木県に多いほか、東京でもいまも見かけます。

1911（明治44）年、神戸の実業家・大江市松が、二宮尊徳の報徳思想――「以徳報徳（徳を以って徳に報いる）」の考え――を建学の精神として設立した私立学校が、現在の報徳学園中・高校（兵庫県西宮市）です。

また、昭和恐慌後に、銅器の日本最大の産地である富山の高岡周辺で銅器業者が銅製の尊徳像を、さらに、御影石（花崗岩）の日本有数の産地である愛知の岡崎や豊橋周辺で石材業者が石製の尊徳像を製造・販売するようになりました。

そのころ、やはり神戸の実業家であった中村直吉が神戸と明石の小学校に尊徳像を寄贈したことから、苦労して勉学に励む模範として各地で尊徳像の寄贈がブームになり、全国の小学校に二宮尊徳像が普及したと言われています。

山梨県立甲府第一高校、北海道北見北斗高校は「強行遠足」を行っています。甲府一高は1924（大正13）年、北見北斗は1932年という旧制中学時代に始まった伝統の行事です。特に、甲府一高の男子は長野県小諸まで100キロ強という、日本で最も長距離を歩く学校行事として知られます。

京都市学校歴史博物館に展示されている二宮尊徳像

東京都立新宿高校（前身は東京府立第六中学）は、1年生全員が夏休みに、千葉県館山で1・5キロの遠泳を行う臨海教室を行っています。１９２２（大正11）年以来の伝統行事です。

このほか、埼玉県立浦和高校や山梨県立日川高校の「強歩大会」、茨城県立水戸第一高校の夜を徹して歩くことで知られる「歩く会」、栃木県立大田原高校の「八十五キロ強歩」、大阪教育大学付属高校天王寺校舎の「百粁《キロ》徒歩」なども同様のものです。

鹿児島では「遠行《えんこう》」と言い、桜島一周遠行（県立鹿児島中央高校、ラ・サール中・高校）や薩摩半島縦走（県立甲南高校）を行う学校があります。

長野では、中学2年で2千〜3千メートル級の山へ登る学校登山を多くの中学校が実施しています。長野には、奥穂高岳、槍ヶ岳、御嶽山、乗鞍岳、木曽駒ヶ岳など3千メートル前後の山が多数あり、明治期、山の動植物の生態を調査するため、研究者が登山をするようになりました。それを子どもたちも経験しようと、約１２０年前の明治30年代に学校登山の伝統が始まり、今日まで続いています[99]。

現在も、大半の中学校が学校登山を行っており、生徒は、事前に体力づくりの準備をするなど、中学校での最大の学校行事になっています。学校によっては、山の宿泊施設で一泊する場合もあるほか、松本市の小学校が5年生で標高約2千メートルの美ヶ原登山をするなど、小学校や高校で実施する学校もあります。

富山では、かなりの数の小学校が6年生で立山登山を行います。立山は、日本三霊山の一つであり、また、同県では越中と呼ばれていた時代には、元服前に立山に登って一人前とみなす風習があったと言います。

学校が主体となって行う立山登山は、明治末から昭和初期の頃、当時の小学校高等科が始めましたが、特に、道路が整備され、途中までバスで行くことが可能となった昭和40年代以降、夏休み中の行事として6年生で立山登山を行う小学校が多くなりました。[100]

長野、富山以外でも、岩手では同県のシンボルともされる岩手山（標高２０３８メートル）への登山を行う学校がかなりあります。

青年団、ボーイスカウトの活動

新中間層が拡大し、教育が普及した大正期には、思春期ないし青年期を、人生のモラトリアム期だととらえる認識が定着するようになりました。

江戸時代以来の若者組が、このころ、ＹＭＣＡ（キリスト教青年会）などに刺激を受けながら、青年団に改組され、また、ボーイスカウト・ガールスカウト運動も紹介されました。これら青少年の団体活動は、この時期に重視された修養による人間形成を担うことを期待されました。

明治天皇の大喪の礼が行われた陸軍の旧青山練兵場の跡地は、渋沢栄一らが「献木」を呼びかけ集まった全国各地からの約10万本の樹木、延べ4万人以上の全国青年団の勤労奉仕により1926（大正15）年に神宮外苑として造成されました。さらに、青年団の寄付によって日本青年館が建設されたほか、各種の体育施設も建てられ、青年団活動や体力向上の拠点になりました。

青年団（青年会）に関しては、日本では、南方の習俗である若衆組の組織が古くから（室町期あるいはそれ以前から）あり、特に西日本の農村地帯に多く存在しました。江戸期には若者組が培われ、ここで地域の社会人として必要な訓練を受け、祭礼や村の道普請、山火事の消火、水難救助などを担い、村同士の境界争いや水争いの時は抗争集団となりました。武士社会で藩が制度化した会津藩の「什」や薩摩藩の「郷中」もありました。

これが明治末に、政府（内務省）によって再編されたものが青年団（青年会）であり、農村部の若者たちが近代的な文化や新たな娯楽に触れるための場としての役割を果たしました。現在、青年団は大幅に減少しましたが、福島県の浅川の花火のように、いまも青年団によって行われている地域行事が残っています。

この当時、日本に移入され、青少年活動に刺激を与えたのがボーイスカウト・ガールスカウトやＹＭＣＡの活動でした。

ボーイスカウト・ガールスカウトは、二十世紀初頭、英国で始まったもので、日本にも広島高等師範学校（現・広島大学）校長らによって、1910（明治43）年前後から紹介され、導入されました。

1922（大正11）年に設立された少年団日本連盟（現・ボーイスカウト日本連盟）の初代総長には、仙台藩出身で、台湾総督府長官、東京市長、拓殖大学長などを務めた後藤新平が就任しました。

明治から大正にかけて主要都市に作られたYMCA会館は、近代的な屋内体育室を備え、一般社会人向けの体育施設としての役割を果たしました。[101] 1917年、日本初の室内温水プール付きの総合体育館を建設したのは、東京・神田のYMCAです。

バレーボールもバスケットボールも、アメリカのYMCAで考案・開発された競技であり、バレーボールを日本に紹介したのは東京YMCAです。日本におけるバスケットボールの発祥は京都YMCAの体育室で、1915年のことです。

◆交流戦・全国大会、学生文化の展開
——早慶戦、甲子園、応援団、大学イモ

早慶戦、六大学野球、甲子園

地域のクラブがスポーツ振興を担うヨーロッパに対し、日本と米国は、大学スポーツが

アマチュアスポーツの大きな部分を占めますが、このようなスポーツ文化が日本で定着し発展するのが明治末から大正期です。

大学スポーツの交流戦として最も歴史があり、いまもその代表格と言えるのが早慶戦です。その第1回は1903（明治36）年に行われた早慶野球戦です。早稲田の野球部から慶應に届いた挑戦状がきっかけで、第1回は慶應が勝ちました。このときの挑戦状は、いまも慶應義塾大の「福澤諭吉記念慶應義塾史展示館」に保存されています。

早慶野球戦は応援の過熱が問題となって1906年に中止されましたが、約20年の中断を経て1925年に再開され、今日まで至る伝統戦となっています。早慶戦としてはそれより早い1922年の第1回ラグビー戦から再開されています。ラグビー戦が「伝統の早慶戦」と言われるゆえんです。

また、早慶野球戦をきっかけに大正期には、明治大、法政大、立教大が順次加わり、1925年には東京大も加わって行われるようになったのが東京六大学野球です。以来、東京六大学野球のメンバーは不変で、その起源からリーグ最終週は早慶戦で締めくくります。神宮球場（明治神宮野球場）は、その開催場所として1926年に完成し大学野球の聖地となりました。

全国高校野球は、世界的にも珍しい、日本の国民的行事とも言えますが、その始まりも大正期です。

高校野球の夏の大会（全国高等学校野球選手権大会）は1915（大正4）年の全国中等学校優勝野球大会が第1回ですが、これは、旧制第三高等学校（現・京都大学）野球部員らの提案がきっかけで始まったものです。

旧制三高の野球部の主催で1901年から同校グラウンド（現・京都大吉田南構内グラウンド）で、近県の中等学校による連合野球大会が行われていました。当時圧倒的な強さを誇っていた旧制京都府立第二中学（現・京都府立鳥羽高校）野球部OBで、京都帝大生の高山義三（後の京都市長）と三高野球部主将の小西作太郎が、全国大会の企画を大阪朝日新聞に持ち込んだことが開催の契機になったということです。

15年の第1回大会は京都府立二中が優勝、秋田中学（現・秋田県立秋田高校）が準優勝しました。この時の会場は箕面有馬電気軌道（現・阪急電鉄）の豊中グラウンドでした。阪神ではなく阪急のグラウンドが高校野球発祥の地だったわけですが、1924（大正13）年に阪神甲子園球場ができると、甲子園に会場が移され、高校野球の〝聖地〟になったのです。

この夏の大会に対抗し、大阪毎日新聞が1924（大正13）年、名古屋の山本球場（90
102 年閉鎖）で開催した選抜中等学校野球大会が、現在の春の選抜高等学校野球大会の第1回で、翌年から甲子園で開催とされています。夏の大会との違いを打ち出すため「選抜方式」がとられました。第1回優勝は高松商業、準優勝は早稲田実業でした。

戦前には、「外地」と呼ばれていた満州、朝鮮、台湾からも代表校が甲子園に出ていました。満州と朝鮮の代表校が1921年から、台湾の代表校が23年から夏の大会を中心に出場し、満州の大連商業学校、台湾の嘉義農林学校のように準優勝した強豪校もありました。

阪神電鉄が24年に建設した甲子園球場は、日本初の本格的な野球場です。この年は、十干・十二支の最初の「甲《きのえ》」「子《ね》」に当たる年で、球場名はここから命名されました。2024年に開場百周年を迎えました。

今日、「甲子園」の言葉は、高校野球のみならず、高校生のさまざまな全国大会の代名詞になっています。例えば、「まんが甲子園」(高知)、「俳句甲子園」(松山)、「短歌甲子園」(盛岡、宮崎県日向市)、「かるたの甲子園」(大津)、「書道パフォーマンス甲子園」(愛媛県四国中央市)などです。

さらには、工業高校生が工業技術・技能を競う「ものづくり甲子園」(高校生ものづくりコンテスト全国大会)、農業高校生が育てたお米のおいしさを競う「お米甲子園」、特別支援学校対抗による障害者スポーツ「ボッチャ」の競技大会「ボッチャ甲子園」、理容・美容学校生が技術を競う「理美容甲子園」(全国理容美容学生技術大会)などにも「甲子園」がうたわれています。

こうしてわが国の学校文化に定着している「甲子園」ですが、その始まりである夏の高校野球は、猛暑の影響を避けるため、2024年夏の大会では（午前と夕方に試合開始する）2部制の試験導入や準決勝、決勝の開始時間繰り上げが行われました。さらに7イニング制への移行やドーム球場での開催の議論も起きています。甲子園だけでなく、各学校の運動会も、午前中のみの開催にするなど時間短縮の動きがあります。地球温暖化は今後、学校文化にも大きな影響を与えるのではないかと危惧されます。

日本発祥の種目・駅伝

全国高校駅伝は京都で行われ、師走の風物詩にもなっていますが、「駅伝発祥の地」の碑も京都・三条大橋のたもとにあります。

日本発祥の駅伝の初の大会である「東海道五十三次駅伝徒歩競争」は、東京奠都50年の奉祝行事として1917（大正6）年4月、京都・三条大橋から東京・上野不忍池までの500キロ、23区間で行われました。江戸時代に、宿場で馬を乗り継いだ「宿駅伝馬制」からとって「駅伝」と呼ばれるようになりました。この東海道五十三次駅伝は、すでに全国中等学校優勝野球大会（夏の全国高校野球大会）を始めていた朝日新聞社に対抗し、読売新聞社が主催しました。これを企画したのは、同社の当時の社会部長で、戦後に300校近くの校歌を作詞した歌人の土岐善麿でした。参加したのは関東の東京高等師範、旧制一高などの混合チームと、名古屋の旧制愛知一中（現・愛知県立旭丘高）単独の2チームでした。

結果は、関東チームが勝ち、アンカーは東京高等師範の金栗四三でした[103]。

3年後の1920年、金栗四三らの発案で始まったのが箱根駅伝（東京箱根間往復大学駅伝競走）です。第1回は2月に、東京高等師範、明治大、早稲田大、慶應義塾大の4校が参加して「四大専門学校対抗駅伝競走」として行われ、東京高師が優勝しました[104]。

箱根駅伝が1月2・3日に行われるようになったのは戦後の1956年からです。箱根駅伝の主催は関東学生陸上競技連盟であり、関東地区のローカル大会ですが、日本テレビ系で全区間の完全生中継が行われるようになった89年以来、高視聴率番組となり、いまやお正月に欠かせない名物行事となりました。選手の活躍は、受験生の確保や大学のイメージに影響を与えるほどだと言われます。2024年に、第100回大会を迎えました。

金栗四三は、日本が初めて参加した1912（明治45）年のストックホルムオリンピックに出場したことでも知られていて、2019年のNHK大河ドラマ『いだてん〜東京オリムピック噺〜』の主役として描かれました。

ラグビー、サッカー、アメフトなど

日本におけるラグビーは、1873（明治6）年、現在の横浜・山下町公園で英国人が行ったのが最初とされます。日本人によるものは1899年、横浜生まれの英国人で慶應義塾の英語講師だったE・B・クラークが慶應の学生に伝えたのがルーツとされ、同大学の横浜・日吉グラウンドに「日本ラグビー蹴球発祥記念碑」が立てられています。諸外国とは異なり、日本では、ラグビーのユニフォームは、二色の横縞柄が定番ですが、これを最初に採用したのも、慶應義塾大の蹴球部（ラグビー部）です。

これに対し、関西ラグビー発祥の地とされるのが、京都の下鴨神社境内の「糺《ただす》の森」であり、「第一蹴の地」の石碑があります。１９１０（明治43）年、日本初のラグビー部である慶應義塾の学生から、旧制三高（現・京都大学）の学生が、この場所で初めてラグビーの指導を受け、一緒に練習をしたとされます。石碑のすぐ横にはお社「雑太社《さわたしゃ》」があり、その祭神は球技上達の神徳があるとして「ラグビーの神様」とされています。

全国高校ラグビー大会は、元慶應義塾大主将で関西ラグビー協会初代会長の杉本貞一が、大阪毎日新聞に相談をもちかけたことから始まります。

１９１８（大正7）年、ラグビーとサッカーの大会をあわせて旧制中学の生徒らによる第１回大会（日本フットボール優勝大会という名称でした）が開催されました。[105] このときの会場も、高校野球発祥の地と同じ、箕面有馬電気軌道の豊中グラウンドでした。第１回のラグビーの優勝は全同志社、サッカーの優勝は御影師範学校（現・神戸大学発達科学部）でした。

ラグビー（全国高等学校ラグビーフットボール大会）の会場が東大阪市の花園ラグビー場になったのは１９６３（昭和38）年度からです。サッカー（全国高等学校サッカー選手権大会）

は1976年度から東京で開催されるようになりました。

わが国で最初に伝えられたのが慶應義塾であるスポーツとしては、ホッケーもそうであり、明治末期に、アイルランド人牧師のW・T・グレーが伝えました。

これに対し、アメフト部のルーツは、昭和初期の立教大学にあり、戦前には東西大学対抗戦が行われていました。これが現在の甲子園ボウルの起源です。

高校アメフトの初めての公式試合が行われたのは、終戦直後の1946年、旧制豊中中学（現・大阪府立豊中高校）で、対戦相手は池田中学（現・同府立池田高校）でした。

高校野球、全国高校ラグビー、全国高校サッカー、高校アメフト公式試合の発祥が、いずれも大阪府の豊中というわけです。

漕艇部（ボート部）が部活動の始まりであり、多くの大学で最も伝統ある部であることはすでに触れました。

「琵琶湖周航の歌」は、旧制三高（現・京都大学）の水上部（ボート部）員の小口太郎が1917（大正6）年の琵琶湖一周漕艇の際に作ったものであり、それが三高寮歌として歌い継がれました。この歌ができたのは大正デモクラシーの時代であり、学生にとってもつかの間の平和な時代でした。そして、戦後、加藤登紀子が歌ってヒットし（1971年）、全国的に知られるようになりました。今日、京都大学の同窓会や滋賀県民の間では、本来の学歌や県民歌より親しみを持って歌われる曲になっています。

ちなみに、もともと旧制高等学校の寮歌であって、昭和の歌謡曲になったものとしては、小林旭の「北帰行」(1961年)もそうです。日露戦争後、日本は中国の旅順を占領しましたが、その旅順に設置された旧制の旅順高等学校の寮歌だったものが原曲です。

現在のインターハイ(全国高校総合体育大会)は1963(昭和38)年に始まったものですが、その起源も大正期であり、1926(大正15)年ごろ始まった旧制高等学校対抗スポーツの大会が、インターハイと呼ばれていました。

近年は、少子化に加え、娯楽の多様化、長時間練習などの影響で、競技人口の減少、子ども・若者のスポーツ離れが懸念されています。競技によっては、部の数の大幅な減少に直面する大会も出てきています。全国高校ラグビーもその一つで、大会出場条件である15人のチームを組めるラグビー部が、県内に2、3校しかないという県も出てきています。今後、少子化が日本の学校文化に与える影響も大きくなってくる可能性があります。

バンカラ応援団、大正期の学生文化

野球に代表される日本の近代スポーツの発展に欠かせない存在だったのが応援団です。今日の大学の応援団は、明治期の旧制高校に起源をもちます。明治20~30年代、応援で熱くなった観客によるトラブルが増えたことで、観客をコントロールし、観客席を統率する役割を担う存在として生まれたと言われます。

「ハイカラ」は、明治30年代、欧米で流行した高襟（high collar）を付けて帰国する人を指して、毎日新聞が使い始めたもので、西洋風を意味する言葉として流行しました。これへのアンチテーゼとして登場したのが「バンカラ」であり、詰め襟制服（学ラン）の旧制高校生の粗野なスタイルを指しました。

このバンカラ文化は、大正期に広く普及し、それがいまにも伝わっています。現在、バンカラ応援団は、約50の大学にありますが、高校でもその伝統を伝える学校が各地にあります。旧制高校の学生文化が、旧制中学を経由して新制高校に伝わった例の一つです。

岩手県は、特に多く、県立盛岡第一高、水沢高、福岡高、一関第一高、花巻北高、黒沢尻北高などで強力なバンカラ応援団が活動しています。また、山梨県立日川高校や長野県松本深志高校には、入学直後の新入生に先輩が応援練習を指導する伝統があり、富山県立富山中部高校にも、毎年、中部ウェーブという独特の応援練習を行う行事があります。

鹿児島市立鹿児島商業高校には、「チンチンチャイナマイノ　ウェルウェルローン…」で始まる不思議な応援歌があります。生徒はみんなこの意味不明の歌詞を覚え、部活の試合や行事などの際、「チンチンチャイナマイノ…」で気合いを入れます。同校は２０２３年度まで男子校であり、体育祭では男子生徒が上半身裸で中腰になって両手を回しながら、この応援歌に合わせた演舞を行ってきました。

この不思議な応援歌は、ほぼ同じものが北海道函館商業高校にもあり、同窓会などで歌われているそうです。函館商業高校の元教員・大角慎司氏の調査によると、この応援歌は大正期に作られていて、原曲は英国で作られたオペレッタ「ゲイシャ」の劇中歌「Chin Chin Chinaman」だということが分かったそうです。[106] 渡辺裕氏が明らかにしているように、大正期前後の校歌や応援歌には、当時の替え歌文化が影響を与えており、これもその一つですが、なぜ函館と鹿児島の商業高校に応援歌として残っているのかは謎のままです。

大学の応援団でよく知られているものとして、東京農業大学応援団の「大根踊り」があります。学ランを着て両手に葉付き大根を持ち応援歌に合わせて踊るというインパクトのあるものです＝イラスト。応

援歌は1923（大正12）年から続くものであり、大根を持って踊るようになったのは、1951（昭和26）年、大学祭である収穫祭の宣伝活動として、渋谷のハチ公前で披露したのが始まりという歴史を持ちます。いまも収穫祭では大根の無料配布が名物になっています。

同じく独特の応援で知られるのは、日本体育大学で男子必修となっている「エッサッサ」です。鉢巻きと短パン一丁で応援の集団演舞を行うもので、大正期からの伝統を持ちます。

三・三・七拍子は、やはり大正期に明治大学の応援団長が、早稲田大学との対抗戦で考案したものだそうです。

「フレー、フレー」の応援の掛け声は、明治末期、早稲田大学の野球部が訪米した際、米国のチームが試合で行っていたHurray! の掛け声を持ち帰り、早慶野球戦の応援で使ったのが最初とされます。

大学のバンカラ応援団は、しかし、厳しい練習や指導が敬遠され、昭和の終わりから、団員の減少に悩んでおり、活動を休止する応援団も増えています。かつては門戸を開いていなかった女子学生を受け入れるなど、在り方を変えながら、伝統の灯を守ろうと模索する応援団も出てきています。

以上、大正期に、今日まで続く大学スポーツ文化が花開いたことを見ましたが、大学生が増えることにより、スポーツ以外でも、さまざまな学生文化が展開します。

例えば、学生が外国語から造った新語が生まれます。明治期に「ずるい」を意味する英語から造られた「カンニング」などに加え、ぼろきれを意味するドイツ語から来た「ルンペン」や、フランス語のサボタージュから来た「サボる」というような言葉がそうですが、若者が日本語を変えるというのは今日にも通じる現象です。

また、すでに明治以来、パン食や肉食が学生の間で大いに人気を集めるなど、食文化の変化に対しても、学生が与えた影響は大きいのですが、大正期には、食べ物と大学や学生文化とのかかわりに、さらに興味深い例が出てきます。

かき氷のミルク金時は、旧制第六高等学校（現・岡山大学）の学生が考え出したものだと伝わります。大正期、喫茶店で六高生があんこ入りかき氷にコーヒーフレッシュをかけて食べたことが始まりとされます。この喫茶店は「カニドン」というお店で、一時閉店したことがありますが、いまも岡山市内で営業しています。

大学イモは、大正期に、東京帝国大学の赤門前のふかしイモの店が売って学生に大人気になったことからこの名前になったと言われます。ただ、早稲田大学の前の店だったという説もあります。

マスクメロンをわが国で初めて食べ、広めたのは、早稲田大学初代総長の大隈重信です。海外で初めて食べてその味に感激し、マスクメロンをこよなく愛したそうです。自邸の温室で栽培し試食会を行ったことを新聞が報道、普及のきっかけになったとのことです。渋沢栄一を描いた2021年のNHK大河ドラマ『青天を衝け』でもその場面がありました。

◆戦時体制下の影響
――校旗、入場行進、制服の第二ボタン

国の独立を守ることを主眼に明治維新を遂行したわが国は、大正期までに近代国家として一定の成熟を遂げる一方で、自らを過信するようになり、昭和に入ると、戦時体制に入り込んでいきます。それは学校に大きな影響を与え、今日の学校文化に及んでいるものもあります。

校旗、入場行進、班活動、奉安殿

いま、高校野球においては、地方大会から春・夏の甲子園の全国大会にいたるまで、毎試合終了ごとに、勝利したチームの栄誉を称え、校歌を演奏し、校旗の掲揚が行われています。これは、1929（昭和4）年の第6回選抜中等学校野球大会（センバツ）から始まったものです。日本のように、どの学校にも校歌があり、校旗があるというのは、世界的には珍しいことです。

校旗について水崎雄文氏の研究を頼りに以下述べますが、校旗がどの学校にもあるようになったのは、戦時下でのことでした。

校旗を最も早く制定したのは1887（明治20）年、旧制高知尋常中学（現・県立高知追手前高校）とされますが、明治、大正期には一般的には学校に校旗はありませんでした。日清戦争、日露戦争を経て、少しずつ校旗を制定する学校が増え、また、徐々に陸軍軍旗を模倣した校旗が増えました。

校旗の制定が加速度的に増えたのは、昭和に入ってからで1928（昭和3）年の昭和天皇の即位の礼や、毎年各地で行われた陸軍大演習後に1925年以降行われるようになった天皇親閲式への学生・生徒の参列を記念して、あるいは1931年の満州事変勃発を受けて、次々と校旗が作られていきました。

そして、1939年、文部・陸軍・海軍の三省共催の陸軍現役将校学校配置令公布15年記念の合同査閲が宮城前（現在の皇居前）広場で実施され、天皇が全国から上京した学生・生徒代表の分列行進を親閲しましたが、その際、校旗のある学校は校旗持参のことと通達されました。この時から、学校に校旗はあるものと考えられるようになります。

文部省は、その合同査閲が行われた5月22日に、以後毎年、女学校や小学校上学年も含め、なるべく分列式または部隊行進を実施するよう通牒しました。現在、運動会で、校旗を先頭に入場行進を行う学校も少なくないと思いますが、この時代に淵源があると見られています。[107]

部活動、部活を「班活動」「班活」と呼ぶ高校があります。野球部ではなく野球班、テニス部ではなく庭球班という具合であり、東京、長野、京都、滋賀などの戦前の旧制中学に起源を持つ伝統校に見られます。

こうした学校では、文化部も、吹奏楽班、合唱班、囲碁班、将棋班、文芸班など「班活動」になっています。

また、高校や大学の伝統校の中には、サッカー部を蹴球《しゅうきゅう》部（班）またはア式蹴球部（サッカーを意味するアソシエーション・フットボールの和名）、ラグビー部を闘球部（班）またはラグビー蹴球部（班）、バスケットボール部を籠《ろう》（篭）球《きゅう》部（班）、バレーボール部を排球部（班）というように、球技名称に和名を付けている学校があります。

こうした「班」や日本式競技名称は、戦時中、国家総動員体制の下、さまざまな社会組織の改変がなされ、学校においても校内団体の見直しが行われた際に名付けられたものが多いと言われ、それが戦後も残ったものと見られています。

奈良女子大学には、奉安殿の建物が今もあります。1891（明治24）年に文部省は、天皇皇后の御真影と教育勅語について「校内一定ノ場所ヲ撰ヒ最モ尊重ニ奉置セシムベシ」

との訓令を発していましたが、１９３０年代になると、文部省は、防火ならびに換気に配慮した鉄筋コンクリートの神社建築様式である神明造り（伊勢神宮社殿と同じ造り）の奉安殿をモデルとして示しました。

こうして全国の学校に作られた奉安殿は、戦後取り壊されましたが、奈良女子大学の場合は、教員が遺伝研究のためにショウジョウバエの飼育室として使う許可をＧＨＱから得たため残ったと伝わります。

学徒出陣、制服の第二ボタン

日本初の本格的な陸上競技場として、嘉納治五郎らの働きで１９２４（大正13）年に明治神宮外苑競技場（神宮競技場）が完成しました。現在の新国立競技場の先々代に当たります。

この神宮競技場で、１９４３（昭和18）年10月21日、文部省と学校報国団本部が主催し、出陣学徒壮行会を行いました。その映像は折に触れテレビで流されています。

当時、学生には徴兵猶予の特典がありましたが、東条英機内閣は、戦況悪化による兵力不足を補うため、理科系、師範学校以外の主に文系の大学、旧制高校、旧制専門学校の20歳以上の学徒（学生・生徒）の徴兵猶予を停止し、彼らは出陣しなければならなくなりました。学徒出陣です。壮行会は各地の大学で行われましたが、関東の77校の学徒

2万5000人の壮行会が行われたのが神宮競技場でした。スタンドで約6万人の家族や後輩、女子学生が見守る中、学生服姿の若者たちが雨の中、学旗・校旗を掲げて参列し、銃を肩に掛けトラックを行進しました。東条英機首相が訓示、学生を代表して答辞を述べたのが、このとき東京帝国大学文学部2年で、後に鹿屋体育大学初代学長も務めた江橋慎四郎氏でした。答辞の文章は教官に添削され、「生還を期せず」との激烈な内容になったと言います。

動員された学徒は、陸軍士官学校や海軍兵学校などを出た正規将校ではないわけですが、高学歴ということもあり、兵卒ではなく、学徒将校（陸軍では幹部候補生、海軍では予備学生）として入営（陸軍）・入団（海軍）しました。

戦後の1949年、戦没学生75人の手記『きけ　わだつみのこえ』が出版され、ベストセラーになりました。

出陣学徒の総数は約9万〜13万人に上ったともされますが、戦没者数を含め、正確な実態は分かっていません。記録は空襲で焼けたり、軍部により意図的に焼却されたりしたと言われます。戦後しばらくは、出陣学徒の記録を集めたり、追悼したりすることに対して、軍国主義の復活につながると批判する風潮があり、戦没者の調査や追悼に消極的な学校が多かったと言われます。大学が学徒出陣の記録の収集に取り組み始めたのは1980年代以降です。東京大、京都大、一橋大、早稲田大、慶應大、法政大、明治大、立教大などが戦没者数を調査しています。学徒出陣50年に当たった1993年、全国272の私立大学の学長が、かつて大学が学徒を歓呼の声で送り出したことを反省する共同声明を発表したほか、元学徒兵の有志らが国立競技場敷地内に、「出陣学徒壮行の地」の碑を建てました。いまも毎年10月、この碑の前で追悼式が営まれています。

1980年代にヒットし、卒業ソングの代表曲である斎藤由貴の「卒業」（松本隆作詞）は、「制服の胸のボタンを下級生たちにねだられ　頭かきながら逃げるのね……」と始まります。また、柏原芳恵の「春なのに」（中島みゆき作詞）には「記念にください　ボタンを一つ…」とうたわれています。卒業式の日に、女子生徒が、卒業する男子生徒から制服の第二ボタンをもらう慣習は、その始まりは戦時中の出来事がかかわっており、二つの説があります。

一つは1950（昭和25）年ごろ、高校教師の研修会で、北関東の元・旧制高校校長が、学徒出陣で出征することになった教え子が先に出征した兄の嫁にボタンを渡した話をし、これが広まったというものです。

もう一つは1960年公開の映画『予科練物語　紺碧の空遠く』（松竹）の中で、特攻隊に出撃した予科練生（予科練生とは、海軍飛行予科練習生というパイロット養成制度における十代の少年兵で、総数は24万人に及んだ）が思いを寄せる少女にボタンを渡す場面があり、これが広まったというものです。[108]

戦場に行かなければならないことによる別れがもとになって、戦後の1970年代後半以降に中・高生の生徒文化になったものです。

以上のような出陣した学徒に限らず、本土防衛や生産増強のため、負傷兵の看護、軍物資の搬送、軍需工場での弾薬の製造などに動員された学徒は、全国で340万人を超え、軍需工場への空襲などで約1万1000人が犠牲になったと言われます。

戦況の悪化に伴い、女子も「女子挺身隊」として動員されたほか、敗戦前年には、学校の授業は原則停止、都市部の小学生（国民学校初等科の児童）は学童疎開、12歳以上は動員の対象とされました。沖縄では、沖縄師範学校女子部・県立第一高等女学校の女子学徒からなる「ひめゆり学徒隊」、県立第二高等女学校の女子生徒からなる「白梅学徒隊」などが看護要員として動員され、激しい沖縄戦の中で多くの犠牲者を出しました。

新聞の読者欄に、香川県に住む93歳の女性の「もっと勉強がしたかった」という投書がありました[109]。戦争がいかに学校文化を変えてしまうかが伝わってきます。

〈もっと勉強がしたかった〉

「戦争に押し流された女学校時代だった。運動会では、両手に砂袋を下げて焼夷弾の消火と称して走る競争や、けがをした兵隊さん役に包帯を巻き、担架に乗せて戻る競技があった。竹やり攻撃では、掛け声が小さいと叱られながら訓練を重ね、当日は大声を披露。大拍手を浴びた。その後、学校の校庭は芋畑に変わった。

英語は敵性語ということで突然、消えた。千人針は授業中、毎日のように回ってきた。1枚1針だが5、6枚もあると手間取り、その間に先生の板書が消されて弱ったことも。学徒動員で工場通いとなり、昼休みに海岸で『春のうららの』と『花』を歌っていたら、引率の先生から『軍歌を歌いなさい』と大目玉を食らった。自宅が学校の近くだったため、天皇の写真と教育勅語を納めた奉安殿の保安係に任命され、夜中、サイレンが鳴ると、起きて奉安殿に走り、暗闇の空をにらんだ。

卒業式では『仰げば尊し』ではなく、『海ゆかば』を歌った。後日、小学校の同級生が合格した高等師範に向かう途中、船上で機銃掃討を受け、命を失ったことを知った。そして敗戦。93歳の今、まだ思う。もっと勉強したかったと」

4章

戦後の学校文化

戦後、わが国は、明治以来進めてきた近代国家としての行き方を根本的に問い直さなければならなくなりました。そして、日本国憲法が公布された11月3日を「自由と平和を愛し、文化を進める日」として「文化の日」と定めました。

本章では、「文化国家」としての歩みを始めることとなった第二次大戦後に由来する学校文化を見つつ、地域ごとの学校文化を形成している要素について考えてみることにします。

まず、戦後の民主化、復興の影響、1960年代後半の学園紛争の影響などを見たいと思います。そのうえで、今日、郷土の芸能、工芸、料理など地域の伝統、特産品、自然、方言、自治体の政策などが反映され、地域ごとの学校文化が形成され、継続している様子を見ていきたいと思います。

日本の学校文化は、地域ごとの学校文化があってはじめて成り立っているものだと言えます。現代において文化は変化しやすいものと思われがちですが、しかし、表向きは変化しても、土台となっている地域の文化は、根本のところでは容易には変わらないものだと考えられます。今日、国家レベル、国際レベルの変化が与える影響の大きさに目が向きがちですが、地域の学校文化について改めて認識を深めてみたいと思います。

◆戦後の民主化、教育の復興
——男女共学、校歌の変化、学校給食、チャイム

男女共学化の推進

戦前の旧制中学、高等女学校が、戦後、新制高校に移行する際、占領軍・地方軍政部は共学化を指導し、公立高校は男女共学が原則となりました。

例えば、京都では、府立第一中学が洛北高校に、第二中学が鳥羽高校に、府立第一高女が鴨沂高校、市立第一高女が堀川高校というように移行していますが、いずれも共学化しました。岡山では、第一岡山中学と第二岡山高女が統合して岡山朝日高校に、第一岡山高女と第二岡山中学とが統合して岡山操山高校に移行し、共学化しました。多くの都道府県で同様の方法で共学校になりました。

こうした統合の経緯が校訓や校章に反映している例があります。

例えば、鹿児島県立甲南高校は、校訓が「剛　明　直　気高く　優しく　健やかに」というものですが、前半の3字は旧制第二鹿児島中学の校訓、後半の3語は旧制鹿児島第二高女の校訓を受け継いでいます。また、同校の校章も、旧制鹿児島二中の「鹿の角」の校章と、旧制鹿児島二高女の「撫子《なでしこ》」の校章とを合体させ、「高」の字を加えたものになっ

ています。

香川県立高松高校の校章は、旧制高松中学の校章に「高」の字を加えたものと、旧制高松高女の「雪に笹」の徽章《きしょう》という2つの紋章を横に並べて組み合わせた形になっています。

東京都立竹早高校は、旧制東京府立第二高女を前身として、戦後共学化しましたが、女子には前身校である旧制高女の校章を、男子には戦後新たに制定した校章を定めており、男女別に2つの校章があります。

神奈川県立横浜平沼高校は、旧制横浜第一高女を前身として、戦後共学化しましたが、校歌は1916（大正5）年制定の旧制高女の校歌を継承しました。「荒城の月」のメロディや変調の技法を取り入れたおごそかな旋律の曲です。これに対し、男子生徒から、応援の時に盛り上がらない、歌詞が男子向きでないとの声もあり、新校歌制定の議論はあったものの、今日まで荘厳な伝統の校歌が歌い続けられています。ただ、歌詞は、「をしえの道のみことのり」という教育勅語を示す部分が「学びの道にいそしむは」になるなど一部が改定されています。

男女共学は、必ずしもすんなりと導入されたわけではなく、特に地方では強い反対意見がある中、実行されました。特に、多くの県で男女共学を小学区制と合わせて導入したことが生徒や保護者の強い不満を引き起こしました。

例えば、北海道でも、新制高校への移行時に、男女共学・小学区制を導入し、学校差を縮めることを目指しました。しかし、新制の公立高校が複数設置された札幌や旭川などの都市では、市立高校よりも、旧制の道庁立中学を前身とする道立高校（現在の札幌南高校、旭川東高校など）に行きたいという道立優位の考え方が生徒や保護者に根強くありました。こうした意識を解消するためとして、北海道教育委員会は１９５０（昭和25）年、公立高校の名称から「道立」「市立」「町立」といった設置主体名を除き、どの学校も「北海道○○高校」と改称することにしました。[110] 大正期や戦後直後に「立」の字を削除した県は他にもあるようですが、その後に復活させている場合もあり、ここで見た北海道と、大正期に「立」の字を削除した長野県、宮城県の３道県だけが、「立」のない校名で今日に至っています。

このように各地でさまざまな対処をしつつ共学化が進められた一方で、仙台に置かれた米陸軍部隊第八軍の第九軍団軍政部は、共学化について厳しい指導を行わず、北関東から東北の地域に男女別学の公立高校が長く残ることになりました。[111]

例えば、宮城の仙台第一中学、仙台第二中学はそれぞれ男子校のまま仙台第一高校、仙台第二高校に、宮城第一高女、宮城第二高女はそれぞれ女子校のまま第一女子高、第二女子高になり、また、群馬の前橋中学、高崎中学はそれぞれ男子校のまま前橋高校、高崎高校に、前橋高女、高崎高女は女子校のまま前橋女子高、高崎女子高になりました。

近年では、福島で2003（平成15）年度までに、宮城で2010年度までに全ての県立高校を共学化したのですが、北関東の栃木、群馬、埼玉ではなお別学校がそれぞれ10校前後あります。

中部地方以西では、ほとんどの府県で、公立高校は男女共学が当たり前で、男女別学は私立のみだと思っている人が多いため、北関東にある男女別学の公立高校の存在を知って驚く人も少なくありません。

男女別学の公立高校が複数ある県としては、このほか、福岡（現在は福岡市立福岡女子高校、組合立三井中央高校〈女子校〉の2校）、鹿児島（鹿児島市立鹿児島女子高校、鹿屋市立鹿屋女子高校、県立野田女子高校の3校）がそうですが、戦後、九州でも男女共学の原則が完全には徹底されず、もともとは別学校がもっと多くありました。その背景としては、米陸軍第八軍の第一軍団が置かれた京都からの距離が遠かったためと見られています。鹿児島女子高のように、軍政部の統制緩和後に別学に戻した例もあります。

地方軍政部の指導に温度差があったことは、新制公立高校の校名にも表れています。例えば、和歌山では、地方軍政部が、因習打破のためとして、地元を代表する学校であるかのように県の名前をそのまま冠したり、「第一」「第二」とナンバーを付けたりする校名を認めないとの強い方針であったため、旧制和歌山中学をそのまま引き継ぐような名称の高校を作ることは許されず、古典から名をとって、県立桐蔭高校が設置されました。[112]

同じように、県や市の名前は付けず、学校周辺の地域を指す名称になった例として、愛知県立旭丘高校（前身は愛知県一中と名古屋市立第三高女）や神奈川県立希望ケ丘高校（前身は横浜一中）、京都府立洛北高校（前身は京都一中）、福井県立藤島高校（前身は福井中と福井高女）などがあります。

これに対して、「第一」と付する高校（盛岡第一高校、仙台第一高校、水戸第一高校、甲府第一高校など）や、県や県庁所在市の名をそのまま冠する高校（例えば、秋田高校、宇都宮高校、千葉高校、新潟高校、静岡高校、山口高校など）のように、旧制時代の校名を踏襲した新制高校も少なくなく、それは概して東日本に多い傾向がありますが、これには地方軍政部の指導が緩やかであったことが影響しています。

今では考えられないことですが、１９８０年代まではかなりの県で、旧制中学や旧制高女を前身とする高校で、前者では男子、後者では女子の生徒数が2～3倍程度も多く、男女比に大きな偏りのある学校が相当ありました。[113]　90年代以降は、こうした偏りはほとんどの学校でなくなっています。

現在では、男女別学の高校は、女子高が約6%、男子校が約2%で、合わせても高校全体の一割未満まで減っています。その8割以上は私立で、公立はこの項で見たようなわずかな場合のみになっています。

やや変わった例として、東京都立高校は、共学ですが、男女別に募集定員を定めてきました。戦後の新制高校移行時に、東京都は、一学区内に複数の公立高校がある中学区制をとったため、男女別定員を設けなければ、旧制中学を前身とする高校（日比谷、立川、両国、戸山、小石川〈現在は中等教育学校〉、新宿、墨田川、小山台、北園、西など）には男子ばかりが入学し、逆に高等女学校を前身とする高校（白鷗、竹早、駒場、南多摩〈現在は中等教育学校〉、富士、三田、小松川、八潮、多摩、豊島など）には女子ばかりが入学するおそれがありました。旧制時代は、男女で教育内容が異なり、女子は裁縫や家事などの科目があって一般科目が少なく学力差があったため、旧制中学を前身とする高校に、女子の合格者が非常に少なくなってしまう可能性があったからです。加えて、大正時代に増加した女学校を前身とする私立の女子高が都内には多いことから、公立以外の進学先が女子の方が多く、男子の進学先を公立で確保する必要があったという事情もありました。

かつては、東京都以外でも、大阪府、兵庫県、福井県、群馬県、青森県などでも同様の男女別定員を設ける公立高校がありました。この仕組みは、学校ごとに見ると、男女で倍率や合格ラインに差が生じて不公平との指摘を受けて、男女別定員は相次いで廃止され、最後に残った東京都も2024年度に廃止しています。

戦後の校歌の変化

戦後の学制改革で新たに作られた（新制）中学校の校歌や、小学校・高校でも戦後作られた校歌は、すでに述べた戦前の校歌とは異なり、「希望」「未来」「理想」「平和」「自由」「明るく」などの言葉が多用され、「ああ称えよ○○中学校」「われら○○小学校」といったふうに校名で締めくくるなど分かりやすいものが多くなります。

ただし、戦後の校歌でも、作詞者が戦前生まれである場合などに、古典文法による表現が見られるようです。例えば、「高い理想」ではなく「高き理想」、「そびえるいらか」ではなく「そびゆるいらか」といった具合です。

戦後、作られた校歌に関して、昭和20～30年代に非常に多くの校歌を作った作詞者と作曲者が、歌人の土岐善麿（1885～1980）と作曲家の信時潔（1887～1965）です。

歌人で国語学者（早稲田大教授）だった土岐善麿は、すでに述べたように、読売新聞社会部長だった大正6年、日本初の駅伝大会を企画した「駅伝生みの親」でもあるのですが、戦後、作詞家として活躍し、全国の300近い小・中・高校、大学の校歌の作詞を手がけました。高校・大学の例を挙げると、東京学芸大付属高、東京都立日比谷高、名古屋大付属高、富山県立南砺福野高、島根県立松江北高、徳島県立富岡東高、茨城大、大妻学院、茨城高専などがあります。
作曲家で東京音楽学校（現・東京藝術大）教授だった信時潔は、戦時中の国民歌「海ゆかば」を作曲したことで知られますが、昭和初期から戦後にかけて、数多くの校歌を作曲しました。高校・大学の例を挙げると、北海道札幌北高、栃木県立宇都宮高、東京都立白鷗高、西高、私立の開成高、桜蔭学園、愛知県立旭丘高、豊橋東高、三重県立津高、奈良県立奈良高、兵庫県立長田高、神戸高、私立の甲陽学院高、灘高、福岡県立育徳館高、筑紫丘高、東筑高、明善高、長崎県立諫早高、金沢大、慶應義塾塾歌、学習院院歌、専修大、大東文化大、成蹊大、皇學館大、甲南大、群馬高専、大分高専などです。
そして、この2人がコンビで作詞・作曲している校歌も多く、高校では、北海道室蘭栄高、岩手県立一関第二高、栃木県立石橋高、埼玉県立本庄高、千葉県立安房高、私立の帝京高、東京電機大高、東京都立大崎高、大森高、江北高、芝商業高、日本橋高、一橋高、神奈川県立相原高、山梨県立山梨高、長野県阿南高、岐阜県立多治見工業高、静岡県立島田高、沼津工業高、三島北高、静岡市立高、愛知県立一宮高、兵庫県立佐用高、徳島県立城北高（筆者の母校）、富岡西高、私立の徳島文理高など多数にのぼります。特に戦後、この2人に全国の学校から校歌の作詞・作曲依頼があったことによるものです。[114]
2020年のNHK朝ドラ『エール』のモデル・古関裕而（1909～1989）も多く

の校歌を作曲しています。福島市の古関裕而記念館のホームページによると、福島県内の約100校を含む、全国約300校の校歌を作曲しています。例えば、福島では母校の県立福島商業高のほか、会津高、原町高など、全国では滋賀県立彦根東高、広島県立呉三津田高、福岡県立戸畑高、鹿児島県立大口高などです。

珍しい例が、福島県伊達市立の松陽中と桃陵中の校歌で、いずれも古関裕而作曲ですが、校名の部分が違うだけで同じ校歌が歌われています。両校は、もともと一つの学校だったのですが、昭和60年代に生徒の増加で二つの学校に分かれた後も、両校とも元の校歌を使っているためです。

古関裕而作曲の校歌の場合、大正期・童謡運動の中心の一人で「唄を忘れたかなりや」などを代表作とする西條八十（1892〜1970）が作詞しているものが各地にあります。例えば、北海道池田高、福島のいわき市立久之浜第一小、茨城県立取手第二高、東京の世田谷区立経堂小、町田市立町田第一小、神奈川の藤沢市立藤沢小、横浜市立大、徳島の北島町立北島小（筆者が小学1年生の時に通った）、福岡市立高宮小などです。

鹿児島県立大口高の場合、地元出身の作家・海音寺潮五郎（1901〜1977）が作詞しており、海音寺家が作曲料を上乗せして古関裕而に作曲を依頼したと伝わり、二人が書いた歌詞と楽譜がいまも校長室にあるということです[115]。

最近は学校統廃合により、ここで見た作詞・作曲家による校歌の数は減少傾向にはありますが、それでもなお多くの学校で歌われ、校歌文化を作っています。

古関裕而は、夏の高校野球の大会歌「栄冠は君に輝く」を作曲したほか、阪神タイガースの「六甲おろし」、巨人軍の球団歌「闘魂こめて」、早稲田大学応援歌「紺碧の空」なども作曲しており、２０２３年、特別表彰部門で野球殿堂入りしました。

さて最近は、ＪＰＯＰ調など「今どき校歌」も登場していますが、それらには、学校周辺の自然や校名などの定番の言葉を歌詞に入れない校歌が見られるようになっています。すでに見たように、明治期の校歌は、学校の周辺環境などを入れませんでしたし、戦前は、校名を入れない校歌が多かったので、歴史は振り子のように繰り返すとも言いますが、校歌もそれに当たるのかもしれません。

学校給食の本格実施

食糧難の戦後復興期に、米国のララ（アジア救済公認団体＝Licensed Agencies for Relief in Asia）の援助を受けて、学校給食が全国で実施されるようになりました。１９４６（昭和21）年11月、米国からの最初の支援物資が到着した横浜港にはララ物資の記念碑があり、それによる最初の学校給食が行われた12月24日は学校給食記念日とされています。

ただ、もともと学校給食は、１８８９（明治22）年、山形県鶴岡の大督寺がお寺の中に開設した忠愛小学校で、お弁当を持ってこられない貧しい家庭の子どものために始めたのが最初です。この時のメニューは、おむすび、魚の干物、漬け物でした。

戦後、本格的に導入された学校給食では、当番の子どもがマスク、エプロン、帽子を着用して配膳し、「いただきます」とあいさつをして、先生も一緒に食べ、食べ終わったら、「ごちそうさま」と言って後片付けも子どもたち自身で行うのが、私たちにとっては当たり前になっています。しかし、こうした活動は諸外国にはないもので、海外の教育専門家は、教育的な意義の高いわが国の特徴的な活動として学校給食を紹介しています。

教育の一環として定着、発展した給食は、地域色も豊かです。学校給食の献立に、それぞれの地元の特産や郷土料理が出される例を以下に紹介します。

- 新潟県新潟市……のっぺ汁（サトイモ、シイタケ、貝柱など具だくさんの汁料理）
- 栃木県宇都宮市……ギョウザ鍋
- 栃木県……しもつかれ（サケの頭、野菜、酒粕、大根おろしを混ぜた料理）
- 千葉県……味噌ピーナツ
- 山梨県……ほうとう
- 長野県上田市……マツタケ給食
- 名古屋市……みそ煮込みきしめん、うなぎまぶしなど「なごやめし」

・山口県……フグの雑炊や唐揚げ
・徳島県……そば米雑炊
・香川県高松市……あんもち雑煮
・福岡県……だぶ（サトイモはじめ具だくさんで、とろみのついた汁物）
・大分県……とり天
・大分県宇佐市……スッポン給食
・熊本県……太平燕《タイピーエン》（野菜、肉、魚介入りの春雨スープ料理。熊本にしかない中国料理）
・鹿児島県……サンクローニ（黒豚を黒酢、黒砂糖で煮込んだ料理。「三黒煮」から名付けられた）

このほか、長野の塩尻市では、キムチとタクアンを混ぜた「キムタクご飯」、岐阜南部では「金魚めし」（ニンジンを炊き込んだご飯料理）という献立があります。三重の「津ギョウザ」のように元は学校給食の献立であったものがご当地グルメに育ったものもあります。

牛乳の提供は、戦後、一部の都市から行われるようになり、1964（昭和39）年以降、脱脂粉乳から国産牛乳へと順次切り替わりました。1970年には、全国一律に200ミリリットルの牛乳の提供が始まりました。当初の容器は9割が瓶でした。現在は9割が紙パックですが、一部では、リユースなどの観点から瓶入りに戻す動きも出ています。

ミルメークは、牛乳に入れるとコーヒー牛乳味になる粉末調味品として、学校給食のために作られた商品です。製造・販売しているのは、名古屋の大島食品工業で、昭和40年代から各地の給食に出されています。牛乳がこぼれないよう、少し牛乳を飲んでから入れるのがコツだったことを覚えている人も多いと思います。

静岡では、牛乳ではなくお茶、愛媛ではポンジュースが出る日があります。

給食に関しては、神奈川の公立中学校はやや異色です。給食実施率が低く、弁当持参やデリバリー方式が多い上に、昼食の時間が15～20分と短い学校が多いということです。最近は、時間の延長や給食の実施を求める意見も出ています。

給食の食器は、「先割れスプーン」はもはや昔の話で、今は地元の伝統工芸品が使われるなど高級化しています。

例えば、佐賀県では有田焼や伊万里焼の磁器の食器が多くの学校で使われているほか、愛知県瀬戸市で瀬戸焼、岐阜県土岐市・多治見市で美濃焼の食器が給食に使用されています。また、漆塗りのお椀が使われる地域があります。長野県塩尻市では木曽漆器、石川県輪島市では輪島塗、福井県鯖江市では越前漆器、福島県喜多方市では会津塗の食器が使われています。[116]

なお、室町時代に始まる輪島塗は、２０２４年１月の能登半島地震で工房などが大きな被害を受けました。被災地の一刻も早い復興を願うばかりです。石川県立工業高校には、漆芸コース・陶芸コースがあります。同校は1887（明治20）年設立の金沢区工業学校を起源とする最も歴史の長い工業高校で、佐賀藩出身で明治期・窯業界の先覚者と言われる納富介次郎が創設者です。納富が創設した学校は他県にも3校あり、現在の佐賀県立有田工業高校、富山県立高岡工芸高校、香川県立高松工芸高校がそうです。これら4校とも納富が初代（石川、高岡、高松）または2代目（有田）校長を務めており、現在、4校は姉妹校になっています。

さまざまな学校行事の発展

行事や儀式が大きな役割を持ち、特別な位置づけを占めるわが国独特の学校文化は、明治に始まったものですが、戦後にも継承されました。

しかも、戦前は、これらは課外活動の位置付けでしたが、戦後、部活動を除き、「特別活動」として正規の教育課程の中に取り入れられました。GHQの指導の下、生徒会活動も導入されました。

学校行事のない学校生活は、わが国では考えられないものとなっています。

小学校の学芸会や大学の学園祭が明治時代に起源があるのに対し、中学校・高校の文化祭（学校祭）は、戦後に本格化した行事です。ただ、大正期に当時の東京府立第五中学（現・

小石川中等教育学校）で始まった学芸会、創作展覧会（現・芸能祭、創作展）が現在の中学・高校の文化祭の先駆けとされます。都立小石川中等教育学校には、いまも、芸能祭、体育祭、創作展、後夜祭を続けて丸々一週間行う「行事週間」があります。

期間の長さという点では、愛知県立旭丘高校は、前夜祭、体育祭、舞台発表、討論会、文化祭を連続して6日間にわたって行う「鯱光祭《ここう》」が伝統行事となっており、日本で最も長い学校祭と言われます。

高校の文化祭の中で、一万人の入場客を誇り「日本一の文化祭」とも言われるのが東京都立国立高校の「国高祭《くにこう》」です。特に1990年代に入って、3年生の全クラスが本格的な演劇を披露する「3年劇」が行われるようになり、国高祭の名物になっています。同校は、入学から卒業までクラス替えがないという特徴もあり、3年間の結束力を生かした3年劇が盛り上がる伝統につながっているということです。

文化祭以外に、ユニークな行事を行う学校が特に東北地方に見られます。

岩手県立盛岡第一高校には、「猛者《もさ》踊り」という奇抜な行事があります。運動会の宣伝のため、一年生の男子生徒が赤や青のボディペインティングをし、髪を刈り込み、腰蓑を付け、竹槍を持って、南洋の呪文のような歌と踊りを披露しながら、市内を練り歩く名物行事となっています。女子は幼稚園児などのコスプレをして踊ります。

岩手県立水沢高校には、「カッパ踊り」があります。男子は緑、女子はピンクのカッパに扮し、やはり運動会の宣伝のため、市内に繰り出すそうです。

市内に繰り出す行事としては、青森県立弘前高校の「弘高ねぷた」も有名です。ねぷた（弘前では「ねぷた」）は、起源は江戸時代にありますが、イベントとして定着したのは戦後です。本物の弘前ねぷた祭りは8月ですが、その前の7月に、同校の全クラスが手作りのねぷたを作り、本番さながらに市内を練り歩きます。1953（昭和28）年以来の歴史があり、市民に親しまれる名物イベントになっています。地元の郷土芸能が反映した学校文化の代表例です。ねぷたを作りたくて弘前高校に入ってくる生徒もいるぐらいだとのことです。

校内のスポーツ大会は、多くの学校で行われますが、ユニークなのが、埼玉県立浦和高校のラグビーの例です。同校のラグビー部は、花園（全国高校ラグビー）にも出場経験を持ちますが、それにとどまらず、男子校ということもあり、体育の授業で必ずラグビーを行うほか、年間で最も盛り上がるスポーツ大会として、毎年12月にクラス対抗ラグビー大会があり、大学入試直前の3年生も全力で参加することで知られています。ラグビーは、浦和高校の「校技」的な位置付けになっています。

北海道では大正時代からヒツジの飼育が盛んとなり、現在、ジンギスカンは、花見や海水浴、学校の運動会でも登場しますが、北海道大学では、戦後、学生が大学構内の屋外でジンギスカンパーティー（ジンパ）を行う伝統が40年以上続いています。数年前に、マナー違反の問題が起こり、大学側が構内での実施を禁止したこともあるそうですが、復活を求める学生の署名運動が行われ、学内2カ所の専用エリアで、5月〜10月の間、事前申請制により再開されました。北大の生協は、ジンパ期間中、肉や野菜に加え、取り皿やゴミ袋まで付いた「ジンパセット」を売り出しています。

小学校の卒業式で最近、袴を着る女子が多い学校があり、華美で高価になりがちであることが問題になっています（2017年、小学校の卒業式での女子の袴着用率が12・7%との調査があります）が、京都府舞鶴市の小学校の卒業式では、卒業後に入学する中学校の新しい制服を着て出席する慣例が50年以上続いているとのことです。華美にならず、全員が新品の服で出席できます。

卒業証書を入れる筒は、ワニ柄が定番ですが、これを作り始めたのは、東京・江戸川区にあった小林丸筒製作所で1935（昭和10）年ごろであり、[117]これが戦後、全国に普及しました。

小学校の卒業式で、卒業生や在校生が声を合わせて在学中の思い出や感謝の言葉の呼びかけをする学校が少なくないと思いますが、これを始めたのは1952（昭和27）年、群馬県島村（現・伊勢崎市）の島小学校（2016年閉校）に41歳で校長として赴任した斎藤喜博です。[118] 斎藤は、教え込みではなく、子どもの力を引き出す学校を作ろうとしました。この小学校の教育は評判となり、公開研究会には全国から教師たちが訪れました。

チャイム、学級通信

授業の開始、終了を知らせるため、戦前は、鐘や太鼓が使われました。米国などでは単調なベル音やブザー音などが多い中、わが国では、「キーンコーンカーンコーン」というお馴染みのチャイムが多くの学校で使われています。

これは英国国会議事堂（ウエストミンスター宮殿）の時計塔「ビッグベン」の鐘の音を使ったもので、1950年代に始まり、わが国の学校文化の一つになっています。学校で使われるようになったきっかけについては複数の説がありますが、東京都大田区の区立大森第四中学校の教師が考案したとの説が有力です。それまでは、ハンドベルを鳴らしながら廊下を回っていましたが、生徒から「空襲を知らせる鐘の音に似ている、聞きたくない」との声が上がりました。そこで同校の国語教師で、後に東京学芸大学教授となった井上尚美《しょうび》が、ラジオで聞いて気に入った「ビッグベン」の鐘の音を採用した装置を考案。その後、製品化されて各地の学校に広まったと言われています。同校は、「チャイム発祥の地」であると言え、当時の装置を保存しているということです。[119]

ただし、広島の産業機器メーカーが考案したという説、東京の警報機メーカーが考案しンコーン」のチャイムを日本で最初に鳴らしたという説もあります。

たという説もあるほか[120]、1927年建設の早稲田大学の大隈講堂が「キーンコーンカー

今日、小学校では、担任の先生が「学級通信」や「学級だより」を出すことが少なくないと思います。これは、教師の実践から自然発生的に始まり、教育雑誌での紹介などを通じて、1950代後半（昭和30年代）に広まったものです。

その元になったのは、大正期から昭和初期、ありのままの現実を作文に書くことを進めた「生活綴方運動」であり、それが戦後、復活し、普及していきました[121]。戦後の生活綴方の代表的な教育者が1948（昭和23）年、山形県山元村（現・上山市）の中学校（その後閉校）に赴任した無着成恭であり、自分の考えをしっかりと書かせる手法が評判を呼び、生徒の文集『山びこ学校』はベストセラーになりました。

◆自由な校風・学風の形成——学園紛争の影響

全国的には高校は制服がある場合が圧倒的に多いと言えますが、長野、宮城では、私服の公立高校が多く、神奈川、北海道、東京などにも比較的見られます。

新制高校発足時に、戦後民主化の中で、生徒の自主性尊重の立場から制服を廃止した学

校があることに加え、1960年代後半から70年ごろに、学園紛争の影響が高校にも及んだことがかかわっています。

この時期、校内集会、デモ、立て看板設置、ビラ配布、授業ボイコット、施設のバリケード封鎖、校長室前での座り込みや乱入、団交の要求、校長監禁などが行われ、機動隊が入ったり、逮捕者や処分者を出すことが各地の高校で起こりました。

それは、戦前からの伝統校に比較的多い傾向があり、生徒による自由自治を求める運動の結果、生徒総会での決定などにより、制服が廃止されたり、校則が緩やかになったり、学校行事が生徒の自主運営に委ねられたりして、今日に至る自由な校風が形成されました。

私服の公立高校が最も多い長野は、大正自由教育の伝統もあり、紛争前からもともと制服のない高校が多かったことに加え、学園紛争の影響も強く受けました。

学園紛争の経過

高校にも及んだ学園紛争[122]の始まりは1965（昭和40）年、慶應義塾大学で起きた学費値上げ反対闘争でした。翌年には、早稲田大学、次いで明治大学、中央大学などでも、学生たちがキャンパスをバリケード封鎖しました。

学園紛争の頂点をなしたのが68年に起きた東大闘争と、大学当局の使途不明金問題が引き金となった日大闘争でした。国立大学では、他に、東京教育大学（現・筑波大学）と東京外国語大学が特に激しい紛争となり、さらに京都大学に及び、全国の大学へと広がりました。紛争の起きた大学は69年度には127大学にのぼり、最終的には、当時の全大学の8割にあたる165大学でストライキやバリケード封鎖が行われました。

東大では68年1月に医学部の研修医の待遇改善運動をきっかけとした学生ストライキが発端となり大学全体に紛争が及び、7月には全共闘（全学共闘会議）が安田講堂にバリケードを築いて占拠しました。11月には紛争の責任をとって大河内一男総長が辞任、翌月には69年度の入試の中止が決定されました。

翌年1月、法学部長だった加藤一郎総長代行（同年4月に総長に就任）が事態収拾のため機動隊導入に踏み切り、8500人が導入されました。同月18日から19日にかけ、安田講堂を占拠する学生側が火炎瓶や投石で抵抗、これに対し機動隊は放水や催涙弾で対抗、その様子はテレビで生中継されました。夜を徹した35時間の攻防の末、機動隊が講堂内を制圧、377人といわれる逮捕者の多くは東大生以外の「外人」部隊だったとのことです。

学生運動は、旧来の政治的党派を核としない全共闘が各大学で結成され、闘争を牽引しました。しかし、どの大学の全共闘運動もセクトとの連携があり、共産党指導下のいわゆる代々木系全学連と、それとは相容れない新左翼の中核派など三派系全学連との主導権をめぐる対立も目立ちました。そして、大学運営の民主化、学生の権利拡大などを掲げ、無届け集会やデモ、バリケード封鎖、施設の占拠と内部の破壊、集団交渉の強要・軟禁などを行いました。

当時、永沢邦男・慶應義塾長や林健太郎・東京大学文学部長（後の総長）のように、暴力行為に毅然と対峙した大学人もいました。その一方で、大学教員の中には学生の暴力行為を擁護する者もおり、事態の解決を困難にした面がありました。

その後、運動は一段と過激化し、学生は運動から離れていきました。過激派は、セクト間の争いや内ゲバ（内部の暴力抗争、リンチ事件）などを起こし、社会の支持を失っていきました[123]。


背景として、当時はフランス、西ドイツはじめ各国で、反体制運動やベトナム反戦運動と結び付いた学生運動の高まりがありました。日本は、明治百年に当たり、NHK大河ドラマで『竜馬がゆく』が放映された年でした。変革期を意識する時代の空気もあったのだと思います。

入試の中止、卒業式の中止

これらの大学では69年に「入試粉砕」闘争が行われ、東大が69年度入試を中止、京大や東北大に志望を変えた人や他大学に入ったものの翌年東大を受け直した人が少なからずいました。東大以外では、筑波移転反対闘争が起きていた東京教育大も、体育学部を除く文・

教育・理・農の4学部の入試が中止になりました。

日大、東京外大、京大、阪大、九大、東工大などは入試を中止はしなかったものの、学内での正常な実施はできず、予備校など学外で実施したり、機動隊の動員、実施日・時間の変更など異常な状況で行われました。

卒業式も東大では69年3月から6月にずれ込み、中央省庁や司法修習生の採用が7月になりました。他の多くの大学でも卒業式が中止になりました。それから50年になる2019年には、神戸大や名古屋工業大で半世紀遅れの卒業式が開催されました。[124]

69年は4月に入ってからも、入学式が活動家の乱入などで正常に実施できない大学があったほか、封鎖、ロックアウトなどで秋や冬まで授業はなく、レポート提出だけで単位認定した大学も少なくありませんでした。

翌70年に東大は2年ぶりに入試を行いましたが、前年に受験できず浪人した人も多く、倍率が非常に高くなりました。また過激派による入試妨害活動が懸念され、当時の坂田道太文相は、「(入試妨害活動には)機動隊を出して排除する。安心して受験勉強を」と受験生に呼びかけたほどでした。「入試粉砕」闘争は、高校入試にも波及し、入試当日は、受験生以外は中学校の教師でも校内に立ち入れない措置をとった高校もありました。

なお、入試が中止になり、入学者がいない年度が生じる事態は、第二次大戦中でさえありませんでした。当時は旧制高等学校の入試ですが、戦時中も入学者の選抜は行われました。ただ、1944（昭和19）年度の入試だけは、筆記試験が行われず、出身学校長の調査書、身体検査、口頭試問（面接）のみで行われました。この年に旧制高校に入った歴史学者の網野善彦氏（1928〜2004）は「私の年だけ口頭試問で入ったので、バカにされました」と述べています。[125]

◆県民意識を高める教育
——休校日、体操、かるた

「県歌、県民歌」が戦前以来のものであることはすでに述べましたが、戦後、県民意識を高めるものとして、「県民の日」「県民体操」などが自治体によっては積極的に取り入れられ、地域独自の学校文化の一部ともなっています。

都民・県民の日

関東地方とその近県では、全国的には見られない都県独自の一斉休校日があります。最も早く1952（昭和27）年に制定したのが東京都で、10月1日の都民の日は休校日になります。これが徐々に近県に広がり、現在、千葉（6月15日）、群馬（10月28日）、茨城（11月13日）、埼玉（11月14日）、山梨（11月20日）で、県民の日が休校日になっています。

しかし、関東でも、栃木は県民の日（6月15日）は休みになりません。が、この日の給食に「とちぎ県民の日ゼリー」が出るそうです。栃木の特産であるイチゴのゼリーで、パッケージに県のマスコットが描かれています。

また、神奈川県は県民の日自体がありません（県庁の前身機関が置かれた3月19日の立庁記念日はあるが、休日にはなりません）。しかし、横浜市では6月2日の開港記念日を、川崎市は7月1日の市制記念日を、横須賀市も2月15日の市制記念日を休校にしています。

2月23日は、令和になって天皇誕生日の祝日ですが、静岡県と山梨県では、1998（平成10）年、「ふ（2）・じ（2）・さん（3）」の語呂合わせからこの日を「富士山の日」に制定しています。静岡では、県立高校と県東部の公立小中学校で休校になっていました。静岡の県民の日は、夏休み中の8月21日で、富士山の日がその代わりの休みの日になっていた面もありました。

ただし、静岡でも県西部の小中学校では、天皇誕生日の祝日となる前は休校にはなっていませんでした。同じ静岡県でも、富士山とそう近くない西部（遠江）では東部（駿河）ほど富士山への思い入れが強くないと言いますが、そういう意識と関係があったのかもしれません。

山梨は、11月20日の県民の日を休校にしているからか、富士山の日は休校ではありませんでした。でも県内の富士吉田市、甲府市などでは富士山山開きの7月1日の給食に、富士山の形をした「富士山ゼリー」と富士山信仰で御師《おし》と呼ばれる神職が信者に振るまったという郷土食の「ひじきとじゃがいもの煮物」が出るそうです。

県民体操など

次に体操ですが、石川は「若い力」、茨城は「茨城県民体操」、千葉では「なのはな体操」、大阪の堺の「堺っ子体操」というように、地域特有の体操が行われているところがあります。

「若い力」は1947（昭和22）年、第2回国民体育大会（国体）が石川県で開催された際に制定された国体の歌で、石川ではこれに合わせた体操がそれ以来、運動会などで行われているとのことです。[126]

「茨城県民体操」は昭和20年代、「なのはな体操」「堺っ子体操」はいずれも昭和50年代に、それぞれ県民、市民の健康のためにつくられた体操です。

戦後、現在のラジオ体操の動作を考案したのが、茨城出身の体操選手・遠山喜一郎ですが、「茨城県民体操」を作ったのも遠山です。茨城出身の多くの人が、音楽が流れれば動作を覚えていると言います。「堺っ子体操」については1989（平成元）年、市内の小中学校の先生がリズムダンスの要素を加えて振付けした「新・堺っ子体操」ができ、これが現在親しまれています。

静岡の県立浜松南高校、藤枝東高校、磐田南高校など県西部の高校では、「高校生体操」という、ラジオ体操より複雑でハードな独特の準備運動が行われています。腕立てをしながら足を上げたり、柔軟体操、回旋、ジャンプをしたりするもので、学校により微妙な違いがあり、体育祭で男子生徒が上半身裸で行うのが伝統行事になっている高校もあります。

宿泊学習を琵琶湖上で行うのが滋賀県です。

滋賀県の子どもたちはみんな小学校5年になると、学校ごとに「うみのこ」号という船に乗って琵琶湖で1泊2日の湖上宿泊体験をします。この活動は、「びわ湖フローティングスクール」と呼ばれ、１９８３（昭和58）年から実施されています。琵琶湖では、１９７０年代後半に大規模な赤潮が発生し、80年代に入り、排水による汚染を防止し、環境保全の取り組みを進める中で、この事業も始まりました。最新のうみのこ号には、水中カメラやデジタル顕微鏡、学習用タブレットも配備され、琵琶湖の生物や水質などの環境学習を行っています。

さらに、同県は１９８１年に7月1日を「びわ湖の日」と制定、高島市、甲賀市などでは、この日の給食に琵琶湖の小アユを使った献立が出されます。約３分の１の小学校、半数近い中学校の校歌に「湖」が登場するということです。[127]

かるた、百人一首など

かるたで、県民意識を高めているのが群馬です。「上毛かるた」は、学校や公民館で大会が行われるなど盛んであり、群馬出身の人の大半が覚えていて暗唱できることに県外の人は驚きます。

発行されたのは1947（昭和22）年で、生みの親は、後に二松學舍大学の学長を務める浦野匡彦《まさひこ》です。当時の日本ではGHQの指令により、学校での歴史・地理・道徳教育などが停止されていました。子どもたちに、教科書に代わるものとして遊び

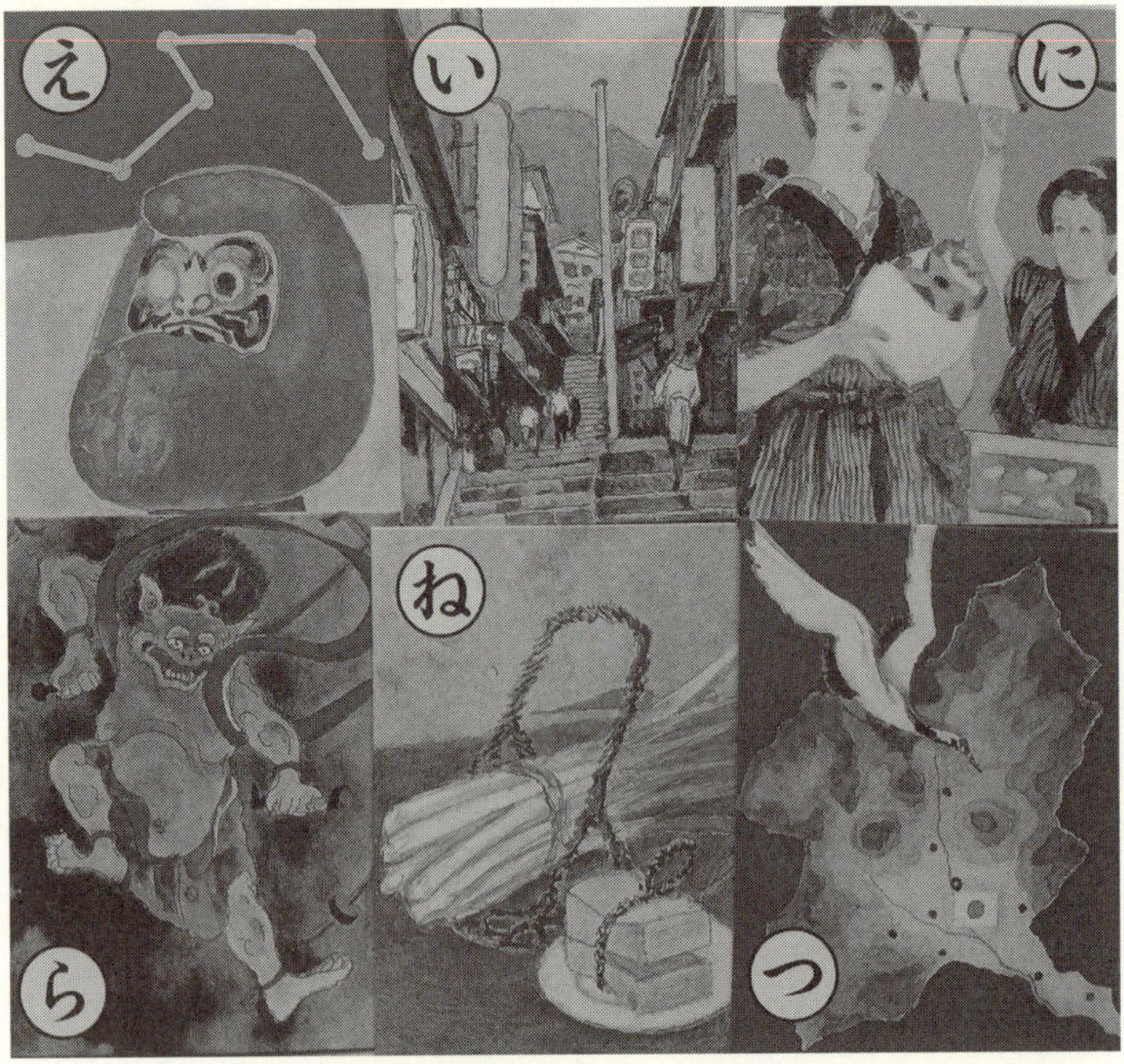

群馬県民に親しまれている上毛かるた

の中から郷土について学べるものはないかと考えていた浦野は、同じ群馬出身の牧師・須田清基からかるたつくりを提案され、「上毛かるた」を構想します。読み札の素材は県民から広く公募し、応募作から選考委員会を経て読み札が決定されました。

例えば、「日本で最初の　富岡製糸」「伊香保温泉　日本の名湯《めいとう》」「縁起だるまの少林山」「鶴舞う形の　群馬県」「ねぎとこんにゃく　下仁田名産」「裾野は長し　赤城山」「平和の使途《つかい》　新島襄」など、地元の地理、人物などについて学ぶことができます。「雷《らい》と空風《からっかぜ》　義理人情」の札は、任侠者という理由で採用できなかった国定忠治らを表した札だと言われています。

もともとかるたは、平安時代からの貴族の遊びであった「貝覆い」や「貝合わせ」を起源としつつ、室町時代にポルトガルから伝わり、福岡の三池地方（現・大牟田市）で生産された天正カルタが日本における最初とされます。これが小倉百人一首のかるた、いろはカルタなどのもとになりました。

福井県の越前市・坂井市・あわら市周辺は、百人一首の競技かるたが非常に盛んで、子どもたちは学校帰りに公民館などで練習をするそうです。

北海道では、百人一首の下の句だけで競技を行う独特の「下の句かるた」が普及しています。もともとは会津藩で行われていたもので、幕末の戊辰戦争に敗れ北海道に渡った旧会津藩の人々が伝えました。福島を含め本州では廃れた一方、伝わった北海道では生き続け、北海道特有の文化になったものと言われます。

「かるたの甲子園」とも言われる全国高等学校かるた選手権大会が行われるのは、滋賀県大津市の近江神宮です。百人一首の巻頭歌「秋の田のかりほの庵の苫を荒み　わが衣手は露に濡れつつ」を詠んだ天智天皇（中大兄皇子）を祭神とする神宮であることによります。

江戸時代の元禄期に、学問（儒学）に熱心だった佐賀藩多久領の領主が創建した孔子廟（重要文化財）が現存する佐賀県多久市では、小学校で論語カルタ大会を行ったり、鹿児島県与論町（与論島）では、与論言葉（現地ではユンヌフトゥバと呼ばれる）を伝承するためのカルタ大会が行われるなど各地でさまざまなかるたが作られていますが、地域における浸透度では群馬の「上毛かるた」が筆頭格です。

沖縄県は2006年に「しまくとぅばの日に関する条例」を制定し、島言葉（しまくとぅば）の普及・継承に取り組んでいます。沖縄方言（うちなーぐち）で「言葉」のことである「くとぅば」を数字に置き換えた9月18日を「しまくとぅばの日」に定めています。

鹿児島県与論町も07年に「ユンヌフトゥバの日に関する条例」を制定しました。こちらは、与論言葉（ユンヌフトゥバ）の「フトゥバ」を数字に置き換えた2月18日を「ユンヌフトゥバの日」とし、与論の方言を保存・伝承するため、カルタ大会を開くなどして取り組んでいます。この日は与論島を含む奄美地方全体で「方言の日」とされています。方言を伝承しようという取り組みは、東京都八丈町（八丈島）などでも行われています。

　近代国家の形成のために、明治政府が国語の整備に取り組んだことはすでに述べました。戦後になっても、特に、沖縄や奄美では、学校で「標準語」指導が徹底され、方言使用に罰則を科すなど方言禁止の指導が行われた時期がありましたが、今日では、「しまくとぅば」「ユンヌフトゥバ」など方言を守ろうという方向に転換していると言えます。

◆学校文化を形成する「学校方言」

　方言は、地域の文化を作る重要な要素であり、地方の言葉なくして地方文化を守ることは難しいと思われます。その中でも、特に学校で使用されることの多い言葉は「学校方言」と言えるものです。

　日本全国にさまざまな学校方言が見られます。地域によって異なる学校方言が維持される背景としては、教師や児童生徒の移動・交流の範囲が多くの場合、都道府県内にとどまり、他地域の影響を受けにくいためと考えられます。[128]

　また、学校を卒業してしまうと、在学中の学校内での言葉づかいなどを話題にする機会は少なくなり、地域による違いが気付かれにくいことも、学校方言の特徴と言えます。

授業などに関するもの

授業中に先生が、生徒を「当てる」あるいは「指す」ことを、新潟や山形では「かける」と言います。「先生にかけられた」のように言います。

生徒が先生に「宿題を提出する」ことを、茨城では「宿題をあげる」と言います。先生が生徒に宿題を出すことではなく、例えば宿題の提出日に、先生が「宿題をあげてください」と言うのです。「上納する」という意味から来ていると思われます。

宮崎には「宅習」という言葉があります。「宅習帳」というものがあり、毎日、自分で決めた練習問題や漢字の書き取りなどを家で行い、次の日に先生に提出します。宅習をすることが宿題になっており、「宿題をする」と言うよりも「宅習をする」と言うのが宮崎での普通の言い方です。

兵庫では日直を日番《にちばん》と言います。兵庫出身の人に聞くと、ほぼ間違いなく、「日直」ではなく「日番」だったと言います。それに対し、「日番」と言うのは兵庫だけと言うと大抵の人から驚かれます。

①②は「まるいち」「まるに」、（1）（2）は「かっこいち」「かっこに」と言うのが全国的には標準ですが、山形では逆になり、①②は「いちまる」「にまる」、（1）（2）は「い

ちかっこ」「にかっこ」と言います。大正時代に、当時の山形師範学校（現・山形大学地域教育文化学部）卒の県内の小学校教師たちが広めたと言われています。

定規（物差し）のことを、関西、中四国では「さし」と、群馬や静岡では「線引き」と言います。

休み時間に関するもの

授業と授業の間の休憩時間は「休み時間」と言うのが一般的です。しかし、愛知では、休み時間のことを「放課」と言います。普通の休み時間を「十分放課」、2時間目と3時間目の間の長い休み時間を「大放課」とか「二十分放課」、給食のあとの休み時間を「昼放課」などと呼びます。

全国的には、その日の全授業の終わった後を放課後と言います。休み時間のことを「放課」と言うのは愛知だけですが、このことも愛知出身の人に言うと、知らなかったという人が多いです。そして、愛知では、「放課後」という言葉は普段はほとんど使われず、「家に帰ってから」とか「学校が終わった後」などと言うそうです。

もともと「放課」は「課（授業）を放つ」ことを指し、明治期には、休み時間を意味する言葉として使われたそうです。大正期以降、「全授業を終える」という意味で「放課後」という言葉が作られ、「放課」という言葉は使われなくなりましたが、愛知だけは元の休み時間の意味で「放課」の言葉が使い続けられ、同県の学校方言になったようです。[129]

休み時間のうち、小学校の2時間目と3時間目の間の少し長い休み時間の呼び方は、地域によってバリエーションがあり、「業間休み」「中休み」「二十分休み」などが多いようですが、珍しい例としては、福井では「大休み」、石川では「長休み」、広島では「大休憩」と言います。

体育に関するもの

運動場や体育館で両膝を抱えて地べたに座る座り方である「体育座り」は昭和40年代から行われるようになった日本の学校に特有のもので、欧米では生徒は普通あぐらをかいて座ります。

「体育座り」という言葉にも方言があり、関西では「三角座り」、愛媛では「おちょっぽ」と言います。全国的には「体育座り」が多いですが、「体操座り」「体育館座り」「安座」のほか、「お膝抱っこ」「箱座り」「お山座り」「くの字座り」「S字座り」などの呼び方もあるそうです。

奈良出身の作家・森見登美彦さん（京大農卒）の小説『太陽の塔』に、京大生が四畳半のすみで「三角座り」をする場面が出てきますが、関西ならではです。ただ、関西ならどこでも「三角座り」と言うわけではないようで、関西出身の人に聞いても「体育座り」だったという人も結構います。一例として、大阪出身の直木賞作家・万城目学さん（京大法卒）は、学生時代のこととして、京都の鴨川デルタ（賀茂川と高野川が合流する地点）の河原に「体育座り」して川面を眺めた、と書いていて、[130]「三角座り」とは言っていません。

学校の体育館を、愛知では、一宮市など「屋運《おくうん》」と呼ぶ地域があります。「屋内運動場」から来ている言葉です。

ジャージのことを、宮城では「ジャス」、山梨では「ジャッシー」と言います。ちなみに、「ジャージ」は、イギリス海峡のジャージー島で作られてきた漁夫のシャツに由来し、メリヤス生地で作られた競技用ウエアを指すようになったとのことです。

教室に関するもの

教室に並ぶ机の縦の列を独特の名前で呼ぶ地域があります。全国的には、特に決まった呼び方はないと思いますが、群馬や埼玉では、机の列を「一の川」「二の川」「三の川」……というように呼びます。自分の座席の位置を言う時などには、「一の川の三番目」とか「三の川の五番目」などと言うそうです。神奈川や埼玉の小学校では「一号車」「二号車」「三号車」……と呼ぶこともあるとのことです。

教室の後ろの部分を、栃木では「教室の裏」と言います。掃除の時間などに机を後ろのほうに運ぶと思いますが、それを「教室の裏に運ぶ」と言います。

机を運ぶことを、三重、愛知、岐阜南部では「机を吊る」、関西や中四国の広い地域で「机をかく」と言います。愛知などでは「机吊り係」がある学校もあるということです。「かく」は、「駕籠《かご》を舁《か》く」と同じ表現を使っているのだと思います。

教室には時間割や係分担などが模造紙に書かれて張られていることがありますが、地域によって模造紙の呼び方に特徴があります。

例えば、山形、山口では「おおばんし（大判紙）」、新潟では「たいようし（大洋紙）」、佐賀、長崎では「ひろようし（広用紙）」と言います。これらは、大型の紙であるところから来ているものと思われます。

岐阜、愛知では「ビーし（B紙）」と言います。模造紙には、つやのあるA模造紙とつやのないB模造紙があり、その後者から来ているようです。

変わった呼び方をする地域としては、富山では「がんぴ（雁皮）」、香川、愛媛では「とりのこようし（鳥の子用紙）」と言います。

もともと、がんぴ（雁皮）とは和紙の原料となる植物の名前です。また、鳥の子紙とは、鶏卵（鳥の子）の色（つまりクリーム色）をした和紙のことを指します。そもそも模造紙とは、明治政府の印刷局が作った上質の和紙である局紙《きょくし》に似せて——つまり「模造」して——作られた紙であることに、その名の由来があります。そして、その局紙は、「雁皮」を原料とする「鳥の子紙」に似せて作られたものでした。こうした経緯が、富山や香川、愛媛で、和紙の原料や種類を表す言葉が模造紙そのものを指す言葉になった背景にあるのではないかと推測されます。

校舎に関するもの

先生がいる部屋のことは一般的には「職員室」と言いますが、新潟では半数以上の学校で「教務室」と言います。「教務室」は、もともと戦前（大正期以降）の学校にあったもので、校長や主事、教務担当者や教師の会議室の名称だったと考えられています。当時、現在の職員室のような教師全員がいる部屋はなかったようです。戦後、「職員室」が一般化しましたが、新潟では戦前の呼び方が残ったと思われます。[131]

職員室などの入口に、熊本では「あとぜき」という張り紙がしてあることがあります。「開けた戸は閉める」という意味の熊本弁ですが、「堰（せ）く」「塞（せ）く」が「閉める」を意味することから来ているようです。

熊本の小学校では、卒業式や入学式のとき、体育館の壇上には上履きを脱いで上がります。体育施設と儀式の場としての壇上を区別するためで、大事な場所に履物のままで上がってはならないとの発想から来たものではないかと推測されています。ちなみに、穴のあいた靴下を宮城の一部では「おはよう靴下」、長崎では「じゃがいも」と言うそうです。

保健室には養護教諭がいますが、その起源となる「学校看護婦」の発祥は明治期で、岐阜の小学校と言われています。

花壇の水やり当番のことを、長野、群馬、新潟などでは「水くれ当番」、ウサギ小屋などのエサやり当番のことを「エサくれ当番」と言うそうです。これらの地域では、「くれる」を「あげる」「やる」の意味で使うようです。

◆地域色を発揮する学校慣習、教育活動
――クラス編成、清掃、運動会、交通安全

学校方言以外に、学校には特有の行動様式や決まりごとなどがありますが、それが地域によってそれぞれ異なっているものがあります。県境を越えると、そのような慣習が存在すること自体が知られていないことも多いのです。その地域独特の学校慣習や教育活動は、地域の学校文化を形成する重要な要素になっています。

クラス編成に関するもの

クラス名は、「1組」「2組」「3組」と数字を使うのが一般的です。「A組」「B組」「C組」などのアルファベットを使うこともありますが、長野では「松組」「春組」「山組」「東組」

……のように、漢字を使う小学校が50校程度あるそうです。「藤」「桐」「栗」「薊《アザミ》」「菖《アヤメ》」「泉」「礼」「敬」「仁」「勇」などの字も使われるそうです。

クラス替えは、かつては小学校では2年に1回行う場合が多かったのですが、長野では、もともとは、小・中・高校とも、入学してから卒業するまでクラス替えはないのが普通でした。ちなみにドイツの学校はクラス替えがなく、担任の先生もずっと変わりません。8年制または9年制の中等教育機関「ギムナジウム」は日本の中高一貫校のような学校ですが、在学中はクラスメイトがずっと同じです。長野は伝統的にはドイツ方式だったと言えます。

一方、沖縄では伝統的に小学校でも毎年クラス替えを行ってきました。現在は、長野も2年に1回クラス分けをする学校が多くなっているほか、全国的に、人間関係の改善や保護者の要望などで、毎年クラス替えをする学校が増える傾向にあり、特に西日本や首都圏で、毎年クラス替えの小学校が多くなっています[132]。

クラスの名簿（出席簿）は、全国的には名前の五十音順に作成するのが一般的ですが、千葉や岩手では、生年月日（誕生日）順が一般的です。

ただ、幼稚園や保育所、小学校では、生年月日順を使う例は千葉や岩手以外の県でも見られるようです。珍しい例として、沖縄では、住所の地区ごとに並べた名簿を使う学校が多いという特徴があります。

千葉や埼玉では、出席をとるとき、名前を呼ばれたら、単に「はい」ではなく、「はい、元気です！」「はい、風邪気味です」のように健康状態も答える特徴があります。他県でも取り入れる学校があるようです。

同窓会のことを「同級会」と言うのは、あまり一般的とは言えませんが、長野では「同級会」の方が一般的です。クラス替えがなかったことと関係していると思われます。新潟は、長岡市や新潟市の花火大会が有名ですが、花火大会で企業や団体と並んで、同窓会で花火を打ち上げることがよくあるそうです。沖縄では、国道や県道沿いに大きな横断幕を出し、同窓会の開催案内をする慣例があります。

クラス替えや名簿、同窓会に関しては、長野、新潟、千葉、沖縄にユニークな点が多いようです。

清掃に関するもの

清掃を子ども自身が行うのは、日本以外ではアジアの仏教的伝統を持つ国だけに見られることです。

長野や福井などでは禅寺式の無言清掃を行っていることはすでに述べましたが、宮崎では、中学校の女子は「清掃着」または「作業着」という名の掃除のための専用のもんぺを、福島県いわき市の小学校ではひざ当てを、親に作ってもらったり買ってきたりして、清掃の時に身に付けます。

ごみ捨て当番のことを、三重では「ごみほり当番」と言うそうです。三重の言葉は、東日本と西日本の両方の影響を受けていると言われますが、「捨てる」ことを「ほる」「ほーる」と言うのは関西の言葉であり、これは西日本の影響を受けています。

最近、エジプトは、掃除当番のほか、日直、学級会、朝の会・帰りの会など日本式教育の導入を進めており、2022年には約50校になっています。子どもたちが話し合いをしながら物事を決める活動も取り入れ、日本式の「TOKKATSU（特活）」という名称で呼ばれています。日本式学校の子どもは、家でも部屋を片づけたり、母親を手伝ったりするようになるとして保護者からの評判もよく、人気校になっているとのことです。[133]このほか、ヨルダン、マレーシア、UAE（アラブ首長国連邦）でも、日本式学校の導入が進められています。

地域色ある運動会

明治期に始まり、わが国の学校文化として定着している運動会も、今日では、諸外国から注目され、各国の学校で取り入れられるようになっています。JICA（国際協力機構）の調査では、2014年1月~2017年4月の3年間余に、ラオス、ネパール、ザンビア、セネガル、ブラジルなど31か国の学校で計79回運動会が開催されたとのことです。[134]

運動会は、日本国内では、各地の伝統文化を取り入れ、地域色も持った行事になっています。例えば、山形では花笠音頭、栃木や群馬では八木節音頭、徳島では阿波踊りを運動会で行う学校がかなりあります。

歴史的に見れば、阿波踊りの起源が戦国時代から江戸時代初期、八木節は江戸時代末とされます。しかし、伝統文化として民謡に関心が集まるのは明治に入ってからで、さらに一般的に普及したのは、レコード・ラジオが一般家庭にも広まった大正から昭和初期以降です。この頃、郷土教育運動も盛んになりました。この時期に創作された民謡も多く、花笠音頭はその一つであり、誕生したのが大正時代です。そして、今日のように祭りとして発展し、運動会でも行うようになるのは第二次大戦後です。

高知の小・中学校の運動会ではよさこいを踊りますが、よさこい鳴子踊りは、戦後生まれの祭りであり、高知の商店街のイベントとして始まったものです。当初は正調よさこい節のみでしたが、1970年代ごろからサンバを取り入れたほか、鳴子を持っていさえすれば踊りは自由という柔軟さが魅力となって人気を博しています。

さらに90年代以降の平成に入ってから普及したものとして、北海道のソーラン節をよさこいと組み合わせた「よさこいソーラン」や、アップテンポにした「南中ソーラン」があり、これらは、いまでは全国各地の運動会で取り入れられています。

よさこいソーラン祭りは1992年、北海道大学の大学祭に取り入れようと企画されたことがきっかけとなって考案され、現在では札幌の初夏のフェスティバルになっています。「南中ソーラン」は1993年、民謡歌手の伊藤多喜雄氏が北海道の稚内市立稚内南中学校のためにロック調にアレンジして行われたものが、テレビドラマの『3年B組金八先生』で取り上げられ、全国に広まりました[135]。

宮崎県では、運動会に「左近太郎」という種目があります。左近太郎とは、もともと川から引いた水の力でシーソーを動かすように杵で米を突いて脱穀・精米を行う昔ながらの木製装置のことです。運動会では、2人1組で一方が板に載せたボールを梃子《てこ》の原理で跳ね上げ、それを相方がかごで受ける競技で、人気種目になっています。

和歌山市の小学校には、運動会の開会式や閉会式で歌う「運動会の歌」があります。1956（昭和31）年、和歌山市教育委員会が歌を公募し、小学校教師が応募した歌詞と中学校教師による曲が選ばれて作られたものだということです。

東北地方では、運動会が予定通り行われる場合、それを知らせるため、当日早朝に学校が花火を打ち上げます。もともと秋のお祭りなどを行う合図として花火が用いられてきたようです。音と煙だけが出る花火ですが、お天気が微妙な場合でも運動会開催が確認でき、家庭でお弁当の準備が安心してできます。最近は、近隣から苦情が出たりして、市街地では減少しているようです。

福島では、徒競走を「はねくら」と言います。「はねる」は「走る」という意味で、「はねくらべ」が「はねくら」になったもののようです。

一方、同県では、中学校では運動会がない学校が多数あります。戦後の学制改革では、全国的にどこでも新制中学校の建設は自治体にとって難事業でしたが、福島でも、学校の設置だけで大変で、校庭の整備が進まなかったため運動会ができず、その後も運動会を行わないまま今にいたっていると推測されています。

交通安全に関するもの

交通安全では、長野県には信号機のない横断歩道を渡る時に独特の習慣があります。子どもたちは渡る前に手を上げて車が止まると運転手に会釈し、渡り終わったらもう一度会釈することが40〜50年前から広く行われています。そのためもあって同県は信号機のない横断歩道での車の一時停止率が全国で最も高くなっています。[136]
滋賀県では、子どもの飛び出しにドライバーが注意するよう、「とび太くん」の看板が県内各地の道路脇に立てられています。最初は1973（昭和48）年、八日市市（現・東近江市）の社会福祉協議会の依頼で立てられ、その後、自治会やPTAなども製作し始め、県内に広がったようです。[137] 今では、他県にも広がっています。
2023年4月から、自転車に乗る際のヘルメット着用が努力義務になりましたが、以前から生徒の自転車のヘルメット着用率が高いことで知られるのが愛媛です。一般の着用率も全国で最も高く、通学時の中高生は、ほぼ100パーセントの着用率です。2014年、自転車で下校中の高校生がトラックにはねられ、頭部を打って亡くなる事故があり、その生徒の保護者の訴えから、教育委員会や学校で着用を求める取り組みが進み、着用率全国一になったということです。[138]

静岡県浜松市や愛知県美浜町などでは、昭和50年代から徒歩通学の小学生もヘルメットを着用しています。

児童や園児が登下校時にかぶる黄色い帽子は1960年、和歌山西警察署が呼びかけたのが始まりだそうです。日暮れでも運転手から視認性が高い色ということで、考案した同署の警察官は、内閣総理大臣表彰を受けました。ただ、黄色い帽子は、名古屋の帽子会社の職人が考案したという説もあります。[139]

静岡市の小学生は、ランドセルに加え、「横断バッグ」という黄色の手提げ鞄を通学用に使います。63年以来、地元の鞄メーカーが製造しており、「横断中」という文字が入っています。[140]

Column

47都道府県　独特で豊かな地域性

学校文化は、それぞれの地域や学校に特有で、他とは異なる独自性があるということが、誇りや伝統になっている面があると思います。同時に、その集団ではあまりに当たり前になっている一方で、あるいは、それゆえに、自分たちの集団だけが特異であることに気づきにくいことがあるという面白さもあります。子どものころ当たり前と思っていた学校のしきたりや決まりごとが、実は自分の県だけで行われていることだった、ということが意外とあるのです。

ここでは、そうした地域独特の行事、慣習、伝統などの主なものについて、本章までに述べたものを含め、都道府県コードに沿って一覧にしてみました。

〈北海道〉▽遠足先でジンギスカンやカレーライスを作って食べる「炊事遠足」が行われる▽学校指定の体操服はなく、自由な服装で体育の授業を受けるのが普通▽学校指定のスクール水着もなく、自由な水着で水泳授業を受ける▽オホーツク海沿岸の学校では、校則や冬休みの注意事項として「流氷に乗らないこと」がある

〈青森県〉▽津軽地方では、多くの学校に土俵がある▽県立八戸高校では、男子生徒がパンツ一丁になってファイヤーストーム

を行う行事がある▽県立弘前高校は、毎年全クラスが手作りのねぷたを作り市内に繰り出す▽県立青森高校は、校内の池を、東大にあやかり「三四郎池」と呼んでいる▽大間町では、端午の節句に、幼稚園や保育所はじめ各所で「マグロのぼり」を揚げる

〈岩手県〉▽クラス名簿は、名前の五十音順ではなく、生年月日（誕生日）順が多い▽県立盛岡第一高、水沢高、福岡高、一関第一高、花巻北高、黒沢尻北高などバンカラ応援団のある高校が多数ある▽県立盛岡第一高の校歌は、軍艦マーチのメロディである▽校外で不思議な行事を行う高校が複数ある（県立盛岡一高の「猛者《もさ》踊り」、県立水沢高の「カッパ踊り」、県立遠野高の「うさぎ狩り」）

〈宮城県〉▽授業が始まるとき「起立・注目・礼」と号令をかける▽ジャージのことを「ジャス」と言う▽私服の公立高校が他県より多い▽運動会が予定通り開催される場合、それを告げるため、当日の朝、学校が花火を打ち上げる（東北地方に見られる）

〈秋田県〉▽小学校で、遠足先できりたんぽなどの鍋を作って食べる「なべっこ遠足」を行う▽テレビで、中学校の修学旅行先での安否を知らせるＣＭが流れる▽吹奏楽曲「大いなる秋田」がよく知られており、その中の秋田県民歌を歌える人が多い

〈山形県〉▽授業中、先生に「当てられる」ことを「かけられる」と言う▽運動会で、花笠音頭を踊る▽模造紙のことを「おおば

んし（大判紙）」と言う▽（1）（2）を「いちかっこ」「にかっこ」、①②を「いちまる」「にまる」と言う▽県内陸部では、上履きのことを「内ズック」、外で履く靴のことを「外ズック」と言う▽米沢市内の全小中学校の体育館に上杉謙信、上杉鷹山の肖像画が掛けてある

〈福島県〉▽徒競走のことを「はねくら」という▽中学校では、運動会を行わない学校が多い▽福島市の小学校では鼓笛隊が盛んである▽会津地方を中心に、「ならぬものはならぬものです」などの「汁《じゅう》の掟《おきて》」がいまも伝えられる。県立会津高校には剣舞委員会があり、年2回、白虎隊士の墓前祭で剣舞を奉納する▽いわき市の小学校では、清掃時、親に作ってもらったり、買ってきたりしたひざ当てを全員が付ける

〈茨城県〉▽生徒が宿題を先生に提出することを「宿題をあげる」と言う▽筑波山が校歌に出てくる学校が多く、遠足の行き先にもなっている▽日立市、土浦市、石岡市、桜川市、小美玉市、筑西市、高萩市など県内約3分の1の自治体では、小学校1年生にランドセルを自治体が支給する▽県独自の「茨城県民体操」を行う

〈栃木県〉▽6月15日（県民の日）の給食にイチゴゼリー「とちぎ県民の日ゼリー」が出る▽給食のメニューに郷土食の「しもつかれ」が出る。宇都宮市では「ギョウザ鍋」が出る▽教室の後ろの部分を「教室の裏」という▽真岡市を中心に二宮尊徳（金

次郎）像が多く見られる▽公立高校に、男女別学校が10校近くある▽運動会で、八木節音頭を踊る▽佐野市は、小学校の体育や中・高校の大会としてクリケットが盛ん

〈群馬県〉▽授業が始まるとき「起立・注目・礼」と号令をかける▽「上毛かるた」が学校や公民館で行われ、大人になっても覚えている人が多い▽定規（物差し）のことを「線引き」と言う▽運動会でクラス対抗戦を行うとき、「赤城団」「榛名団」「妙義団」など山の名前で分かれる▽運動会で、八木節音頭を踊る▽教室に並ぶ机の縦の列を「一の川」「二の川」「三の川」……と呼ぶ▽花壇の水やり当番のことを「水くれ当番」と言う▽公立高校に男女別学校が10校以上ある

〈埼玉県〉▽硬筆書写に熱心で、「埼玉県硬筆中央展覧会」を目指して誰もが硬筆の練習に取り組む。6B、10Bなどの硬筆用の濃い鉛筆の販売も多い▽教室に並ぶ机の縦の列を「一の川」「二の川」「三の川」……と呼ぶ▽出席をとるとき、名前を呼ばれたら、「はい、元気です！」「はい、風邪気味です」のように健康状態も答える▽公立高校に男女別学校が10校以上ある

〈千葉県〉▽「なのはな体操」という千葉県独自の体操を行う▽落花生が特産であることから、学校給食に「味噌ピーナツ」が出る▽クラス名簿は、名前の五十音順ではなく、生年月日（誕生日）順が多い▽出席をとるとき、名前を呼ばれたら、「はい、元気です！」「はい、風邪気味です」のよ

うに健康状態も答える

〈東京都〉▽綱引きの掛け声は「オーエス、オーエス」である。フランス語の「オー、イス（oh, hisse）」（それ、引け）が由来▽都立高校は伝統的に、文系・理系のクラス分けをしない学校が他県より多い▽台東区と中央区は、制服または標準服の区立小学校が多い▽「キーンコーンカーンコーン」のチャイムや給食の「揚げパン」は大田区の学校から始まった

〈神奈川県〉▽横浜市では6月2日（海港記念日）は一斉休校日。横浜市歌は、学校で校歌並みに指導するため、歌える人が多い▽小田原市では、二宮尊徳（金次郎）像が多く見られる▽金太郎伝説のある足柄地方では、給食に「きんたろう牛乳」が出る

〈新潟県〉▽授業中、先生に「当てられる」ことを「かけられる」と言う▽半分以上の学校で職員室のことを「教務室」と呼ぶ▽花壇の水やり当番のことを「水くれ当番」と言う▽上履きのことを「内履き」と言う▽給食のメニューに郷土食の「のっぺ汁」が出る▽花火大会では、企業や団体と並んで学校の同窓会で花火を上げる

〈富山県〉▽模造紙のことを「がんぴ（雁皮）」と言う▽男の子のいる家庭では、お正月に「天神様飾り」（菅原道真の掛け軸）をする▽定期的な朝会（朝礼）はない▽小学校では修学旅行をしない▽学校トイレの87％が洋式で、全国で最も高い

〈石川県〉▽「若い力」という県独自の体操を行う▽学校や地域でトランポリンが盛ん▽歌の一番、二番……のことを「一題目、二題目…」と言う▽校区（学区）のことを「校下《こうか》」と言う▽2時間目と3時間目の間の休み時間を「長休み」と言う▽小学校も制服の学校が多い▽「安宅の関」のある小松市では、毎年、市内の中学校が持ち回りで「勧進帳」の公演会を行う

〈福井県〉▽2時間目と3時間目の間の休み時間を「大休み」と言う▽無言清掃を行う学校が多い▽上履きのことを「内ズック」、外で履く靴のことを「外ズック」と言う▽校区（学区）のことを「校下《こうか》」と言う▽1月25日の天神講（初天神）の時期の給食に、菅原道真の好物だったカレイの献立が出る▽じゃんけんのかけ声は「じゃんけんもってのヨーロッパ」と言う。じゃんけんのあいこを「あらま」と言う▽小学校も制服の学校が多い

〈山梨県〉▽半分以上の学校の校歌に「富士」の言葉が出てくる▽7月1日（富士山山開きの日）の給食に「富士山ゼリー」と「ひじきとじゃがいもの煮物」（富士登山の安全を祈願する郷土食）が給食に出る▽「ほうとう」が給食に出る▽県立甲府第一高校では「強行遠足」（男子は100キロを歩く）を行う

〈長野県〉▽県歌「信濃の国」を歌える人が多い。「信濃の国」のダンスもあり、運動会などで踊る▽クラス名に「松組」「春組」「山組」「東組」など漢字を使う小学校

が約50校ある▽中学校で「白文帳」という長野独自の漢字練習帳を使う▽無言清掃を行う伝統がある▽花壇の水やり当番のことを「水くれ当番」と言う▽中学校で2千～3千メートル級の山に登る学校登山を行う▽部活動を班活動と言う高校が多数ある▽上田高校、松代高校は、部（班）活動のユニフォームや応援旗に、真田家の「六文銭」の家紋を入れている▽私服の公立高校が他県より多い

〈岐阜県〉▽模造紙のことを「ビーし（B紙）」と言う▽県南部では、机を運ぶことを「机を吊る」と言う▽県南部で、給食に「金魚めし」という献立がある▽県立斐太《ひだ》高校は、卒業式のあと「白線流し」という伝統行事を行う

〈静岡県〉▽半分以上の学校の校歌に「富士」の言葉が出てくる▽給食に、お茶が出る。島田市の学校では、緑茶が出る蛇口がある▽静岡市の小学生は「横断バッグ」という黄色の手提げ鞄を持って通学する▽浜松市の小学校の運動会には、「城落とし」という三方が原の戦いをもとにした独自の種目がある▽小学校の各児童の椅子に、防災頭巾になる座布団が備え付けられている▽定規（物差し）のことを「線引き」と言う▽県立浜松南高校、藤枝東高校、磐田南高校など県西部の高校では「高校生体操」という独特の準備運動を行う

〈愛知県〉▽休み時間を「放課」と呼び、「十分放課」「二十分放課」「大放課」「昼放課」などがある▽机を運ぶことを「机を吊る」

と言う。「机吊り係」がある学校もある▽生徒の昇降口（出入り口）のことを、江南市などで「脱履《だつり》」、名古屋などで「土間」と呼ぶ学校がある▽学校の体育館を、一宮市などで「屋運《おくうん》」と言う▽岡崎市立大樹寺小学校には徳川家康の銅像があり、運動会で「家康の自立」という野外劇を演じる

〈三重県〉▽ご当地グルメの「津ギョウザ」は、もともとは給食のメニューだった▽机を運ぶことを「机を吊る」と言う▽かさぶたのことを「かんぴんたん」と呼ぶ▽ごみ捨て当番のことを「ごみほり当番」と言う

〈滋賀県〉▽小学校5年で、「うみのこ号」に乗って、琵琶湖で湖上宿泊学習をする▽7月1日の「びわ湖の日」の給食に、琵琶湖の小アユを使った献立が出される▽3分の1の小学校、半数近い中学校の校歌に「湖」が出てくる▽書道は、手本にとらわれず、太く、大きく、はみ出しても気にせず思い通りに書く県独自の指導を行っている▽子どもの飛び出しに注意するよう「とび太くん」の看板が道路脇に立てられている▽県立彦根東高校は、井伊直政に由来する「赤鬼魂」を校訓とし、井伊家の「赤備え」に由来した赤をスクールカラーとしている

〈京都府〉▽日本で最初の学区制小学校である「番組小学校」が現在の多くの京都市立小学校の起源に当たる▽舞鶴市の小学校の卒業式では、卒業生が中学校の新しい制服を着て出席する▽宇治市の学校では、お茶が出る蛇口がある▽長岡京市、宇治市な

どでは、通学用に「ランリック」という独自の鞄を使用する

〈大阪府〉▽体育座りを「三角座り」と言う学校が多い（関西地方に見られる）▽定規（物差し）を「さし」と言い、机を運ぶことを「机を舁《か》く」と言う（関西・中四国に見られる）▽堺市では「堺っ子体操」という独自の体操を行う▽真田幸村が「真田丸」の砦を築いた地区にある大阪市立真田山小学校は、真田家の「六文銭」をあしらった校章である

〈兵庫県〉▽日直のことを「日番《にちばん》」と言う▽神戸の小学校では「神戸ノート」という独自のノートを使う。下駄箱がなく土足制の小学校が多い▽赤穂市の小中学校では赤穂義士についての副読本で忠臣蔵について学ぶ▽県立淡路三原高校、南あわじ市立三原中学校、同市立南淡中学校など人形浄瑠璃の部活動を行う学校が淡路島に複数ある

〈奈良県〉▽大和郡山市で金魚すくいの全国大会が行われ、小学校には金魚クラブがある▽校内マラソンの際、首を通せるよう穴をあけたタオルを体操着の下につけ、終了後は、首からすぽんと抜き取って汗を拭く「マラソンタオル」を使う

〈和歌山県〉▽和歌山市では、運動会のときに「運動会の歌」という独自の歌を歌う▽上履きのことを「バレーシューズ」、ビーチサンダルのことを「水セッタ」と言う▽登下校時にかぶる黄色い帽子は、和歌山西

警察署が考案し呼びかけたのが最初である▽紀州鉄道の学門駅、南海高野線の学文路《かむろ》駅の入場券は、合格祈願の御守りとされている

〈鳥取県〉▽米子市など県西部ではスクール水着がオレンジ色である▽県西部の多くの学校の校歌に「大山（伯耆《ほうき》富士）」がうたわれている

〈島根県〉▽神楽の部活動や愛好会が県立矢上高校、浜田商業高校、飯南高校、邇摩《にま》高校、浜田養護学校、江津高校などにある▽高校で修学旅行はしない

〈岡山県〉▽かき氷のミルク金時は、旧制第六高等学校（現・岡山大学）生が市内の喫茶店で考え出したものだと伝わる▽習字の一画目（起筆）を「うったて」と言う▽小学校も制服の学校が多い（中四国地方に多い）▽生徒手帳を最初に作成したのは岡山の富士出版（のちの福武書店。現・ベネッセ）である▽スポーツテストで好成績だった生徒に、県独自の「Aバッジ」（1998年までは「1級バッジ」）が授与される

〈広島県〉▽2時間目と3時間目の間の休み時間を「大休憩」と言う▽呉市ではコッペパンのことを「給食パン」と言い、メロンパンのことを「コッペパン」と言う▽安芸高田市立吉田小学校は大正6年以来、全卒業生が自画像を学校に残し、廊下などに掲示してある▽神楽の部活動や愛好会が県立吉田高校、千代田高校、西城紫水高校、

加計高校芸北分校、可部高校などにあり、安芸高田市では「高校生の神楽甲子園」が開催されている

〈山口県〉▽給食にフグの雑炊や唐揚げが出る▽模造紙のことを「おおばんし（大判紙）」と言う▽萩市立明倫小学校は、長州（萩）藩校・明倫館の流れを汲む学校の一つであり、吉田松陰の言葉を暗唱する▽岩国市の錦帯橋では5年に1度、100人以上の岩国高校生徒が一斉に橋に乗り、強度検査を行っている

〈徳島県〉▽運動会で阿波踊りを踊る学校が多い▽給食に祖谷地方の郷土料理である「そば米雑炊」が出る▽重要無形民俗文化財である阿波人形浄瑠璃の部活動が県立城北高校、小松島西高校勝浦校、那賀高校などで行われ、城北高校には芝居小屋（人形会館）もある▽JR徳島線の学《がく》駅の入場券は、合格祈願の御守りとされている

〈香川県〉▽模造紙のことを「とりのこようし（鳥の子用紙）」と言う▽高松市では、1月の給食に「あんもち雑煮」が出る▽女子サッカー発祥の地は、丸亀高等女学校（現・県立丸亀高校）とされる

〈愛媛県〉▽体育座りのことを「おちょっぽ」と言う▽給食にポンジュースが出る▽中学校2年で「少年式」を行う▽模造紙のことを「とりのこようし（鳥の子用紙）」と言う▽中高生の自転車のヘルメット着用率がほぼ100パーセントである▽松山市の小学

校では、一人ずつ「俳句手帳」をもち夏休みの宿題として俳句作りが出される▽県立松山東高校では、生徒は「がんばっていきまっしょい」「ショイ！」と声を掛け合い気合いを入れる▽県立長浜高校には、校内に水族館があり、全国で唯一「水族館部」がある

〈高知県〉▽運動会でよさこいを踊る学校が多い▽最も早く校旗を制定したのが旧制高知尋常中学（現・県立高知追手前高校）とされる▽高知市立第四小学校の校歌では「坂本龍馬の生まれたところ　心をみがき身をきたえ　あすの日本に役立とう」とうたわれている

〈福岡県〉▽先生が「全体、止まれ！」と言うと、「1・2・3・4・5！」まで言って止まる▽先生が「座れ！」と言うと「やー！」と言って座り、「立て！」と言うと「やー！」と言って立つ▽北九州市の小学校では、騎馬戦のことを「川中島」と言う▽ランドセルなどを背負うことを「からう」と言う▽県立修猷館高校、明善高校、伝習館高校、育徳館高校など藩校の名を引き継ぐ高校が複数ある

〈佐賀県〉▽城跡に立地する高校が複数あり、佐賀西高校は「栄城《えいじょう》」、鹿島高校は「鹿城《ろくじょう》」、唐津東高校は「鶴城《かくじょう》」、小城高校は「黄城《おうじょう》」という城にちなんだ愛称で呼ばれる▽県立佐賀西高校と佐賀北高校には、ファイヤーストームを行う伝統がある▽県立鹿島高校の朱色の校門は、鹿島城の城門

だったもので、「赤門」と呼ばれる▽佐賀市内の高校では、通学用の自転車が、生徒によって、水色、ピンク、赤、紫、黄緑など、さまざまな色のものが乗られている

〈長崎県〉▽夏休みの友が「あじさいノート」という名称である▽穴のあいた靴下を「じゃがいも」と言う▽五島列島・奈留島の県立奈留高校の愛唱歌「瞳を閉じて」は、生徒がラジオの深夜番組に投稿したことがきっかけでユーミン（松任谷由実）が作詞作曲した。校内にユーミン直筆の歌碑があり、島全体の愛唱歌になっている

〈熊本県〉▽職員室などの戸に「あとぜき」（開けた戸を閉める、という意味）という張り紙がしてある▽給食に太平燕《タイピーエン》という春雨料理が出る▽中学校2年で「立志式」を行う学校が多い▽入学式や卒業式のとき、体育館の壇上には上履きを脱いで上がる

〈大分県〉▽「努力遠足」「お見知り遠足」という名の遠足がある▽郷土料理のとり天が給食に出る。宇佐市では「スッポン給食」が出る▽別府の小学校では、別府観光の父と言われる油屋熊八の業績を社会科で学ぶ

〈宮崎県〉▽宿題をするとは言わず、「宅習をする」と言う▽清掃のとき、中学校の女子は清掃着あるいは作業着と称する掃除専用のもんぺを身に付ける▽運動会での綱引きの掛け声が「エイ、エイ、エイサー!」である▽運動会に「左近太郎」（2人1組で一方が板に載せたボールを梃子の原理で跳

ね上げそれを相方がかごで受ける）という種目がある▽小学校4年の行事「二分の一成人式」を最初に始めた▽中学校2年で「立志式」を行う学校が多い▽黒板消し（黒板拭き）のことを「ラーフル」と言う

〈鹿児島県〉▽授業が始まるとき「起立・姿勢・礼」と号令をかける▽「負けるな　嘘を言うな　弱い者をいじめるな」の郷中教育の教えをいまも伝える▽西郷隆盛の言葉である「敬天愛人」の額が校長室などに掛けられている▽遠足ではなく「遠行」を行う。桜島一周遠行や薩摩半島縦断を行う高校、錦江湾横断遠泳を行う小学校がある▽公民館などの放送施設で子どもたちが当番で本を読み、屋外スピーカーや有線放送で地域に流す「朝読み・夕読み」が行われる▽奄美地方では、公民館や学校に土俵がある▽鹿児島市立鹿児島商業高校には、「チンチンチャイナマイノウェルウェルローン……」で始まる不思議な応援歌があり、行事や試合の際、これで気合いを入れる

〈沖縄県〉▽授業が始まるとき、座ったまま「正座・礼」と号令をかける▽クラス名簿は、住所の地区ごとに並べた名簿が多い▽そろばんを習う子どもが多く、検定受検者や有段者も多い▽国道や県道沿いに大きな横断幕を出して同窓会の開催案内を行う▽中学・高校の体育で空手の型を行う学校が多い▽ボウリングが盛んであり、部活動でボウリング部のある高校が多い▽中学・高校の卒業式の日に、卒業生は、後輩や家族が作ったお菓子のレイをかけてもらう

5章

令和の時代の学校文化

ここまで、わが国の学校文化の起源や由来は、江戸期以前、明治期、大正・昭和期などにさかのぼるものであることを見てきました。

このように歴史的に形成されてきたものであるため、現代の視点に立った場合、中には子どもたちの実態や社会の変化、人々の考えに合わなくなってきているもの、変わらざるを得なくなっているものも少なくありません。

その学校文化の変化の方向としては、

子どもの人権

教師の働き方改革

地球環境の変化

の三つに対応していくことが、重要になっていると考えられます。

また、これら三つの柱にかかわって、少子化の進行とＩＴ化・人工知能（ＡＩ）の発達という二つの現象は、非常に急激であり、学校文化に大きなインパクトを与え、変化を加速させる可能性があります。

変化の先は読みにくい面がありますが、まず、令和の時代の学校文化がどのようなものに変化しつつあるか、右に挙げた三つの柱に沿って見ていきたいと思います。

◆変化が求められる学校文化
――子どもと教師の人権、地球環境への対応

子どもの人権―個性の尊重

今日、社会・経済的にも、組織や集団の力よりも個人の能力の発揮が求められる時代に変化してきていますし、一人一人を個人として尊重する意識が高まっています。

こうした社会の意識の変化は学校にも影響を与えています。

例えば、わが国の学校文化の中には、封建時代や戦前の体制に起源があるものもありますが、一糸乱れぬ入場行進の指導や「頭《かしら》、右」の敬礼などは現在では行わない学校は増えています。

また今日、いじめや不登校の問題が深刻化し、全体としては少子化が進む中でもフリースクールや通信制高校の生徒数が増えています。

明治中期以来、学級という同一年齢集団を基本とすることにより営まれてきた学校生活が、集団主義的な同調を生みやすいことは長く指摘されてきました。

学校特有の雰囲気や学校生活の特徴の中に、子どもの個性を尊重しようという現在の流れに合わないものが残されている可能性があります。このような観点から、学校文化となっ

ているものに対しさまざまな意見が出されるようになっています。

代表的なものが、いわゆる「ブラック校則」の見直しを求める声です。また、性別による役割分担の固定化の見直しや性的少数者への対応の観点から、性別に関係なくスラックスを選択できるようにする学校や、性差の少ないブレザー型の制服を導入する学校が増えています。

プライバシーの問題もあります。学校で保護者の職業を調べたり、名簿に記載することはなくなっていますが、いまも、小学校の「二分の一成人式」などの際に行われる写真や作文による生い立ちの披露に対しては、個別家庭の事情に踏み込むもので配慮に欠けるのではないかとの意見が出されています。

生徒の名札についても、プライバシー保護や防犯対策の観点から廃止したり、校外ではポケットの中などに隠せるタイプの名札を導入するところも出てきています。

子どもの健康を守る観点からは、ランドセルが重いことや、内臓や座骨にストレスがかかる体育座りの問題点を指摘する意見も出されています。

女子のブルマーはすでになくなりましたが、スクール水着も、体のラインが見えにくい長袖、ハーフパンツのものを採用する学校が増えつつあります。白の体操服を透けにくい紺色などに変える動きや、健康診断を上半身裸にならずに行うように工夫する動きもあります。

一人一人の子どもの立場に立った学校文化を作ることが課題になっています。子どもが窮屈さ、息苦しさを感じる学校であっては、急速に進む少子化もあいまって、学校に通う者がますます少なくなることになりかねません。

教師の働き方改革

学校離れは、教師の側にも起こりつつあります。

わが国では、明治に入る前から伝統的に、知・徳・体の全人教育を理想とし、近代学校制度導入後も、生徒指導や校外活動まで含めたさまざまな子どもの問題を教師が引き受けてきました。

このことは、日本の学校の良さとして海外から評価され、日本式教育を取り入れる国もあります。一方で、あまりに多くのことを学校で引き受けるやり方は持続可能ではなくなってきています。

学校で起こる問題に対し、保護者やメディアの見る目が厳しくなったり、社会のさまざまな問題は子どものころから教える必要があるなどとして、政治や行政から学校への求めが増えるにつれ、教師のやることが増大し、学校が「ブラック職場」になっている現実もあります。

こうしたことで、人材の教職離れ、教師不足の問題がすでに起きています。日本の学校の強みとされてきた研究授業など教師の研究や研さんの時間も十分に確保できなくなってきています。

もともと日本では、教職は人々から尊敬され、処遇の良し悪しにかかわらず、有為な人が目指す職業でしたが、教職を目指す人や担う人の志の高さのみに頼る行き方は限界に来ています。勤務環境や処遇の改善を図る必要が生じていますし、教師の仕事として抱え込みすぎているもの、外部や他の専門職に委ねられるものを見極め、学校や教師が果たすべき役割や機能を絞り込むことが不可避となっています。

このような観点から、部活動について、学校管理下の活動から地域の活動に移行させることが大きな課題となっています。これには、少子化に伴い、学校単位では各競技のチームを組めなくなっている問題もかかわっています。地域への移行という点では、夏休みのプール指導や登下校時の見守り活動なども同様です。

ＩＴ技術を活用し、学校から家庭へのプリント類や、学校を休む場合の学校への電話連絡などが、スマホアプリやラインでの連絡に変わってきています。ＩＴ化は、紙の削減などの効果ももたらします。

ＰＴＡ会費や教材費、校外活動費などを現金で集める集金袋をなくし、スマホやパソコンで決済できるキャッシュレスサービスを利用する動きもあります。教師の負担となるアナログな仕事の削減に加え、硬貨を用意する手間や子どもに現金を持たせるリスクを減らせますし、クラス内での集金をやめることで徴収金を免除されている家庭の子どもが嫌な思いをしなくて済むようにできる効果もあります。

家庭訪問を廃止や希望制にしたり、オンラインか訪問かの選択制にしたりする学校も増えており、教師の働き方改革に加え、共働き世帯が増える家庭の負担軽減になっています。学校にプールがあること、学校で動物を飼育すること、担任の先生が学級通信を発行することなどは、日本の学校の特色ですが、一方で教師の負担にもつながっています。

われわれ日本人は、学校の思い出と言えば、教科の授業よりも圧倒的に、さまざまな学校行事や部活動はじめ授業以外の諸活動を思い浮かべると思いますが、こうした学校文化はいま曲がり角に来ていると言えます。

地球環境の変化

筆者が子どもの頃の徳島（40〜50年前）や、文部省入省後赴任した鹿児島（20〜30年前）には学校にエアコンはありませんでしたが、急速に温暖化が進むいまでは本州の広い地域でエアコンは必須とされています。北海道でも学校にエアコンが必要だとの声や、夏休みを他地域と同じ期間に長くする動きが出ています。地球環境の変化は、学校文化に変容を迫っており、学校生活の維持そのものにかかわる問題にもなりつつあります。

真夏日や猛暑日が増えていることから、屋外での体育の授業や運動会のみならず、校舎の断熱性能が低い場合が多いことから、教室にエアコンを入れていても、子どもが体調を崩すなどして授業の実施そのものが危ぶまれる可能性も現実になっています。

熱中症予防のため、運動会の時間を午前中だけに短縮する動きは広がっています。入場行進の省略や開会式の簡素化などで時間短縮することは、練習時間や教師の負担の軽減にもつながります。PTA参加種目や弁当作りがなくなり、保護者にとっても負担が減ります。熱中症対策の観点から、赤白帽の赤を黄色やピンクなどの薄い色に変えるべきとの意見もあります。

また、地球環境の変化は、豪雨災害の増加・大規模化をもたらしており、この影響が及ぶこともあります。学校の屋外プールは、猛暑や豪雨など気候変動の影響による授業中止が増加していることに加え、施設の維持管理のための教師の負担などの問題も指摘されるようになっており、民間の屋内プールの利用に切り替える自治体も出てきています。

感染症の問題もあります。新型コロナウィルスが学校に与えた影響は改めて言うまでもありません。近年のウイルス性の感染症は、人為的な環境破壊により、野生動物との接触や、ウイルスの変異、未知のウイルスの出現などを加速していることが背景にあると言われており、今後も新たなウイルスの出現がないとは言えません

鳥インフルエンザなど感染症の問題に加え、アニマルウェルフェア（動物福祉）の問題や動物アレルギーの子どもへの対応の観点から、学校の動物飼育を見直すべきとの意見が

聞かれます。

地球環境の危機に注目が集まる中で、温暖化防止や循環型社会実現のための行動を学校自らが起こしていく取り組みが注目されます。

すでに、資源の有効活用のため、ランドセルや制服、体操着、学用品の再利用の動きや、算数セットや彫刻刀などを個人購入から学校備え付けに切り替える動きがあります。こうした取り組みは家計の経済的負担の軽減にもなります。

プラスチックごみ削減のため、給食の牛乳パックをストローなしで飲める紙パックにする動きがあります。このストローなしの牛乳パックは、最初に導入された高知県ではすでに7割の小中学校で採用されており、他県にも広まっています。

給食の牛乳に関しては、飲ま（め）ない生徒の分の廃棄を防ぎ、食品ロスを削減するため、牛乳の選択制を導入する自治体もあります。給食の食べ残しを堆肥にするコンポストを学校に導入する自治体も増えています。

かつて多くの学校には小型焼却炉がありましたが、ダイオキシン類の発生が問題となり、1997（平成9）年ごろ以降、学校でのごみ焼却は姿を消しました。紙やプラスチックごみをはじめ、ごみの分別、減量、リサイクルなどに、学校は一層意識を高めて取り組むようになっており、新たな学校文化になる可能性があります。

◆文化を共有する意義
——「つながり」と「われわれ意識」

子どもの立場に立って、あるいは社会のさまざまな変動に対応して、学校文化が変化してきていることを述べました。

そもそもAI（人工知能）時代を迎え、学校に通うという文化自体が転換点にきているのではないか、との指摘もないわけではありません。

不登校、いじめ問題の深刻化などを踏まえると、みんなが学校文化に合わせるということが限界に来ていることを思わせます。教育を受ける場は学校だけである必要はなく、家庭でも、ITを活用してオンライン教育を受けられますし、フリースクールに通う生徒は増えています。

教える側を見ても、社会の変化や進展につれ、政治や行政、メディアから様々なことが学校に求められており、これを全て担わなければならないのか、との不安感が、この職場を目指す人の間に増大しているように思われます。

このように、いま、学校文化は曲がり角にあります。

しかし、では、学校文化はどんどん変わっていけばよいのでしょうか。

いや、それはそれでまた違うのではないか、という気もします。

学校文化に限らない話になりますが、社会の変化は今後も進むはずです。が、それで、本当にわれわれが直面する状況の打開が可能なのかも問われているように思います。

一例ですが、デジタル技術を取り入れるほど、多くの情報を次々と処理する作業に追われ、多くのことを同時並行でこなさざるを得なくなり、かえって忙しく窮屈になっていることはないでしょうか。

学校に限らず他の職場でも、かつては、もっと少ない人数で、しかも余裕をもって仕事をしていたのに対し、技術が発達したいまの方が人数は多いのに、自由な時間は増えず、仕事は細かくなりスピードを求められ、心身の調子を崩す人が増えているということはないでしょうか。新しいことを取り入れ、ひたすら変わり続けて、これで本当に社会がよくなり、人々の幸せにつながるのか、不安も増大しているように思えます。

緩やかにしか変わらない基層文化の価値を再確認、再評価すること、変わるべきは変えつつも、いまの地盤を守ること、そこには、ただ歴史や伝統を保持し継承するということにとどまらない今日的な意義もあると考えられます。

われわれ意識と心の安定

「文明」との対比で「文化」の性質についてしばしば述べた司馬遼太郎が、〝「文化」とは、自分は何者かにかかわるもの、また、それなしでは人間の心の安定が得られないものだ〟〝その文化が少数者の共有するものであればあるほど、めいめいの帰属心がつよくなる〟と述べています。[141]

学校文化の研究においても、文化とは、「当該社会の成員の間に〈われわれ感情（we-feeling：仲間意識や帰属感）〉を育み……成員としてのアイデンティティの基盤となるもの」だとし、その視点から学校文化をとらえるものがあります。[142]

しかし、工業社会の時代までに見られた、組織や地域など集団への「帰属」によって「われわれ」意識が保持されてきた社会の在り方は、価値観の多様化や情報化社会の進展により、個人重視の方向へ大きく変容してきました。

それは、組織や集団にありがちなハラスメントを減らすなど、いい面がある一方で、かつて活発に活動した各種の団体、地域共同体、企業や職場が変容するにつれ、それらに代わって個人を支える新しい存在が見当たらない状態になっています。ネットやSNSでのつながりはあるかもしれませんが、人々の精神的セーフティネットにはなり得ず、孤独、孤立などの問題が生じる要因にもなっています。

日本的な古い体質の象徴とも見られていた会社の社内運動会が再評価され、社員間のコミュニケーションを増やし仲間意識を育てる手段として、開催されることが増えていると報道されました。[143]

いま、改めて「つながり」や「かかわり」による「われわれ」意識への志向が生まれています。

「われわれ」意識を生み出すものは、共有する文化ではないかと考えられます。人には、何かを愛する気持ちがあり、多くの場合、それは文化的なものに向かうものだと思います。文化の共有基盤を提供するものとして考えられるものが、各地の地域文化や学校文化の機能です。

日本に在住した、フランス・バスク地方出身の神父ソーヴール・カンドウ（１８９７―１９５５）が「およそ自慢話は聞きぐるしいものであるが、ただ一つ例外とされるものがある。それはお国自慢である」と述べているそうです。人はいくつになっても故郷を自慢したい気持ちがあるのではないでしょうか。

また、生涯の友人になるのは、20代前半までに知り合った友人が多いとか、人は10代のころに好きになった音楽を生涯好む傾向がある、とも言われます。

世代が違っていて流行歌やヒット曲は共有していない世代同士でも、同じ学校の同窓生であれば、同じ校歌や応援歌を共に歌うことが可能です。若い時代を過ごした故郷や母校というものは、「われわれ」意識を支える性格を持ち続けるものではないかと思います。

地域を支える、多様性を高める

都市化、過疎化、少子高齢化などの影響を受け、地域文化の中には、担い手の不足など存続の危機に直面しているものが増えています。

情報化やグローバル化により、人々の生活や各地の文化が同質化的な方向に向かう傾向も避け難くなっています。

明治の近代化政策、大正期の大衆化現象、戦後の高度成長などによって、わが国は一貫して若者たちを都市に呼び集め、地方の衰退を加速させてしまいました。

しかし、各地の独自の文化は、それぞれの地域の資産になるものです。それは、歴史的に形成され、一朝一夕には再生産できないものです。また、地域の行事や文化を守り、実施し続けることが、地域の存続そのものを支えている場合もあります。

学校の教育活動や校名などに、地域の歴史や伝統文化を反映させ、地域の特色として再生を図り、継承しようとする取り組みが各地で見られます。

一例として、成長に時間がかかるなどの理由で生産者が減り、消滅の危機にある伝統作物を、学校で子どもたちが栽培し、地域での普及、保存に取り組む事例が報道されています。例えば、鹿児島市の「伊敷長なす」、奄美大島の「古志大根」、福島県会津若松の「小菊かぼちゃ」などです。[144] わが国の学校には、明治以来、校内で植物栽培をする文化がありますが、これが生かされています。

地域文化が、形を変えつつも生き続け、継承されていくために学校の場を生かすことが考えられています。


社会の均質性が高いわが国においては、同調圧力が強く、独自性の主張ははばかられる場合もあります。しかし、活力ある社会の維持、成長にとって多様性があることは強みです。

多様な社会で生きるすべを教えてくれるものが文化であり、いま、文化が本来持つ多様性を生かすことが求められています。個人を尊重しつつ、つながりやかかわりも大切にしていくためには、同調の強要ではなく、文化の共有による行き方がカギになります。

文化の力を生かす

社会全体としても、わが国は、もはや右肩上がりに一つの方向に向かって発展する段階を終えました。今後は、わが国の多様な文化の力こそが、国力の源になり得るものです。

特に、コロナ禍を経て、日本に限らずどの国も、従来型の成長とは異なるモデルを求めており、文化の力への期待が高まっています。

働き方改革も人口減少もさらに進みます。多くの人が猛烈に働いて高度成長を成し遂げた時代はもうやってきません。

近代的、先進的な社会である一方で、文化や伝統が豊かであり、日本人の暮らしがわれわれが意識する以上に伝統的な意匠や感性で形作られていることが、日本の特長であり、多様な地域文化の蓄積が総体としての日本文化をつくっています。

わが国は、古代から現代までの様々な文化が受け継がれ、それらが周りにあふれる、世界的にも有数の文化の国であると言えます。われわれは、このことにもっと自信を持ってよいと思います。

経済力では、世界におけるわが国の地位は低下しているかもしれませんが、文化に上下はありません。そして、われわれの自尊心とは、文化的なものから来るものだと考えます。

教育においても、各地域、教育機関それぞれの自律的な方法を自信を持って進めていくことが成果を上げる道であり、その基盤になるのが、それぞれの地域や学校が持つ多様な文化なのではないかと考えます。

【注釈・引用】

1　高橋誠『日本の大学の系譜　源流と変遷をたどる歴史秘話と広報戦略』（2015年、ジアース教育新社）
2　吉見俊哉『大学という理念　絶望のその先へ』（2020年、東京大学出版会）
3　司馬遼太郎『以下、無用のことながら』（2004年、文春文庫）
4　司馬遼太郎『以下、無用のことながら』（2004年、文春文庫）
5　網野善彦・宮田登『新版　歴史の中で語られてこなかったこと　おんな・子供・老人からの「日本史」』（2012年、洋泉社歴史新書）
6　佐藤学「教育用語誤訳誤解辞典　教師・教員・教諭：teacher」（2023年、『文部科学教育通信』No.555）
7　志水宏吉・前馬優策『福井県の学力・体力がトップクラスの秘密』（2014年、中公新書ラクレ）、福井らしさを探る会・千々布敏弥『県外から来た教師だからわかった　福井県の教育力の秘密（教育ジャーナル選書）』（2015年、学研教育みらい）
8　佐藤学「教育用語誤訳誤解辞典　学習・勉強・学び：learning」（2023年、『文部科学教育通信』No.552）
9　2020年10月17日付「朝日新聞be」
10　小林利行「日本人の宗教的意識や行動はどう変わったか」（NHK放送文化研究所『放送研究と調査2019年4月』）
11　塚田伸也・森田哲夫・橋本隆・湯沢昭「群馬県中学校の校歌を事例としたテキスト分析により導かれる山岳の景観言語の検討」（2013年、『ランドスケープ研究』76（5））
12　矢野恒彦・北原理雄・徳山郁芳「小学校校歌にうたわれた全国の地域景観イメージに関する研究」

（１９９５年、『日本建築学会計画系論文集』第472号）
13 北原理雄「校歌にうたわれた都市の景観構造に関する研究―伊勢平野の三都市を事例に―」（１９９０年『第25回日本都市計画学会学術研究論文集』）
14 谷川健一・宮田登・網野善彦「民俗学の可能性―民俗学と歴史学の現在」（２０１５年、山本幸司編『網野善彦対談集』、岩波書店）、宮田登『老人と子供の民俗学』（１９９６年、白水社）
15 ２００７年11月13日付「朝日新聞」
16 江口敦子・住田昌二「礼法教育の研究（第一報）―小学校における礼法の成立過程―」（１９８３年、『日本家庭科教育学会誌』第26巻第２号）
17 宮田登『老人と子供の民俗学』（１９９６年、白水社）
18 長坂由美「淡路人形浄瑠璃を受け継ぐ高校生たち―兵庫県立三原高等学校郷土部の活動」（２００６年、『音楽教育実践ジャーナル』Vo1 ３ №２）。
19 田畑貞寿・宮城俊作・内田和伸「城跡の公園化と歴史的環境の整備」（１９９０年、『造園雑誌』53（５））、内田和伸「近世城跡に立地する近現代遺構について」（奈良文化財研究所『平成28年度遺跡整備・活用研究集会報告書』）
20 高柳真人「特別活動の歴史とその教育的意義」（２０１７年、『びわこ成蹊スポーツ大学研究紀要』第14号）
21 吉田智美・河村美穂「学校生活における上履きの変遷とその役割」（２００９年、『埼玉大学紀要　教育学部』58（２））
22 ２０１５年７月18日付「日本経済新聞」
23 ２０２１年９月21日付「読売新聞」
24 吾妻重二「文化交渉と日本の私塾および泊園書院」（２０１２年、関西大学『東アジア文化交渉研究』第５号）

25　司馬遼太郎『街道をゆく34　大徳寺散歩、中津・宇佐のみち』（2009年、朝日文庫）
26　司馬遼太郎『歴史の中の邂逅6　村田蔵六〜西郷隆盛』（2011年、中公文庫）
27　司馬遼太郎『街道をゆく33　白河・会津のみち、赤坂散歩』（2009年、朝日文庫）
28　新谷泰明『学校は軍隊に似ている―学校文化史のささやき』（2006年、海鳥社）
29　桑原武夫『明治維新と近代化―現代日本を産みだしたもの』（1984年、小学館創造選書）、尾藤正英『江戸時代とはなにか―日本史上の近世と近代―』（1992年、岩波書店）
30　京都市学校歴史博物館編『学びやタイムスリップ　近代京都の学校史・美術史』（2016年、京都新聞出版センター）
31　鷲田清一「学区―コモンの成り立つ場所」（鷲田清一編著『大正＝歴史の踊り場とは何か　現代の起点を探る』2018年、講談社選書メチエ）
32　豊泉清浩「フレーベル主義幼稚園の展開について」（2015年、『群馬大学教育学部紀要　人文・社会科学編』第64号）
33　2021年11月20日付「朝日新聞be」、2023年4月24日付「日本経済新聞（夕刊）」
34　松野修「明治前期における児童管理の変遷―小学生徒心得書、小学作法書、学校管理法書を手がかりに―」（1986年、日本教育学会『教育学研究』53（4））
35　有本真紀、水谷智彦ほか「日本近代における家庭の学校化―家庭調査を中心に―」（2013年、『日本教育社会学会大会発表要旨集録』（65））、有本真紀「家庭の管理装置としての学校教育　明治期・大正期における「学校と家庭との連絡」」（2014年、『立教大学教育学科研究年報』57）
36　網野善彦・宮田登『新版　歴史の中で語られてこなかったこと　おんな・子供・老人からの「日本史」』（2012年、洋泉社歴史新書）
37　山本敏子「明治期の学校管理法と「しつけ」の変遷―　イギリス近代学校の"discipline"の受容

—（上）（下）」（２０１４・15年、『駒澤大学教育学研究論集』第30・31号）、宮田登『老人と子供の民俗学』（１９９６年、白水社）

38　飛田良文『明治生まれの日本語』（２０１９年、角川ソフィア文庫）

39　渡辺友左「標準語オトウサン・オカアサンの出自」（１９８７年、『国立国語研究所報告90　研究報告書８』）

40　司馬遼太郎『街道をゆく14　南伊予・西土佐の道』（２００８年、朝日文庫）

41　２０２２年7月16日付「朝日新聞ｂｅ」

42　鈴木敏夫「札幌農学校遊戯会の成立過程」（１９９８年、『北海道大學教育學部紀要』第75号）

43　木村吉次、高橋春子、勝亦紘一、川端昭夫「日本の学校における運動会の発達に関する研究」（１９９５年、『中京大学体育学論叢』36—2、9—17）

44　２０１６年10月16日付「朝日新聞」

45　有本真紀『卒業式の歴史学』（２０１３年、講談社選書メチエ）

46　吉見俊哉「ネーションの儀礼としての運動会」（吉見俊哉・白幡洋三郎・平田宗史・木村吉次・入江克己・紙透雅子『運動会と日本近代』、１９９９年、青弓社）

47　磯田道史『日本史を暴く』（２０２２年、中公新書）

48　佐野勝彦『女子高生　制服路上観察』（２０１７年、光文社新書）

49　２０２２年6月24日付「東京新聞」

50　佐々木正昭「学校の祝祭についての考察：学芸会の成立」（２００７年、『人文論究』57巻1号）

51　佐藤学「教育用語誤訳誤解辞典　学級：class」（２０２３年、『文部科学教育通信』No.550）

52　古城庸夫「日本におけるボート競技の起源についての考察」（２００９年、『情報と社会　江戸川大学紀要』19巻）

53　２０２３年11月15日付「朝日新聞（夕刊）」

54 2020年9月3日付「朝日新聞（夕刊）」
55 高木博志『近代天皇制と伝統文化―その再構築と創造』（2024年、岩波書店）
56 渡辺裕「講演　日本の校歌の歴史と現在」（2023年2月25日、練馬区立石神井公園ふるさと文化館）
57 須田珠生『校歌の誕生』（2020年、人文書院）
58 須田珠生「学校校歌作成意図の解明―東京音楽学校への校歌作成依頼状に着目して―」（2017年、『音楽教育学』第46―2）、須田珠生『校歌の誕生』（2020年、人文書院）
59 須田珠生「近代日本の小学校にみる校歌の歌詞の変容と郷土との関わり」（2020年、『音楽教育学』第49―2）、須田珠生『校歌の誕生』（2020年、人文書院）
60 渡辺裕『歌う国民　唱歌、校歌、うたごえ』（2010年、中公新書）
61 有本真紀『卒業式の歴史学』（2013年、講談社）
62 新谷泰明『学校は軍隊に似ている―学校文化史のささやき』（2006年、海鳥社）
63 小石かつら（2015年、https://www.oc.kyoto-u.ac.jp/overseas-centers/eu/activity/activity-research/20151214_2960/）による。
64 渡辺裕『歌う国民　唱歌、校歌、うたごえ』（2010年、中公新書）
65 長島康雄「学校緑化経営による学校植栽の研究―地球環境時代の学校植栽モデルの構築―」（2015年、東北大学機関リポジトリ）、飛田範夫「江戸時代までの花壇についての史的考察」（1998年、『ランドスケープ研究』61（5））
66 鈴木哲也「昭和初期の理科教育における学校飼育動物の位置づけ」（2012年、『東京未来大学研究紀要』第5号）、中島由佳「学校教育における動物の役割と現状」（2021年、『心理学ワールド』92）
67 2020年12月12日付「朝日新聞ｂｅ」

68 渡辺裕『歌う国民　唱歌、校歌、うたごえ』（2010年、中公新書）
69 井上章一・郭南燕・川村信三『ミッションスクールになぜ美人が多いのか　日本女子とキリスト教』（2018年、朝日新書）
70 2020年11月30日付「朝日新聞（夕刊）」
71 司馬遼太郎『街道をゆく36　本所深川散歩・神田界隈』（1995年、朝日文庫）
72 東京文化資源会議『スポーツを遊ぶ！　近代スポーツ発祥の地をたどる』（2018年、東京文化資源区案内4）
73 上和田茂「我国最初の総合体育館・東京YMCA旧体育館に関する史的考察」（1994年、『日本建築学会計画系論文報告集』第465号）
74 エドワード・サイデンステッカー、安西徹雄訳『東京　下町山の手　一八六七―一九二三』（2013年、講談社学術文庫）
75 高橋誠『日本の大学の系譜　源流と変遷をたどる歴史秘話と広報戦略』（2015年、ジアース教育新社）
76 筒井清忠編『大正史講義【文化篇】』（2021年、ちくま新書）
77 鈴木貞美『日露戦争の時代　日本文化の転換点』（2023年、平凡社新書）
78 鷲田清一編著『大正＝歴史の踊り場とは何か　現代の起点を探る』（2018年、講談社選書メチエ）
79 橋本光明「信州における新教育運動と美術教育（Ⅰ）」（1994年、『美術教育学：美術教育学会誌』15巻）、「同（Ⅱ）」（1995年、同16巻）
80 渡辺貴裕「〈林間学校〉の誕生―衛生的意義から教育的意義へ―」（2005年、『京都大学大学院教育学研究科紀要』第51号）、平沢信康「大正後期の群馬県における林間学校の誕生」（2017年、『上武大学ビジネス情報学部紀要』第16巻）

81　飯沼慶一「成城小学校の自然学習と遊び科の歴史的意義に関する研究」（2020年、日本環境教育学会『環境教育』Vol 29―3）
82　石田陽子「童謡は唱歌に代わりえたか？―小学校音楽科教材としての童謡についての一考察―」（2008年、『四天王寺国際仏教大学紀要』第45号）
83　大隅典子「女性の高等教育と無意識のバイアス払拭が次世代の幸福の鍵になる」（2023年、『東北大学教養教育院叢書「大学と教養」第6巻　転換点を生きる』、東北大学出版会）
84　2007年10月6日付「毎日新聞」、2018年3月22日付「読売新聞（夕刊）」、同年4月17日付「朝日新聞」、2022年1月18日付「日本経済新聞」
85　難波知子「女子学生服の転換―機能性への志向と洋装の定着―」（筒井清忠編『大正史講義【文化篇】』、2021年、ちくま新書）、難波知子『学校制服の文化史　日本近代における女子生徒服装の変遷』（2012年、創元社）
86　稲垣恭子『女学校と女学生』（2007年、中公新書）
87　2022年7月13日・7月20日付「朝日新聞」、南学・河村信二・木﨑大輔・萩野吉俗・原征史「学校プールの共同利用と跡地利用の可能性―一学校に一プールを問い直す―」（2016年、『東洋大学PPP研究センター紀要』6）
88　2013年12月3日付「朝日新聞」
89　2022年7月21日・2023年8月9日付「東京新聞」、2022年7月25日付「毎日新聞（夕刊）」、2024年7月22日付、日本経済新聞」
90　2023年8月27日付「日本経済新聞」、2023年8月29日付「読売新聞（夕刊）」
91　2019年5月24日付「神戸新聞」
92　川島智生「昭和前期・鹿児島における学校建築の成立と特質について―鉄筋コンクリート造校舎と技師岩下松雄」（文教施設協会『文教施設』2017秋号）

93 佐藤学「教育用語誤訳誤解辞典　学習・勉強・学び：learning」（2023年、『文部科学教育通信』No.552）
94 吉野剛弘「明治後期における旧制高等学校入試—文部省の入試政策と各学校への影響を中心に—」（2001年、『慶應義塾大学大学院社会学研究科紀要』No.52）
95 吉野剛弘「入試の試みと失敗史」（2020年、中村高康編『大学入試がわかる本』、岩波書店）
96 隠岐さや香『文系と理系はなぜ分かれたのか』（2018年、星海社新書）
97 松原淳・山川仁「戦前の東京圏における民営鉄道による沿線開発と学園町の形成」（1986年、『第六回日本土木史研究発表会論文集』）
98 渡辺裕「講演　日本の校歌の歴史と現在」（2023年2月25日、練馬区立石神井公園ふるさと文化館）
99 井村仁「わが国における野外教育の源流を探る」（2006年、『野外教育研究』10—1）
100 高木三郎「学校教育における立山登山の歴史—小学校を主として—」（2004年、『富山県〔立山博物館〕研究紀要』第11号）
101 上和田茂「戦前のYMCA体育室における計画概念と形態に関する史的考察」（1987年、『日本建築学会計画系論文報告集』第379号）
102 春・夏の高校野球大会の開催経緯については、玉置通夫「高校野球の全国大会の発生起源についての考察—新聞社間の競争が促進剤になった—」（2012年、『甲南女子大学研究紀要文学・文化編』（48））で知ることができる。
103 2021年1月23日付「朝日新聞ｂｅ」
104 大熊廣明ほか「高等師範学校・東京高等師範学校による学校体育の近代化とスポーツの普及に関する研究」（2005年、『筑波大学体育科学系紀要』28）
105 2020年12月5日付「朝日新聞」

106 渡辺裕「校歌―替え歌の文化が結ぶ共同体」（鷲田清一編著『大正＝歴史の踊り場とは何か 現代の起点を探る』２０１８年、講談社選書メチエ）
107 水崎雄文『校旗の誕生』（２００４年、青弓社）
108 ２０１８年３月17日付「京都新聞（夕刊）」、２０２３年３月20日付「日経新聞（夕刊）」
109 ２０２３年１月23日付「朝日新聞」
110 須田珠生「北海道における小学区制と男女共学―札幌市内の公立高等学校三校を中心に」（２０２１年、小山静子・石岡学編『男女共学の成立―受容の多様性とジェンダー』、六花出版）
111 米陸軍第八軍のうち、主に東日本を担当した第九軍団と西日本を担当した第一軍団との間で教育施策実施上の地域的濃淡が出た要因については、阿部彰「対日占領における地方軍政―地方軍政部教育担当課の活動を中心として―」（１９８２年、日本教育学会『教育学研究』49巻２号）で知ることができる。
112 土田陽子「高等女学校の後継校が存在しない地域の男女共学―和歌山市の事例から」（２０２１年、小山静子・石岡学編『男女共学の成立―受容の多様性とジェンダー』、六花出版）
113 小林哲夫『「旧制第一中学」の面目 全国四七高校を秘蔵データで読む』（２０２２年、ＮＨＫ出版新書）
114 藤井真理子「土岐善麿作詞校歌一覧」（２０１８年、『武蔵野大学武蔵野文学館紀要』８）
115 ２０２１年９月15日付「南日本新聞」
116 近雅代「学校給食に『地産地消』の器の文化を！」（２００６年、『日本調理学会誌』Vol ６ №３）
117 ２０１４年３月13日付「朝日新聞」
118 ２０２０年３月14日ＮＨＫ「チコちゃんに叱られる」
119 ２０２２年９月24日付「読売新聞（夕刊）」
120 ２００７年10月１日付「朝日新聞」

121 木村学「学級通信の起源とその変遷　「日本作文の会」機関紙『作文と教育』の分析を中心に」（２０２０年、『文京学院大学人間学部研究紀要』Vol 21）

122 菱村幸彦「吹き荒れた学園紛争」（２０１８年、『文部科学教育通信』No.443）

123 荒岱介『新左翼とは何だったのか』（２００８年、幻冬舎新書）

124 ２０１９年10月27日付「中日新聞」、同年10月28日付「日本経済新聞（夕刊）」

125 網野善彦・宮田登『新版　歴史の中で語られてこなかったこと　おんな・子供・老人からの「日本史」』（２０１２年、洋泉社歴史新書）

126 渡辺裕『歌う国民　唱歌、校歌、うたごえ』（２０１０年、中公新書）

127 汐見昌子・笹谷康之「小中学校校歌にみる近江の風景イメージに関する研究」（２００１年、『環境システム研究論文集』Vol 29）

128 佐藤髙司「若年層の方言使用と『学校方言』」（２０１２年、『共愛学園前橋国際大学論集』(12)）

129 中田敏夫「愛知県の学校方言「放課」の誕生—標準語成立のプロセスと方言化—」（２０１９年、kokugo_nakada_190903.pdf (aichi-edu.ac.jp)）による

130 「万城目学の人生論ノート」（『週刊文春』２０１８年10月４日号）

131 佐藤学「教育用語誤訳誤解辞典 職員室：staff room」（２０２３年、『文部科学教育通信』No.549）

132 ２０２２年５月２日ＮＨＫニュース「おはよう日本」

133 ２０２１年１月26日付「読売新聞」

134 ２０２０年２月15日付「毎日新聞（夕刊）」

135 増山尚美「ＹＯＳＡＫＯＩソーラン祭りの拡大に関する一考察」（１９９９年、『北海道女子大学短期大学部研究紀要』36）、２０１５年５月12日付「毎日小学生新聞」

136 ２０２１年１月16日付「産経新聞」、２０２２年４月19日付「読売新聞（夕刊）」

137 ２０２３年12月４日付「朝日新聞（夕刊）」

138 2023年12月6日付「朝日新聞（夕刊）」
139 2021年10月20日付「毎日新聞（夕刊）」
140 2023年12月20日付「東京新聞（夕刊）」
141 司馬遼太郎『以下、無用のことながら』（2004年、文春文庫）
142 木原孝博・武藤孝典・熊谷一乗・藤田英典編著『学校文化の社会学』（1993年、福村出版）
143 2023年11月20日付「東京新聞」
144 2023年4月10日付「日本経済新聞（夕刊）」

【参考文献】

・赤岩州五・北吉洋一『藩と県　日本各地の意外なつながり』（２０１０年、草思社）
・天野郁夫『大学の誕生（上）帝国大学の時代』『大学の誕生（下）大学への挑戦』（２００９年、中公新書）
・天野郁夫『帝国大学　近代日本のエリート育成装置』（２０１７年、中公新書）
・有本真紀『卒業式の歴史学』（２０１３年、講談社選書メチエ）
・稲垣恭子『教育文化の社会学』（２０１７年、放送大学教育振興会）
・稲垣恭子『女学校と女学生　教養・たしなみ・モダン文化』（２００７年、中公新書）
・大崎仁『大学改革　１９４５〜１９９９』（１９９９年、有斐閣選書）
・おおたとしまさ『地方公立名門校』（２０１８年、朝日新書）
・木原孝博・武藤孝典・熊谷一乗・藤田英典編著『学校文化の社会学』（１９９３年、福村出版）
・京都市学校歴史博物館編『学びやタイムスリップ　近代京都の学校史・美術史』（２０１６年、京都新聞出版センター）
・草原克豪『日本の大学制度―歴史と展望―』（２００８年、弘文堂）
・国立近現代建築資料館『明治期における官立高等教育施設の群像』（２０１８年）
・国立歴史民俗博物館『学びの歴史像　―わたりあう近代―』（２０２１年、一般財団法人歴史民俗博物館振興会）
・小林哲夫『「旧制第一中学」の面目　全国47高校を秘蔵データで読む』（２０２２年、N

ＨＫ出版新書）
•小山静子・石岡学編『男女共学の成立―受容の多様性とジェンダー』（２０２１年、六花出版）
•塩崎義明「学校珍百景へようこそ」（２０１８年1月～4月、京都新聞連載）
•司馬遼太郎『街道をゆく1』～『同43』（新装版、２００８～２００９年、朝日文庫）
•司馬遼太郎『歴史を紀行する』（新装版、２０１０年、文春文庫）
•新谷泰明『学校は軍隊に似ている―学校文化史のささやき』（２００６年、海鳥社）
•鈴木隆祐『名門高校人脈』（２００５年、光文社新書）
•須田珠生『校歌の誕生』（２０２０年、人文書院）
•高橋誠『日本の大学の系譜　源流と変遷をたどる歴史秘話と広報戦略』（２０１５年、ジアース教育新社）
•竹内洋『教養主義の没落　変わりゆくエリート学生文化』（２００３年、中公新書）
•竹内洋『学歴貴族の栄光と挫折』（２０１１年、講談社学術文庫）
•橘木俊詔『京都三大学　京大・同志社・立命館　東大・早慶への対抗』（２０１１年、岩波書店）
•田村秀『「ご当地もの」と日本人』（２０１４年、祥伝社新書）
•中谷彪『風土と学校文化―学校文化経営学―』（１９９２年、北樹出版）
•長尾彰夫・池田寛編『学校文化―深層へのパースペクティブ―』（１９９０年、東信堂）
•奈良本辰也編『日本の私塾』（１９７４年、角川文庫）

・奈良本辰也編『日本の藩校』（1970年、淡交社）
・難波知子『学校制服の文化史　日本近代における女子生徒服装の変遷』（2012年、創元社）
・秦郁彦『旧制高校物語』（2003年、文春新書）
・藤原辰史『給食の歴史』（2018年、岩波新書）
・堀尾輝久・久冨義之編『講座　学校6　学校文化という磁場』（1996年、柏書房）
・水崎雄文『校旗の誕生』（2004年、青弓社）
・宮田登『老人と子供の民俗学』（1996年、白水社）
・文部省編『学制百年史』（1972年、帝国地方行政学会）
・山下龍夫『47都道府県　ケンミン性の秘密』（2014年、幻冬社）
・山下祐介『地域学入門』（2021年、ちくま新書）
・八幡和郎・CDI『47都道府県の名門高校　藩校・一中・受験校の系譜と人脈』（2008年、平凡社新書）
・吉見俊哉『大学とは何か』（2011年、岩波新書）
・吉見俊哉・白幡洋三郎・平田宗史・木村吉次・入江克己・紙透雅子『運動会と日本近代』（1999年、青弓社）
・渡辺裕『歌う国民　唱歌、校歌、うたごえ』（2010年、中公新書）
・渡辺裕『校歌斉唱！日本人が育んだ学校文化の謎』（2024年、新潮選書）
・各学校・自治体のホームページ

おわりに

個人的な趣味のようなものとして学校文化の地域差や歴史に関心を持ってきました。それを最初にまとめたのが、筆者が京都大学に理事として赴任していた２０１８年と19年に、京都大学学際融合教育研究推進センターの地域連携教育研究推進ユニット年報『地域連携教育研究』第2号及び第4号に、「学校文化の地域性と起源（研究報告）」及び「学校文化の地域性と起源─大学・高校編─（研究報告）」として執筆したものでした。

今回、その時の内容を含みつつも、大幅に書き加え、再構成して、学校文化の「歴史」と「地理」と言えるものをまとめてみたいと試みたものが本書です。

今日の社会はさまざまな課題や困難に直面していますが、歴史上これまでの社会も同じように、幾多の曲折や経緯を経て、いまに至っています。

現在の問題や未来の在り方を考えるうえで、歴史の知、文化の知──人文の知とも言えるかもしれません──に学ぶことは重要なことだと考えます。過去の経緯の中には現状の理解に有用であったり、今後を考えるうえで参考になる事柄が含まれており、そこからは、現代を生きる我々が判断力を養うための材料やアイディアを得ることができます。

そのようなことから、学校をめぐる歴史の知、文化の知を探ってみることにも意味があるのではないかと思い、本書をまとめました。

筆者がこれまで興味を持った話や文献、新聞記事、テレビ番組を含め収集した情報を、週末など時間のある時に整理したものです。十分注意したつもりですが、誤りや不正確な点があるかもしれません。もし、お気付きの点などあればご指摘いただければ幸いです。なお、本書中で意見にわたる部分は筆者の個人的な見解であることも申し添えさせていただきます。

学校文化の「歴史」と「地理」はまだまだ奥が深く、また、子ども文化、科学文化などにもかかわりが出てきて、興味は広がります。今後も、これら文化の探求を深めていくことができればと思っています。

最後になりますが、大学構内のマンホールについて教えていただき、写真を提供いただいた玉上晃さん、そして、本書を出版する機会をいただき、編集のために、イラストや写真を含め、多大な労をおとりいただいた海象社の瀧川徹さんに厚くお礼申し上げます。

〈追記〉本書のカバーに「文化財サポーターズ」のロゴを入れていることにお気づきと思います。歴史の知、文化の知の累積とも言えるものが文化財です。それは、歴史を経て受け継がれてきた人々の営為の有形、無形の成果であり、わが国の財産なのですが、これを維持し、次世代へ継承していくためには多くの費用がかかります。2024年3月より、文化庁、株式会社博報堂、READYFOR株式会社が協力し、公益財団法人「文化財保護・芸術研究助成財団」(故・平山郁夫氏が1988年に設立)が、官民共創による寄付促進の仕組みとして「文化財サポーターズ」を立ち上げています。本書の著者印税は、これに全額を寄付いたします。読者の皆様にも、文化財の維持、継承にご関心をお持ちいただけますと幸いです。

2024年9月

森田 正信

学校文化の源流を探る

2024年11月3日　初版発行

著者／森田正信

発行人／瀧川　徹
発行所／株式会社　海象社
〒108-0016　東京都中央区日本橋小網町8-2
TEL：03-6403-0902　FAX：03-6868-4061
https://www.kaizosha.co.jp/

カバー・本文デザイン／松田晴夫〈(株) クリエイティブ・コンセプト〉
印刷／モリモト印刷株式会社

ISBN　978-4-907717-14-8　C0037
乱丁・落丁本はお取り替えします。定価はカバーに表示しています。

Printed in Japan